CW01249868

뼛속까지 자유롭고
치맛속까지 정치적인

프랑스 남자와 결혼하지 않고 살아가기
뼛속까지 자유롭고
치맛속까지 정치적인

초판 1쇄 펴낸날 2008년 8월 11일
10쇄 펴낸날 2012년 10월 12일

글 | 목수정
사진 | 히완 트호푀흐(Riwan Tromeur)
펴낸이 | 이광호
펴낸곳 | (주)레디앙미디어
마케팅 | 이상덕
디자인 | 디자인커서

출판등록 | 2006년 11월 7일 제318-2006-00128호
주소 | 서울시 영등포구 여의도동 13-5 오성빌딩 1108호
전화 | 02)780-1521 팩스 | 02)780-1522
홈페이지 | www.redian.org
전자우편 | book@redian.org

ⓒ목수정, 2008
ⓒRiwan TROMEUR/Courtesy galerie Michèle Chomette, Paris

ISBN 978-89-959952-1-1 03300

책값은 뒤표지에 있습니다.

이 책의 내용 일부 또는 전부를 인용, 재사용하실 경우 반드시 위 저작권자들과
출판사의 동의를 얻으셔야 합니다.

프랑스 남자와 결혼하지 않고 살아가기

뼛속까지 자유롭고
치맛속까지 정치적인

글·**목수정**   사진·**희완 트호뫼흐**

레디앙

프롤로그

모든 이야기는
국경을 넘으며
시작되었다

내가 속한 국경을 벗어나는 일은 오랜 관성에 찬물을 확 끼얹고, 세상을 인지하는 새로운 감각을 획득하는 일인 동시에, 내 몸과 의식이 담긴 세상을 냉정하게 거리를 두고 바라볼 수 있는 기회이기도 하다.

  달에서 지구를 바라보았던 우주인들. 감성을 절제하고 차가운 머리만을 작동시키도록 훈련받아온 그들이, 하나 같이 지구의 충격적인 아름다움을 증언하고, 이후 완전히 다른 세계관을 지니고 살아가고 있다는 얘기는 경계를 넘어서는 일이 그 자체로 우리의 인생에 강렬한 계시를 남기는 것임을 알게 한다.

  국경이라는 철조망은 인간의 자유의지를 통제하는 전지구적 틀이다.

  우린 누구나 유년시절, 모종의 철조망에 저항했던 기억을 갖고 있다.

아이들의 일상은 실제로 온통 세상에 대한 무절제한 탐험 그 자체이다. 전자오락과 TV가 단단히 그들을 포섭하면서 아이들의 탐험 또한 비상이 걸리긴 했지만 말이다. 태어나면서부터 우린 타고난 야성을 길들이려는 부모와 이웃, 그리고 학교의 거대한 훈육의 틀 안에서 자유의지를 조종당한다. 아이의 야성이 지속적인 훈육 밑에서 조금씩 힘을 잃고, "부모님과 선생님의 말씀 잘 듣는 착한 아이"가 되고, 그 후엔 거리의 무수한 광고메시지가 주입하는 대로 "부자"가 되어 더 많이 "소비"하는 착한 자본주의자가 되는 일에 긴 줄을 설 때, 우린 비로소 "이제 철이 들었다."는 덕담을 듣는다.

서른 이후에도 인생은 시작된다

어릴 적엔 그것이 궁금했다.

남은 일은 얼굴에 주름을 속절없이 그려가고, 지나다니는 멋진 인간들은 모두 그림의 떡이며, 그 이전까지 죽을 힘을 다해 쌓아놓은 인생의 밑천－학력·직업·배우자 따위－들을 틀로 삼아 그 속에 꾸역꾸역 벽돌을 쌓아올리는 일, 그 정도가 서른 후의 인생이 아닐까 생각하곤 했다. 살아가기보다 살아지는 것에 가까운 그 날들을 도대체 사람들은 무슨 마음으로 어떤 설렘도 없이 보낼 수 있단 말인가, 하며 섣부른 저주를 퍼붓곤 했다.

성큼성큼 흐르는 시간을 따라가며 드디어 서른이 되던 그해, 나는 파리로 떠났다. 13시간을 할애해 공간이동을 했을 뿐인데, 마치 타임머신을 타고 전혀 다른 시대에 다다르기라도 한 것처럼 내가 알던 세상을 아득히 절연한 새로운 질서, 새로운 환경, 그리고 새로운 나를 발견하며 새로운 호흡과 리듬으로 다시 살기 시작했다. 내가 생각하는 바를 초등학생만큼도 표현할 수 없을 정도로 축소된 언어환경에 던져진 나는 다른 모든 감각들이 빠르게 아이들의 그것처럼 작동하고, 직관과 감성이 최고조로 상승하는 시간을 경험했다.

어느날, 피나 바우쉬 Pina Bausch, 독일 현대무용가의 공연을 보았다. 기존 무용의 개념을 해체한 혁명적인 춤을 전 세계에 전파하며 60년을 살아온 그녀의 얼굴은 단박에 나에게 새로운 인생의 목표를 갖게 했다. 내 나이 60에 그녀와 같은 느낌의 얼굴을 갖자! 여전히 떨리는 소녀의 감성을 담은 그녀의 표정, 그 얼굴을 다소곳이 감싸 안은 빛나는 검은 머리카락, 조용히 혁명을 실천할 용기를 가진 단호한 눈빛, 뽀얀 섬광이 내면에서 비춰오는 듯한 맑은 피부, 무엇보다도 그 어떤 고정관념에도 자신을 내팽개치지 않은 낯선 자아를 가진 사람의 얼굴이었다. 그녀는 자신의 무용수들과 새로운 작품을 만들기 전에 수백 개 질문을 만들고, 그 질문들과 무용수들의 몸에서 나오는 대답들을 통해 한 올 한 올 뜨개질 하듯 작품을 완성한다. 그러한 그녀의 작품들은 참혹하도록 슬프고 아름답고 통렬했다. 내가 어떤 일을 하든, 그녀의 60년이 새겨놓은 저 아름다운 모습을 나도 30년 뒤에 갖고 싶다는 이 생경한 욕망은 지금껏 내가 품어왔던 그 어떤 희망이나 욕망보다도 선명하고 강렬했다.

서른 이후에도, 서른까지의 삶을 한 번 더 반복한 후에도, 아름답고 창조적인 삶은 존재할 수 있는 법이다. 문제는 내가 내 삶에서 어떻게 제대로 주인 노릇을 하느냐에 달린 것. 내 안에서 환한 섬광을 이끌어낼 만큼 가슴 뿌듯한 기쁨을 주는 일과 사람들과 함께 삶을 살아가는 일이 남아있을 뿐이다.

도대체 해놓은 것이 없는 자의 완벽한 만족

파리에서는 문화정책을 공부했다. 동숭아트센터에서 공연기획자로 일하던 시절, 목구멍까지 가득 차오르던 질문들을 해결하기 위한 공부였다. 그렇지 않으면 더 이상 한 발자국도 꼼짝할 수 없을 것처럼 존재를 건 공부였다. 미테랑 시절의 전설적인 문화부장관 자크 랑의 문화정책에 대한 오마주로 시작한 나의 공부는 사회주의자를 가장한 신자유주의자들의 문화정책을 낱낱이 비판하는 논문으로 끝났다. 4년 반의 공부가 끝났을 때, 난 사회주의적 장치가 부분적으로나마 작동하는 사회, 자본의 힘이 드문드문이라도 무력화되는 사회가 세상을 얼마나 더 인간적인 것으로 만드는지를 절실히 깨닫고, 건강한 사회주의적 이상을 실천하는 사회에 대한 신념을 품게 되었다.

그리고 자신을 아나키스트로 규정하는 예술가 희완 트호뫼흐$^{Riwan\ Tromeur}$를 만나 오래도록 눈을 맞추는 사이가 되었다. 그와의 만남으로 나는 특정한 인생의 목적지를 향해 일사불란하게 자신을 다그치는 삶에 미련을 깨끗이 접고, 자유롭게 풀어놓은 영혼의 열망을 존중하고 받아들이는, 열망의 진화 자체가 중심이 되는 삶의 방식에 확신을 얻게 됐다.

논문을 마치고 한국에 들어와 잠시 국립발레단에서 기획 일을 하다 그만두었고, 곧이어 민주노동당에서 문화담당 정책연구원으로 일하며 새로운 세계에서 깊게 발을 담가 나름 진한 세월을 보냈다. 그동안 나와 희완 사이에는 아이가 생겼다. 1년간 육아휴직을 하고 프랑스에서 그와 함께 아이를 낳은 뒤, 희완과 함께 한국에 돌아와 살며 당에서 계속 일을 했다. 지난 2008년 2월 당이 쪼개지면서 일을 그만두었고, 지금은 다시 프랑스로 돌아가 세 사람을 위한 새로운 버전의 삶을 계획 중이다.

터덜터덜 그려진 길을 따라 재미없게 갈 줄 알았던 서른 이후의 삶은 파란만장한 모험의 길이었다. 서른의 끝자락에 있는 지금, 프랑스와 한국, 결혼과 비혼, 운동권과 제도권, 예술과 문화, 운동과 정치 사이에 놓인 수많은 경계 위에 서 있는 나를 발견할 수 있었다.

　이 책은 경계를 넘나들며 삐뚤빼뚤한 길을 걸어온 내 살갗에 그동안 쌓여온 아픔과 쾌감, 환희와 좌절들을 솔직하게 적은 글이다. 한국사회에서 둘째 딸이라는 불운한 순번을 갖고 태어나, 드러나지 않는 존재의 의미를 부단히 찾아 헤매다가 마침내 관습과 타인의 시선에서 자유로워진 내가 감히 세상을 향해 "심봤다."를 외쳐보는 글이기도 하다.

　이만큼 살았는데 나에게 미래는 여전히 부정형의 그 무엇이고, 새롭게 밑바닥부터 선택해 만들어가야 할 그 무엇이다. 어찌보면 도대체 해 놓은 게 뭐냐고 스스로를 다그쳐 볼 수도 있는 상황이다. 결국 통과시킨 법 하나 없고, 사회주의적 이상을 문화정책에서 실현하고자 했던 그 어떤 의도도 문서 밖을 벗어나 실현시키지 못했다. 벌어놓은 돈이 있는 것도 아니고, 좋게 말하면 자유인이지만 지금 당장 또렷한 직업이 있는 것도 아니다. 그러나 이 사방으로 열려있는 부정형의 미래야말로 내가 강렬히 열망하는 것이기에, 나는 완벽히 내가 원하는 지점에 와 있다.

영원히 철들지 않는 삶

　몇 년 전 콘서트에서 뵌 황병기 선생이 관중들에게 이렇게 물었다. 오래 사는 방법이 뭔 줄 아는가? 그리고 이렇게 답했다. 나이를 많이 먹으면 된다. 그래서 자기는 오래살기 위해 오늘도 나이를 많이 먹고 있다고 했다. 나는 젊게 사는 방법을 안다. 그건 오래도록 철들지 않으면 된다. 그럼 남들한테 철들라고 잔소리 할 일도 없고, 도리어 세살 짜리 아이한테서도 종종 잔소리를 듣는 호사를 누리며 살 수 있다. 영원히 젊게.

차
례
●
●

프롤로그 : 모든 이야기는 국경을 넘으며 시작되었다_4

1
반칙하라, 즐겁다

국경 너머, 자유 그리고 월경越境의 연대기_15 ● 29번째 생일 파리에 도착하다_22

파리 빈민가에서 만난 운명_27 ● 갸를롱으로 오세요_38 ● 윷놀이의 기적_47

나를 지탱해준 파리의 두 남자_50 ● 프랑스 데모와 한국 데모_64

파리 8대학, '똥개훈련'을 이겨내다_75 ● 결핍과 일탈, 자유로 가는 패스포트_92

그녀들을 충동질했다. 떠나라고_99

옷장 속의 검은 드레스를 입을 수 있는 날_116

2
자유, 사랑보다 뜨거운

위대한 예외를 잉태하다__125 ● 자본주의 얼굴의 파리를 다시 만나다__129
세상의 남자들, 그리고 그들의 유일한 신__140 ● 온돌과 침대, 고도 1m차이의 문명충돌__150
다시 춤추기 시작하다__155 ● 가사노동, 그 철학적 투쟁에서 승리하다__164
당신을 환영합니다. 여기는 갸를롱__178 ● "도대체 두 분이 무슨 연대를 하셨다구요?"__189
프랑스 남자의 곽곽한 서울살이__200 ● 당신의 취향은 정말 당신의 것인가__209
육아! 황홀한 패자부활전__223 ● 사랑을 의제화하라__239

3
좌파정당 잠입기

성질 급한 지원자와 독특한 면접__267 ● 원칙 부서져도 남아있던 이유__280
노조 사무국장이 되다__294 ● 쪼개진 당을 나오며__303

에필로그 : 8월에 짐을 싼다. 또다른 월경越境을 위해__308

반칙하라, 즐겁다___1

희완을 만날 무렵 나는 벨빌이란 마을에서 살고 있었다.

당시 나는 일본여행을 계획중인 프랑스 교사 친구를 꼬드겨 한국으로 보내버렸다.

여행자로 백날 먼 나라를 가봐야 여행자의 시선으로만 볼 수 있을 뿐이라고,

직접 다른 나라에 발을 딛고, 거기 사람들과 소통하고 생활하며 지내야

비로소 네가 원하는 것들을 얻을 수 있을 거라고 충동질했다.

국경 너머, 자유
그리고 월경越境의 연대기

> 두 가지 일로 난 완전히 바닥에 쓰러졌지만 두 가지 질문을 손에 움켜쥐고 일어나 비행기를 탔다.
> 온몸에 상처를 내며 좌충우돌 하던 작은 딸을 보내며 엄마는 이렇게 말해주셨다.
> "너는 이제 뭐든지 할 수 있다. 넌 이제 자유다."

"야, 어떻게 니가 여기 있냐!"

 매캐한 최루탄 냄새가 늘 따끔하게 코를 찌르던 80년대 말, 대학 캠퍼스에서 스커트 자락을 하늘거리며 남학생들의 시선깨나 끌었던 인물로 기억되던 나를, 20년 뒤, 진보정당의 한 가운데에서 발견하는 옛 친구들은 하나같이 말한다.

 놀라움이 공통분모라면, 월급은 제대로 주냐고 물으며 동정 비슷한 어조로 말하는 부류도 있고, 또 다른 친구들은 이 역사의 역설을 재미있어 하면서 흔치 않은 월경기越境記를 듣고자 호기심을 곤추 세운다.

 그러게 말이다. 난 늘 대학시절을 "연애만 했다."고 한마디로 요약해 왔다. 물론 연애는 뭘 하면서도 언제든지 병행할 수 있는 거지만 "연애만 했다."는 말은 "운동은 안 했다."라는 뜻을 포함한다. 그 시절을 보낸 사람들은 알 것이다. '노는 애들'과 '운동하는 애들'로 나뉘는 살벌한 이분법을. 내가 다닌 학과의 커트라인이 좀 높아지면서 '공부만 하는 애들'이 추가되기도 했다.

십여 년간 단련된 수험생의 딱딱한 머리가 말랑말랑해질 틈도 없이, 우리의 소원은 '미제타도'이거나 '노동해방'임을 또 다시 주입시키던 선배들. 그들은 과연 그 무엇으로부터 해방되거나 독립적 자아로 사고한 적이 있었을까? 스스로 생각하기 전에 먼저 노래하고 행동해야 사람 취급을 하며 자신들의 적을 닮아버린 군국주의자들이 판치던 대학 운동권이 내겐 별로 설득력 없었다. 20년 후에, 그 사람들이 만든 정당에서, 당 지도부를 향해 시퍼렇게 날이 선 성명서를 써대는 당직자가 될 줄을 그 땐 미처 몰랐을 수밖에.

운동이 권력이던 때, 선배들이 주도하는 소위 '세미나'는 멀리하고, 권창은·이상신·정운영 등 학교에 몇 안 되는 멋진 교수들을 흠모하면서 그들의 강의를 찾아 듣거나, 마야코프스키·예세닌·만델슈탐 등이 흩뿌려 놓은 20세기 초 러시아 시의 참혹한 아름다움의 세계에 넋을 잃는 반동(!)의 시절을 보냈다.

종종 마음이 움직이면 종로, 대학로 등지에서 열리는 집회에 평소처럼 원피스를 입고 참석하기도 했다. 전두환을 지나 노태우 정권이 여전히 끝나지 않은 군부의 그림자를 드리우던 시절이었다. 그럴 때면 늘 정해진 순서처럼 경찰들은 "아가씨, 저리 비키세요."라고 말하며 다급히 내 곁을 지나갔다. 하이힐족들이 촛불시위의 익숙한 구성원이 된 2008년 6월의 시위현장에서 황홀한 격세지감이 입가에 미소를 걸게 한다. 인도에 있던 집회 참가자들이 일시에 도로로 들어서면 도로는 순식간에 집회 참가자들로 점거됐다. 그 순간, 역사의 주역이 순식간에 전복되는 듯한 짜릿한 전율이 매번 등줄기를 타고 내려왔다. 난 어느 깃발 아래도 서지 않고 '해방이화', '애국한양', '민족고대'라 외치는 저 처연한 깃발들을 바라보며 "왜 쟤네는 '해방'이고 '민족'일까?"를 골똘히 생각하곤 했다.

학교를 나와 어른이 되고 나서는 매번 완전히 다른 영역으로 생활의 현장을 옮겨 왔다. 그것도 본의 아니게 점점 연봉이 줄어드는 방향으로. 관광공사에서 공연단체로, 유학을 다녀와선 진보 정당으로. 일부러 가난해지는 삶을 지향했던 것은 아니었지만, 내 선택들은 영혼이 갈망하는 바와 일상의 거리를 좁히고 한 뼘 더 허락된 자유를 허락하는 대신, 안타깝게도 물질적 여유는 축소시키곤 했다.

여권이고 나발이고

국경을 넘나드는 모든 사람들이 지녀야 하는 여권. 생각해보면, 이건 초등학교 시절, 짓궂은 남학생들이 문을 가로막고 "못 가. 통행세 내!" 하던 심보와 똑같은 짓을 범세계적 차원에서 저지르는 것이다. 여권에 찍는 도장에 불과한 비자는 또 어떤지. 하루라도 허락받은 날짜를 어기면 범법자로 간주하고 철창 안에 가두어도 군소리 말라는 식의 그 엄포, 그 억압은 얼마나 많은 사람들로 하여금 일찍부터 일탈에 대한 공포감을 느끼도록 가르쳐 왔던가. 그 사전적 의미와 무관하게, 여권은 사람을 감시, 통제하고 공포와 긴장을 일상화시키는 데 주로 활용된다. 그런 여권이 세계를 여행하는 사람들에게 보편적 필수품으로 자리 잡은 것은 고작 1세기도 안 된 일이다.

    2000년, 프랑스 남부로 처음 여행을 떠나 바욘이라는 스페인 접경도시의 친구 할머니 댁에 머물렀다. 어느 날 아침, 할머니가 기차를 타고 스페인을 가신다기에 따라나섰다. 마치 마을버스를 타듯이 기차를 타고 20분 정도 가니 스페인이었다. 스페인 출신인 그 할머니는 일주일마다 한 번씩 국경너머에 있는 미용실에 마실가 듯 들러 머리를 손질했다. 국경을 넘어갈 때, 여권이고 나발이고 보잔 사람은 아무도 없었다. 순간, 자유의 바람이 사방에서 밀려왔다. 만화의 한 장면처럼 그 바람이 내 얼굴을 간질여 점점 환하게 만들고, 내 몸은 하늘을 둥둥 떠다니듯 상쾌했다.

    성장과 속도는 다양성과 아름다움에 대한 추구를 거부하며, 가부장제는 모든 딸들의 미래에 일찌감치 한 뭉텅이의 소금을 뿌린다. 자본의 집중과 소비를 향해서만 거대한 관용의 10차선 도로를 내주는 이 사회에서, 한 뼘의 자유를 차지하려고 투사가 되는 것보다 '고객님'으로서의 존재로 충실히 지내는 것은 쉽고 편한 선택일 수밖에 없다.

땅따먹기 – 경계를 무너뜨린 최초의 기억

어릴 적 나는 고무줄놀이나 사방치기 같은 고난도의 놀이를 할 때면 깍두기로 한 번 끼는 데 만족해야 했을 만큼, 몸으로 하는 운동이 거의 불가능한 몸치였다. 어디가 아픈 것도 아닌데 주로 서서 구경만 하는 신세의 내가 기꺼이 즐기던 몇 안 되는 놀이 중 하나가 바로 '땅따먹기'였다.

    흙에서 노는 호사를 누리는 아이들이 몇 없는 요즘엔 더 이상 그 놀이가 존재하는지도 모르겠다. 땅따먹기는 콩알 만한 돌멩이와 평평한 흙바닥만 있으면 언제든 할 수 있다. 먼저 부드럽고 평평한 땅 위에 거대한 사각형을 그린 후, 놀이에 참가한 아이들은 손 뼘을 최대한 벌려 사각형의 한 변과 만나는 반원을 그린다. 그곳은 아이들이 소유한 최초의 자기 땅이 된다. 아이들은 그 원을 벗어나지 않는 곳에 돌을 놓고 손가락으로 튕긴다. 튕겨나간 돌은 세 번 만에 원 안으로 들어와야 하며, 튕겨진 돌이 멈춘 곳을 직선으로 연결하여 생긴 공간은 자기 땅이 된다. 큰 땅을 차지하려는 욕심 때문에 돌을 너무 멀리 보내, 세 번 안에 자기 땅으로 돌아오지 못하면 그었던 선은 지워야 하고, 상대에게 기회가 넘어간다. 결국 땅을 넓히는 게임이긴 한데, 내가 관심 있고 고대하던 대목은 땅을 넓히는 것보다 손가락을 한껏 벌려서 내 땅에서 만들어진 두 꼭짓점을 잇고 그 사이에 패인 골을 차지하는 손뼘재기를 할 때였다.

 카타르시스가 밀려오는 마술 같은 손뼘재기의 포인트는 두 꼭짓점 사이의 계곡이 깊으면 깊을수록 내가 차지하는 풍요의 몫이 커진다는 사실이다. 땅따먹기가 전해준 이 매혹적인 이미지는 나의 머릿속 깊숙이 새겨졌다. 그리고 시간이 흐르면서 그 이미지는 내 속에서 거듭 재해석되었다. 더 깊숙한 계곡을 찾아 껑충 뛰어넘고 싶은 욕망은, 될 수 있는 한, 먼 나라, 다른 사회에 가서 그 깊은 계곡에 고인 '다름'을 내 것으로 끌어안는 꿈으로 발전했다.

"넌 이제 자유다."

나의 염원은 이십대가 끝나는 해에 실현되었다. 늘 저 먼 곳으로 떠나야 한다는 자기 암시를 해왔지만, 떠나기 가장 좋은 순간은 내 의지와 상관

없이 한꺼번에 내 인생에 들이닥쳤다. 일하던 공연장에 큰 손해를 끼치면서 내 마지막 기획공연은 막을 내렸고, 경제위기 속에서 아무렇게나 팽개쳐지는 문화와 예술의 위상을 피눈물을 뚝뚝 흘리며 목격했다. 어느 날은 대학로에 공연이 단 하나도 올라가지 않았다는 소문이 흉흉하게 돌았고, 연극은 일시적인 사망을 선고받았다. 입 안 가득, 질문이 고여 왔다. 경제적인 최후의 소모품으로서의 위상, 그 이상의 가치부여를 문화에 대해 할 수 없단 건가? 누군가 내게 묻지 않았어도 나는 대답하고 싶었다. 문화가 어떻게 세상을 구원할 수 있는지.

이 무렵 또 하나의 극단적 경험을 안겨준 사건이 있었다. 격렬한 행복과 불행이 순식간에 교차했던 사랑이다. 손으로 그 입자가 만져져질 듯 구체적인 사랑이, 내가 누려도 되는 행복인지 믿기지 않았던 사랑이 내게로 왔다. 그리고 그 사랑은 1년도 안돼서 지옥바닥으로 두 사람을 끌어내리며 끝이 났다.

내 머리카락 한오라기까지 곱게 여기던 그 사람은 점점 자신이 사랑하던 나의 모든 면을 나를 비난하기 위한 도구로 사용했고, 끝모를 질투와 의심, 불안정한 기질은 광적인 폭력에까지 이르렀다. 물같이 선한 아버지 밑에서 컸던 내가 폭행이라는 야만을 몸으로 접할 때, 고통보다는 천지가 뒤바뀌는 듯한 낯선 충격에 부딪혔다. 어릴 때부터 치명적 애정결핍을 겪었던 그 사람은 불행중독증을 갖고 있었다. 불행중독증에 걸린 사람들은 행복한 순간이 지속되면 불안하고, 곧바로 불행해질 구실을 찾아내 그 안에서 평안함을 느낀다. 난 의사가 아니었고, 곁에 머물러 있는 것만으로는 그를 치유할 수 없었다. 더 극단적인 결말이 오기 전에, 그 상황에서 벗어나는 것 말고 다른 선택은 없었다.

짧은 기간에 세상에 존재하는 모든 감정을 극단으로 오고가는 동안 나는 모든 에너지를 완전히 소진해 버렸다. 내 사랑에 대한 믿음이 컸던 만큼, 좌절의 골은 깊었다. 그 진한 경험을 통해 세상에 혼재하던 갈등의 한 가지 본질을 얼떨결에 밟아버렸다. 마음이 아픈 사람이었을지언정, 그가 사용한 폭력은 2천년 넘게 인류가 용인해 왔고, 여전히 창궐하고 있는 가부장제가 그의 손에 들려준 무기라는 사실을. 나의 경험과 심증을 객관화하여 스스로에게 이해시키고 세상과 화해해야 하는 또 하나의 과제가 주어졌다.

신산스런 50여년의 삶을 보낸 한 은사는 그때 내게 이렇게 말씀하셨다.
"땅바닥에 쓰러지면 돌멩이 하나라도 움켜쥐고 일어서야 한다."
두 가지 일로 난 완전히 바닥에 쓰러졌지만 두 가지 질문을 손에 움켜쥐고 일어나 비행기를 탔다. 온몸에 상처를 내며 좌충우돌 하던 작은 딸을 보내며 엄마는 이렇게 말해주셨다.
"너는 이제 뭐든지 할 수 있다. 넌 이제 자유다."

29번째 생일
파리에 도착하다

나처럼 작정하고 백지 상태가 되고 싶은 사람에게 그곳은 천국이었다. 내 오랜 여신 이사도라 던컨과 시인 랭보의 묘지 등을 걸어서 순례하며 이 믿기지 않는 거대한 전설 같은 도시를 탐험했다. 그렇게 파리에서의 첫 달이 꿈결같이 흘러갔다.

1999년 1월 18일, 나의 29번째 생일, 파리에 도착하였다. 내 어깨 위에는 아무런 짐도 없었다. 발목을 붙잡고 어깨를 짓누르며 한숨 꺼지게 하던 많은 일들, 많은 사람들과의 고통스런 관계들이 일순간에 시야에서 사라졌다. 빚도 없고 의무도 없었다. 편지에 적힌 언니의 말처럼, 하루하루를 보석 같은 날들로 만들, 행복한 존재로 살아남을 의무만이 있었을 뿐이다.

살면서 가끔 그렇게 백지를 만들 때가 있어야 하는 것 같다. 그래야 관성을 벗고 새롭게 본능과 만날 수 있다. 그때 우주는 무수한 신호를 내게 보낸다. 만나는 사람마다 내게 새로운 교신을 보내고, 가는 곳마다 영감을 얻는다. 에덴동산에 막 떨어진 이브가 된 느낌….

전화 없이 3주를 보냈고, 텔레비전 없이 5개월을 보냈다. 대개 우리는 삶에 덕지덕지 흔적이나 사물이 더해지는 것을 경험한다. 그런데 그렇게 의도적인 결핍과 절연을 시도했더니, 시를 읽고 싶은 욕구가 가장 먼저 치솟아 올라왔다. 한국문화원에서 시집들을 빌려다 읽고, 그 시들을 더듬더듬 불어로 번역해보면서 몰아의 시간을 마냥 흘려보내기도 했다. 청소기는 물론이고 세탁기도 없어서 처음으로 맨손으로 빨래를 해보기도 했다. 손으로 벅벅 문지르자 구질구질하던 옷이 하얗게 광을 내며 깨끗해지는 것마저 경이로웠다.

거리에 나서면 곳곳에 하늘색 눈빛을 한 랭보, 키 큰 애인의 팔장을 끼고 걷는 마르그리트 뒤라스, 영화 줄과 짐의 쟌 모로가 거리를 가로지르는 듯했다. 거대한 영화 세트장을 걷는 듯한 기분으로 그 모든 '다름'이 내 살갗에 전하는 까끌거리는 감촉을 즐겼다.

떠나기 전, 가장 큰 걱정거리는 '차별'이었다. 나의 피부색으로 나를 열등한 인종으로 치부하고, 그렇게 나에게 강제적으로 계급을 부여하려 한다면, 그 곳에서 살 수 없을 것 같았다. 그런데 마치 내가 외국인이라는 사실이 눈에 보이지도 않는 듯 행동하는 사람들이 대부분이었다.

슈퍼마켓에 갔더니 할머니가 나에게 어떤 초콜릿이 더 맛있는 거냐고 물어보기도 하고, 심지어는 우체국이 어디냐고 길을 묻기도 했다. 물론 살다 보니 간혹 배 밖으로 인종차별을 표현해 내는 몰지각한 인간들이 있다는 걸 알게 되었지만, 그들은 이미 몰지각함을 무릅쓰고 있었기에 경멸해주면 그만이었다.

처음 일주일 동안은 친구가 살고 있던 샹젤리제 근처의 운치있는 다락방에 묵었다. 파리 도착한 다음날 마음에 딱 드는 집을 운 좋게 구했지만 친구에게서 생활에 필요한 팁들을 배우고자 그녀 집에서 일주일을 함께

여인의 거리(rue des dames) 7번지 7층 다락방,
파리에서 내 첫번째 공간. (위)

14㎡의 작은 스튜디오, 내부.
나와 함께 지냈던 작은 벤자민 화분에
"민수"라는 이름을 붙여주었다. (아래)

보냈다. 이제 막 말을 배운 아이처럼, 빵집에 가서 바게트 하나를 의기양양하게 사와서 치즈와 버터를 발라먹으며 "앞으로 만날 이런 거 먹으면서 살면 정말 좋겠다."고 초등학생처럼 좋아했다.

내가 도착한 날이 생일인 것을 까맣게 몰랐던 친구는 그날 밤 미역국을 한 솥 끓였다. 그리고 사흘 뒤 그녀의 학교 교장선생이 죽었다는 얘기를 했다. 이미 이틀 전에 죽었는데 학생들에게는 그날 알려준 거라고 했다. 그러니까 그는 내가 파리에 오던 날 죽은 것이다. 마치 파리에서 새롭게 태어난 나와 자리바꿈을 하기라도 한 것처럼. 그의 이름은 자끄 르콕, 파리의 저명한 연극학교의 창립자였다. 난 파리시청 옆에 있던 성당에서 열린 그의 장례식에 이유없이 참석했다. 일주일 가까이 형광 빛의 눈부신 파리를 보다가 그날 처음, 짙은 어둠이 지배하는 진지하고 침착한 색채의 파리를 보았다. 그런데 장례식이 끝나고 성당에서 사람들이 하나 둘 나오자 오래 못 보았던 배우들과 친구들이 서로 반갑게 인사하고, 멋진 사람들이 멋진 미소로 서로에게 화답하는 풍경이 조금씩 펼쳐졌다. 죽은 자가 산자들을 불러 파티를 열어주는 잔잔한 풍경이 내 가슴에 빛의 파편들을 환하게 전해주었다.

장례식을 마치고 집에 돌아오는 길에 성당 옆 백화점에서 붉은 벽돌색 천을 샀다. 집으로 돌아와서 가방을 바느질해 만들었다. 곧 입학하는 소르본느 어학당에 들고 갈 가방이었다. 검은 실로 내 이니셜도 새겨 넣었다. 언제부터 내가 이런 걸 만들 줄 알았나 싶게, 바느질을 하는 밤이 하루씩 늘어날 때마다 방석이며 베개보 같은 것들이 내 손에서 탄생했다. 달리 생각하면, 나에게 익숙한 모든 질서와 언어와 관계에서 일탈한 셈이었다. 그것은 갖고 있던 많은 유리한 것들을 내려놓아야 한다는 뜻이기도 했다. 손에 가득 쥐고 있는 한, 결코 새로운 것을 손에 쥘 수 없는 법이다.

　파리에 온 한국의 남자와 여자들을 비교해 볼 때, 여자 쪽이 비할 바 없이 빨리 생활에 적응하는 것이 눈에 띠었다. 잘난 구석 하나 없어도 구내식당에 가면 배식 아주머니들이 아들같다며 닭다리 하나라도 더 주는 세상에 살다가, 그래서 적어도 이유 없이 여자들 정도는 쉽게 제낄 수 있는 특권을 누리며 살다가 그런 특권을 박탈당한 세상에서 뚝 떨어진 남자들은 조금씩 빌빌거릴 수밖에 없었다. 반면 상대적으로 남자애들에게 조금씩 이유 없이 빼앗기고 양보하며 살다가 더 이상 그렇지 않은 상황에서 여학생들은 탄력을 느끼는 것 같았다.

　나처럼 작정하고 백지 상태가 되고 싶은 사람에게 그곳은 천국이었다. 내 오랜 여신 이사도라 던컨과 시인 랭보의 묘지 등을 걸어서 순례하며 이 믿기지 않는 거대한 전설 같은 도시를 탐험했다. 그렇게 파리에서의 첫 달이 꿈결같이 흘러갔다.

　일주일이 지나 미리 등록해 두었던 소르본느 대학 어학과정에 반 편성 시험을 보러갔다. 작문시험 제목이 '당신의 지난 겨울은 왜 그토록 특별히 힘들었나?' 였다. 참으로 낯설고 사변적인 이 제목이 즉각적으로 내 감성에 착 달라붙는 걸 느끼며 파리에서 펼쳐질 앞으로의 시간들에 가슴 두근거리지 않을 수 없었다.

파리 빈민가에서
만난 운명

> 까페 테라스에서 맥주잔을 기울이던 그가 나를 보자 갑자기 벌떡 일어서서 이야기 나눌 것을 청했다. 거리의 모든 아시아 여자를 잠재적 창녀로 취급하는 벨빌에서 내가 처음 보는 남자의 청에 흔쾌히 마주앉아 맥주잔을 기울일 확률은?

가난한 이방인들

파리에서 학생으로 4년 반을 지내는 동안 네 번 이사를 했다. 희완 트호뫼흐 Riwan Tromeur를 만날 무렵 나는 벨빌 belleville이란 마을에서 살고 있었다. 당시 나는 일본여행을 계획중인 프랑스 교사 친구를 꼬드겨 한국으로 보내버렸다. 여행자로 백날 먼 나라를 가봐야 여행자의 시선으로만 볼 수 있을 뿐이라고, 직접 다른 나라에 발을 딛고, 거기 사람들과 소통하고 생활하며 지내야 비로소 네가 원하는 것들을 얻을 수 있을 거라고 충동질했다. 그 결과 그 친구는 서초동 서래마을의 프랑스학교 교사로 떠나는 일생일대의 모험을 감행했고, 덕분에 나는 그 친구가 살던,

겉보기엔 한남동 빌라같이 그럴싸한 벨빌의 임대주택을 차지하게 된 것이다. 이후로도 이 친구는 일본, 남미 등지로 옮겨 다니며 계속 새로운 인생을 개척하며 살고 있다. 그는 가끔 카리브해에서 내게 안부전화를 하곤 한다.

벨빌은 '아름다운 동네'란 뜻인데 실상은 그런 고운 이름이 차라리 애잔하게 느껴지는 동네였다. 로맹 가리가 에밀 아자르라는 가명으로 쓴 소설《자기 앞의 생》의 배경인 빈민가이자 무명 시절의 에디뜨 삐아프가 살던 동네이기도 하다. 중국인들과 아랍인들 그리고 가난한 유태인들이 함께 살아가는 이 동네는 하루 종일 시장통처럼 북적거린다. 거리에는 생존을 위해 나선 중국인 창녀들, 그녀들의 주요 고객인 나이든 아랍 아저씨들, 그리고 걸인들이 늘 서성거린다.

나와 룸메이트는 그 동네에 사는 유일한 한국인이었다. 한국 사람들은 거기에서도 될 수 있으면 세느강의 아랫동네, 서울로 치면 '강남'에 살기를 원했다. 나는 워낙 '안전의식'이 희박한데다, 무엇보다 비싼 월세를 지불할 능력이 결코 안되는 관계로 내가 전전한 동네는 소위 한국사람들이 말하는 '무서운 동네'들이었다. 그들이 말하는 무서운 동네란, 여러 인종들이 섞여 사는 동네를 말했다. 다양한 인종이 모여 사는 동네는 역동적인 삶의 에너지가 넘쳐흘렀다. 아이들도 밖에서 뛰어 놀았고, 그만큼 거리도 좀 더 너저분하긴 했다. 난 새로운 동네에 가게 될 때마다, 걸어서 동네 구석구석을 쏘다니며 새로운 냄새를 흡입하느라 여념이 없었다. 내 발걸음에는 골목 끝에서 언제 마주칠지 모르는 새로운 발견에 대한 기대감이 늘 매달려 있었다.

희완을 만난 그날도 마찬가지였다. 진도 안 나가는 논문을 주물럭거리다가 머리도 식힐 겸 포도 한 송이를 사러 거리로 나선 참이었다. 그때 희완은 까페 테라스에 앉아 맥주잔을 기울이고 있었는데 나를 보자 갑자기 벌떡 일어났다. 낯선 그 남자는 내게 다가와 자신을 사진작가로 소개하고 잠깐 이야기를 나누고 싶다고 청했다. 거리의 모든 아시아 여자를 잠재적 창녀로 취급하는 벨빌에서 내가 처음 보는 남자의 청에 흔쾌히 마주앉아 맥주잔을 기울일 확률은? 한 1% 정도나 될까. 암튼 2년간 벨빌에 살며 처음이자 마지막 있는 일이었다.

내가 그의 말을 경청하며 순순히 앞자리에 앉아 맥주잔을 기울게 된 건 아마도 그가 던진 이 한 마디 때문이었을 것이다. "당신은 세상이 가하는 억압에 고통 받는 얼굴을 하고 있다." 꼭 종로통에서 "도를 아십니까?" 하는 사람들의 말투 같기는 하지만, 적어도 그는 미사여구를 동원해서 나의 환심을 사려고 하지 않았던 것이다.

"한달 쯤 전에도 당신을 수퍼마켓에서 본 적이 있는데 같은 느낌이었고, 오늘 역시 같은 느낌의 얼굴을 하고 있다. 그땐 차마 용기를 내지 못해서 말을 건네지 못했다."고 그는 말했다. 낙천주의자라고 자부하며 살아온 내게 그가 염세주의자의 낙인을 씌우자 난 잠시 발끈했다. "난 낙천주의자. 그런 내가 당신이 말한 얼굴을 하고 있던 건 나의 지도교수 때문이다." 우리의 대화는 이렇게 시작되었다.

사진작가인 그는 내 얼굴을 찍기를 원했다. 그게 어떤 작품이 될 것인지 설명한 10분 그는 억압하는 자와 억압당하는 자의 얼굴을 대비시키는 비디오 작업을 하려고 했다을 제외하고, 줄곧 말을 한 사람은 나였다. 한국의 문화정책과 문화산업에 대한 비판적 견해로 시작된 이야기는 나의 논문과 그 논문쓰기의 가장 괴로운 지점인 지도교수에 대한 성토로 이어졌다. 그는 프랑스 교수들의 독선과 무성의에 맞장구를 치기도 하고, 한국에서 자본주의가 문화를 어떻게 도구화시키는지, 그렇게 해서 사람들이 자신의 문화로부터 어떻게 소외되어 가는지를 들으면서 격분하기도 했다. 오후 5시경에 시작된 대화의 봇물은 쉴 새 없이 이어졌고, 가벼운 식사를 곁들이며 깊은 밤까지 계속된 대화를 이제 마쳐야겠다며 자리에서 일어섰을 때, 시간은 새벽 1시 15분. 두 사람 모두 깜짝 놀랐다.

생각해보면 그날의 풍경은, 만난 지 6년이 지나 함께 아이를 키우고 있는 요즘도 자주 반복되는 일상이다. 희완과 나의 대화는 문화, 예술, 정치라는 세 가지 키워드를 중심으로 끊임없이 가열되고 때론 폭발한다. 그날 우리가 나눈 대화는 대체로 의미심장하고 진지한 것들이었으나, 가장 강한 잔상은 대화 내내 그가 자주 보여주었던 '냉소로 쪼개지지 않는 1백%의 웃음'이었다.

내가 아는 한 대부분의 프랑스 사람들은 85% 만큼만 웃었다. 모든 상황에서 15% 정도의 판단은 유보해 놓으려는 실존적 고집이었다. 혹시라도 파안대소를 하게 되면 바로 입 꼬리를 조금 일그러뜨려 표정을 수습하는 프랑스인들의 이러한 태도는, 언제나 날선 비판력만이 자아를 지켜준다고 믿는 이 나라 사람들의 '겉멋'인 듯하다. 일곱 살만 되면 아이들도 15%의 냉소를 머금은 예의 그 프랑스적인 웃음을 입가에 달고 있다. 그렇기에 내 면밀한 관찰의 결과에 예외로 기록될 이 100%의 웃음의 주인공은 단박에 나의 각별한 주목을 받지 않을 수 없었다.

《참을 수 없는 존재의 가벼움》에서 밀란 쿤데라는 사랑이 시작될 때 얼마나 많은 우연의 새가 어깨 위에 날아와 앉는지에 따라서 앞으로 펼쳐질 사랑의 깊이를 가늠할 수 있다고 썼다. 시내 중심가인 바스티유에 살던 그가 중국인 친구를 만나러 벨빌에 왔다가 바람을 맞고, 그러고도 줄곧 그 자리에 앉아 맥주를 마시며 거리에서 벌어지는 일상의 연극을 지켜보고, 때마침 오랫동안 대화에 굶주렸던 내가 포도를 사러 나와서 1%의 확

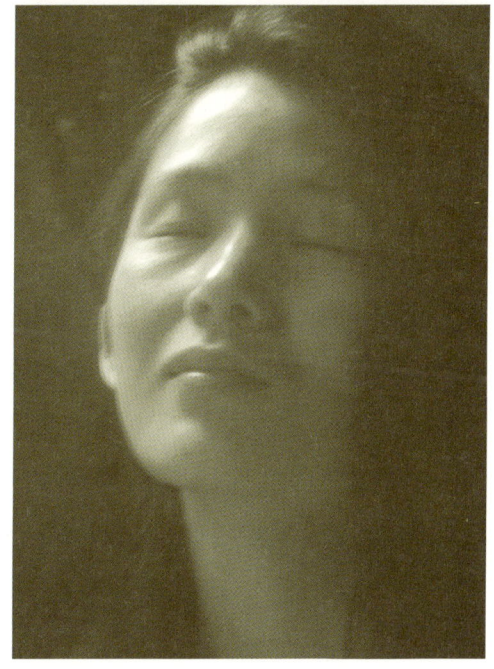

아이를 낳은 뒤 며칠 되지 않아
거울 앞에 앉아 새치를 뽑고 있을 때,
희찬이 거울 뒤에서 셔터를 눌러
찍어준 나의 초상.

5개월 무렵의 칼리,
부르고뉴의 집,
정원에서

률을 뚫고 낯선 남자의 청에 응해 평소에 즐기지도 않는 맥주를 같이 마시기까지, 수많은 우연의 새들이 우리 둘의 어깨 위에 날아 앉은 흔적이 선연히 보였다.

일주일쯤 뒤, 두 번째로 그를 만났을 때, 그의 양손에는 커다란 비닐봉지가 들려 있었다. 그 봉지 안에는 프랑스 문화부가 정기적으로 발행하는 수년간의 소식지가 가득 담겨 있었다. "1980년대 미테랑 사회당 정권의 문화정책, 특히 공연정책이 그들이 천명한 공공서비스로서의 소명을 다 했는가."라는 내 논문 주제에 맞는 자료들을 간추려 들고 온 것이다. 그 성의에 감격하기에 앞서, 비닐봉지에 그걸 주렁주렁 담아온 폼이 웃음을 자아냈다.

그 우스꽝스런 비닐봉지는 자신이 적극적인 조력자가 되어 논문의 고통으로 신음하는 나를 구원하겠다는 신호였다. 한때 불문학과 교수였으며 극단에서 무대미술가와 의상디자이너로 활약했던 그는, 내용적으로나 문법적으로나 논문을 쓰는 데 있어서 훌륭한 조언자가 되기에 매우 적절한 사람이었다. 이후 우리는 주로 까페에서, 때로는 그의 집에서 때로는 나의 집에서 만나 내가 쓴 논문을 한 줄 한 줄 읽어가며 토론하고 수정해 갔다.

내가 처음으로 그의 집을 찾아간 것은 그가 전시가 임박해 도저히 밖으로 나올 수 없다고 말했을 때였다. 그의 집은 자신이 속한 사회의 문화인류학적 특징을 비껴갈 수 있는 이 기이한 인간을 이해하는 데 결정적인 단서를 제공했다. 그 곳은 60년대 고서점 같기도 했고, 무대 뒤편의 어수선한 작업장 같기도 했으며, 황학동에서 마주칠 수 있는 기이한 음반가게 같기도 했지만, 결코 살림집 같지는 않았다.

복층으로 된 꽤 넓은 집은 여기저기 펼쳐놓은 작업을 위한 판자로 빈틈없이 메워져 있었고 조각과 무대의상과 사진, 회화를 아우르는 그의 작업의 폭이 적나라하게 아로새겨져 있었다. 일 년 넘게 한 번도 치우지 않아

바스티유에 있는 희완의 아틀리에,
이곳에서 희완은 25년동안 작업을 해왔다.

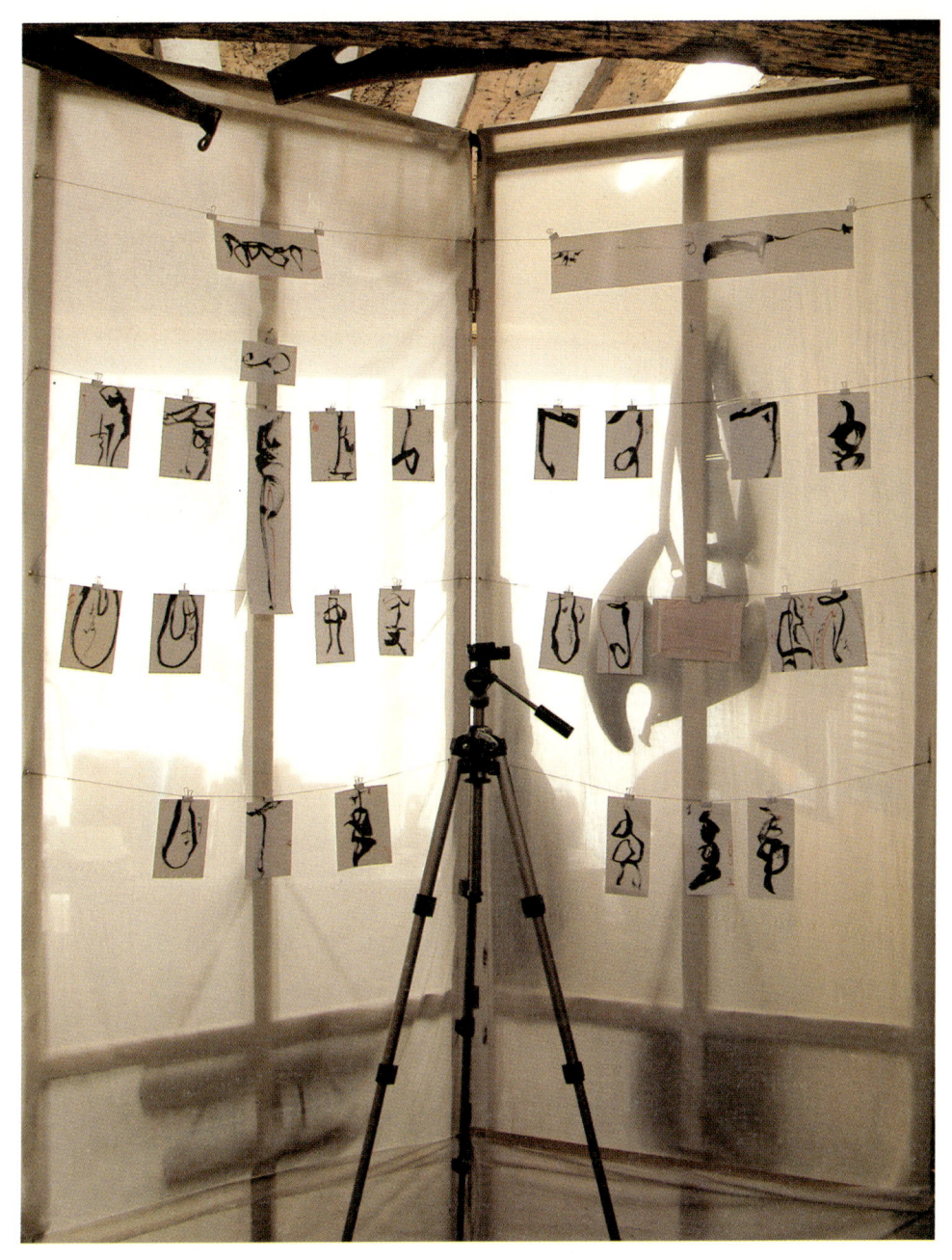

희완이 편지 대신 선물한 작품들.
희완이 외출한 사이에 내가 병풍에 걸어두었다.

희완 자신도 빈틈을 찾아가면서 작업을 하다가 결국은 지하에 있는 빈 공간에서 작업을 하는 중이라고 했다. 그런 그가 내가 찾아온다는 말에 한 시간 정도 집을 치워 차 마실 공간을 간신히 마련했다. 17세기에 지어졌다는 그 집은 바닥이며 벽은 온통 돌이었고, 간혹은 동굴 속처럼 석회 같은 것이 흘러내리고 있었다.

가장 놀라운 것은 음반들이었다. 우리가 손쉽게 상상할 수 있는 음반을 제외한 모든 음반들이 있었다. 즉 17~19세기의 서양 클래식 음악과 미국, 영국의 팝음악이나 유명한 샹송은 하나도 없는 대신에 아프가니스탄, 우즈베키스탄, 인도, 티베트, 타이완, 이집트, 그리스, 일본 등등 소위 3세계로 분류되는 모든 나라의 전통음악들이 빽빽하게 국가별로 분류되어 있었다. 그의 한국음악 컬렉션은 내가 본 어떤 한국인의 한국음악 컬렉션보다 풍요로웠다. 김덕수의 사물놀이, 김소희의 춘향가, 심청가, 황병기의 가야금은 기본, 다양한 경기민요, 서도민요, 남도민요 컬렉션, 국악의 퓨전버전이라할 수 있는 슬기둥, 이생강의 대금산조, 장사익까지. 그는 특히 칼칼한 생명력이 느껴지는 경기민요를 좋아했다. 한국여성들의 목소리에 배어있는 그 강렬함이 삶의 어떤 고단한 질곡에도 여유롭게 맞서는 호기를 느끼게 해주는 반면 황병기의 가야금은 무너져 내릴 듯 아름답다고 찬탄했다.

그동안 거침없이 성장한 미국의 문화제국주의와 문화산업 탓에 산산이 부서진 인류의 그 광휘로운 보물인 '문화 다양성'이 그의 음반꽂이 속에서 조용히 빛나고 있었다. 21살에 처음으로 티베트 음악을 듣게 된 그는 그저 배경음악용으로 틀어두는 게 아니라 음악 속으로 깊게 발을 딛고 들어가야 만나지는 저 거칠고 광활한 세계가 있음을 발견했다. 그것은 바로 산업화의 잔인한 메스를 거치지 않은 세상의 모든 음악이었다.

그의 집에는 없는 것들도 있었다. 커피를 내올 잔이나 손잡이가 달린 냄비 같은 게 없었다. 모양이 같은 티스푼도 없었으며, 가구라고 불릴만 한 것도 거의 없었다. 책들은 판자를 얼기설기 쌓아올려 놓은 후 그 사이에 꽂았고, 일곱 개 쯤 되는 의자들은 각자 여기저기서 산전수전을 다 겪다 우연찮게 이 집으로 흘러들어온 것처럼 저마다 깊은 사연을 내뿜고 있었는데, 모두 앉기에는 미안한 모양새라는 점만 똑같았다. 결핍과 풍요가 품목별로 극단적 대비를 이루는 그의 집은 그가 택한 극명한 선택만큼이나 그를 둘러싼 사람들 역시 그를 열광적으로 좋아하거나 완전히 외면하게 되는 극단적 선택을 하도록 요구할 거란 생각도 들었다.

책상 한 구석에 쌓여있는 국제사면위원회에서 보내온 후원영수증이 눈에 띄었다. 이가 빠진 작은 찻잔에 커피를 부어 마시며 그가 25년 동안 손때 묻혀온 집을 감상하면서도 3년 뒤 바로 이 집에서 아이를 낳아 키우게 되리라는 상상은 하지 못했다.

갸를롱으로 오세요

250년이라니? 그럼 네가 죽은 다음에는 누가 이 작업을 하지? 그건 내가 알바 아니지. 희완의 대답이다. 아, 이 대책 없는 예술가 나부랭이 같으니!

희완에게는 자신만의 성城이 있다. 내가 늘 가지고 싶어 했던 그것. 세상의 논리를 시선 하나로 간단히 유린하고, 경쟁의 뜀박질에서 슬쩍 비껴나 울울창창한 숲 속에서 자신의 열매를 가꾸는 사람들에겐 언제나 그런 성이 있다. 누군가는 그것을 지하실이라고 표현하고, 쟈크 뒤아멜Jacques Duhamel : 1970년대초 프랑스 문화부 장관은 '자신만의 소우주'라고 표현한다.

처음 이 사람을 만났을 때 보았던 자신감과 여유, 세상과 일정한 거리를 두면서도 차갑게 현실을 직시하고, 이질적이지만 견고한 세계를 딛고 서 있는 듯한 그 모습은 자신만의 성을 지닌 사람만이 보여줄 수 있는 단면이었다. 오래 기다리지 않아 그가 간직한 성의 실체는 드러났다. 두 번째 만났을 때, 희완은 곧 떠나게 될 자신의 성에 대해 이야기했다. 그것은 상징적 의미로서 뿐 아니라 구체적 의미로서의 성이었다. 일 년의 반 이상을 희완은 '갸를롱^{Gharlon} L.60'이라 부르는 거대한 프로젝트 속에 파묻혀 지낸다. 갸를롱 이야기를 하는 동안 마치 달콤한 애무를 건네는 애인이라도 그곳에 두고 온 듯, 얼굴이 장밋빛으로 물드는 희완을 목격할 수 있었다. 이 남자의 심장 가장 깊은 곳에 그것이 자리하고 있었다. 그가 갸를롱을 묘사하기 위해 등장시킨 어휘들은 공장 터, 천연염료, 자연, 설치미술, 아틀리에, 두꺼비, 박쥐, 도마뱀, 문화유적, 공동작업자, 천국, 진정한 즐거움 같은 것들이다. 이 각각의 이미지들은 뿔뿔이 흩어져 구체적 그림을 그려낼 수 없게 했다. 내 불어가 빈약했기 때문이라기보다는 그가 묘사해 내는 공간이 기존의 내 경험과 상상력을 비껴가고 있었기 때문이다.

 그해 가을, 나뭇잎들이 완전히 색깔을 갈아입기 전 어느 날, 갸를롱 방문이 시급한 임무라도 되는 것처럼 다급한 어조로 전화를 해대는 희완의 성화에 못 이겨 나는 친구 둘과 함께 기차를 타고 부르고뉴에 있는 그곳을 향해 첫발을 디뎠다.

 프랑스에 처음 왔던 1999년부터 계속 느껴왔던 기묘한 느낌, 공간이동을 하였을 뿐인데 시간이동을 한 것 같은 그 느낌을 갸를롱에 도착한 그때처럼 강렬하게 경험했던 적은 없었다. 세상의 질서와 아득히 절연하고 있는 그곳은 작은 외계였다.

 어렴풋이 전위적 형상의 조각공원 정도를 연상하였으나 반지르르한 잔디 위에 예술작품인 양 폼 잡고 서 있는 조각품 따위는 그곳에 없었다. 1839년 만들어진 오크르$^{Ocre\ :\ 테라코타\ 색\ 비슷한\ 천연염료}$ 공장은 1961년 화학염료에 밀려나 문을 닫았고, 공장 터와 사무실 등은 그대로 버려져 있었다. 1991년에 희완은 이곳에서 Gharlon L.60이라는 이름의 프로젝트를 시작했는데, 이는 약 2ha⁶천 평의 공장 터와 자연환경에 설치미술을 시도하는 작업이었다. 역설적이게도 Gharlon L.60은 그 잡풀 무성하던 땅에 발을 들여놓기 위해 잡풀들을 제거하느라 사용한 제초제의 이름이다. 초기 작업을 함께 하던 작업자들과 별명처럼 이렇게 부르기 시작했고, 그 별명은 자연스럽게 공간의 이름이 되었다.

설치를 위한 모든 재료는 이 안에서 생성된 것이어야 한다는 원칙을 갖고 있었다. 공장 터에서 나온 산업폐기물, 벽돌, 나무 그리고 사람들이 만들어내는 재활용 쓰레기 등이 주된 재료였다. 설치 프로그램 속에는 관목들과 나무들, 이끼, 풀 등 살아있으면서 계속해서 진화하는 것들이 포함됐다. 모든 작업은 매년 새로운 방식으로 자유롭게 진화한 자연요소들을 바탕으로 원점에서 재구성했다. 마치 시골에 사는 시지프스처럼. 이 작업은 자그마치 250년이 걸릴 프로젝트라고 했다.

"250년이라니? 그럼 네가 죽은 다음에는 누가 이 작업을 하지?"

"그건 내가 알바 아니지." 희완의 대답이다.

아, 이 대책 없는 예술가 나부랭이 같으니!

이곳에서는 생성과 설치의 작업이 진행되는 만큼 소멸과 파괴도 함께 일어나고 있었다. 희완과 같은 예술가들과 이곳을 찾는 방문객들뿐만 아니라 이곳에 사는 동물과 식물들 그리고 흐르는 시간까지도 그 작업에 동참하는 셈이었다. 그런 점에서 이곳의 소멸과 파괴는 매우 건설적인 방법으로 진행되고 있었다. 2005년까지 전 세계 13개국에서 온 76명의 공동 작업자들이 희완의 갸를롱 프로젝트에 참여했다. 프랑스 다음으로 많은 인원을 차지하는 나라는 놀랍게도 일본이다. 일본의 미대생들이 단체로 와 일주일간 작업에 참여한 바 있다.

활주로, 건조한 정원, 음악의 살롱, 유기체들의 방, 아궁이…

각 공간에 붙여진 이름들과 실제 공간의 형상 사이에는 우주에서 혼자 공차고 있는 듯한 작가의 상상의 세계에 들렸다 와야 채워지는 간극이 있다. 야외공간을 지배하는 색이 당연히 녹색이라면 실내공간을 지배하는 색은 타오르는 듯한 벽돌색이었다. 1세기 넘게 천연 염료인 오크르 채취 공장이었던 이곳의 실내는 초벌구이를 하고 나온 흙 같은 색을 띠고 있는데, 해질녘이면 활활 타오르듯 더 강렬한 빛을 발했다. 한번은 희완 스스로도 불이 난 줄 알고 멀리서 뛰어왔을 정도였다. 멈춰진 공장 터의 구멍 숭숭 난 천장에는 수백 마리의 박쥐들이 거꾸로 매달려 있었다. 그들은 낮에는 45도 각도로 좌우회전을 하며 매달려 있다가 밤이 되면 먹이를 찾아 날아다녔다. 박쥐들 덕분에 갸를롱 근처에는 모기가 없다.

전체 공간의 입구에는 커다란 나무 밑에 잡풀이 무성한 안뜰이 있고, 과거 이 공장의 주인이 살림집 겸 사무실로 쓰던 이층저택이 있다. 이 공간에서 저택과 안뜰만이 주인의 손길과 관심 밖의 공간임을 익히 짐작할 수 있었다. 건물의 일부만이 그나마 찾아오는 손님들을 위해 사람이 머물 수 있도록 꾸며져 있으며, 칠도 도배도 하지 않은 벽면은 대형 포스터들로 추한 몰골만을 간신히 가리고 있었다. 가히 예술적 경지에 이른 수십 년 묵은 거미줄들이 곳곳에 무성하며, 집 외벽에는 수십 마리의 도마뱀들이 활개를 치고 있다. 저택의 지하실 문을 열면 있어야 할 포도주는 없고, 대신에 '죽은 동물들을 위한 설치'라는 그로테스크한 컨셉의 설치가 진행 중이었다. 그 속에는 파란색 물이 나오는 샘이 있다. 이 파란 물은 공간 곳곳에 비밀스런 표식처럼 작은 용기에 담겨 놓여있다. 공장터, 숲과 정원 곳곳에 산재한 이 모든 작업들을 한데 묶어서 감히 예술작업이라고 부를 수 있는 근거가 있다면 희완의 직업이 예술가이기 때문이다. 그만큼 갸를롱에서 목격한 설치물들은 기존의 예술에 대한 상식을

갸를롱의 활주로(왼쪽)와 5가지 식물의 방(오른쪽).

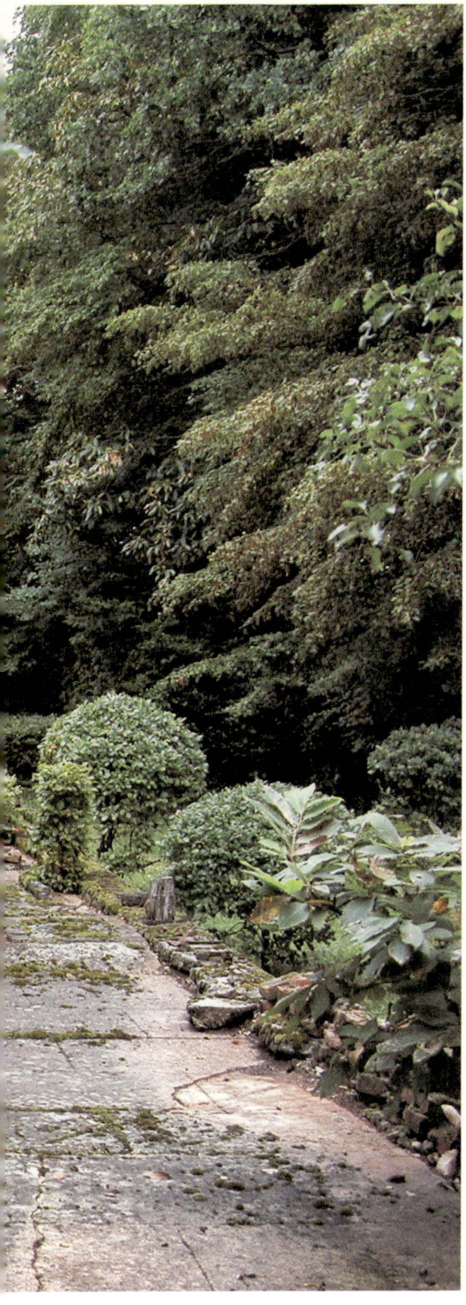

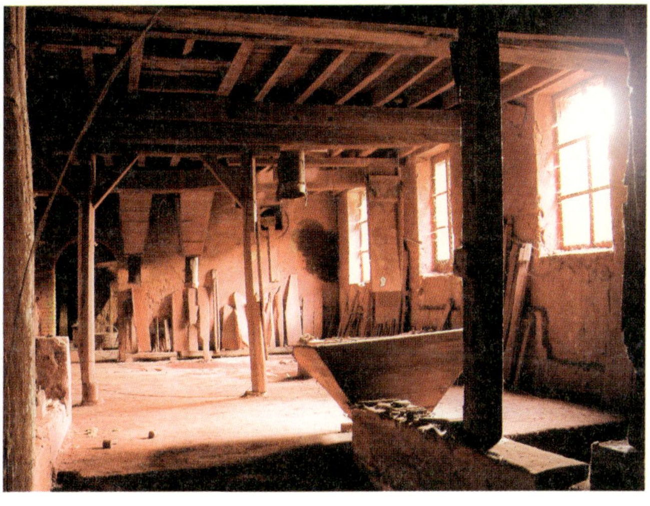

갸를롱의 음악의 살롱(Salon de Musique)

훌쩍 뛰어넘어 날것 그대로 자유분방하게 각자의 질서를 구축하고 있었다.

어찌 보면 평범한 하늘과 땅, 숲과 집이었다. 이 공간이 낯설어 보이는 것은 이곳을 지배하는 질서 때문이었다. 사람이 사는 이층집, 여러 채의 옛 공장 터, 창고, 숲은 6천여 평의 땅 위에서 놀이를 하듯, 옷을 뒤죽박죽 바꾸어 입고, 본래의 기능은 까끔하게 잊은 채 각자 일정한 자발성을 가진 것 같은 착각을 불러일으키며 이 엉뚱한 프로젝트의 일원이 되어 있었다.

희완의 안내로 공간을 둘러보고 나서, 그가 작업이라고 부르는 일을 자연스럽게 거들게 되었는데, 내가 처음 했던 일은 덕지덕지 눌어붙은 새똥을 말끔히 치우는 일이었다. 매우 불안한 상태의 건물이어서 그가 붉게 테두리를 그어 놓은 구역에는 발을 딛지도 못하고 엉덩이를 뒤로 뺀 채 갈고리를 이용해 새똥을 긁어 담았다.

작업을 한 다음날 우리는 전 세계에서 이 작업을 함께 하기 위해 모여들었다는 그 공동작업자의 명단에 이름을 올릴 수 있었다. 알고 보니, 나의 질투심을 슬쩍 자극하던 그 공동작업자들의 실체는 내가 행한 노가다를 크게 벗어나지 않는 것이었다. 새똥 치우기보다 좀 나은 일은 돌계단을 덮은 낙엽들을 이끼는 그대로 둔 채 깨끗이 제거하는 일이었다. 이끼만 파릇하게 낀 돌계단은 과연 보기 좋았지만, 일주일이면 다시 낙엽들로 덮이게 될 것을 생각하니 걷잡을 수 없는 회의에 빠지게 되었다. 이 행위에서 보람을 찾자면, 적어도 나 아닌 누군가에게 기쁨이 되는 정도의 보상은 있어야 할 텐데 가끔 소문을 듣고 방문하는 사람들 말고는 이 작업을 감상하는 사람도 따로 없다. 도대체 이게 무슨 짓이란 말인가?

이 공간은 소비를 종용하지 않았지만 그렇다고 무언가를 생산하는 것도 아니었다. 경제적 가치에 이바지하거나 효율이나 화합 등 공동체를 위한 어떠한 미덕에도 기여하는 바가 없었다. 그러면서도 상당히 많은 사람들의 노동력을 요구했다. 어떻게 이런 일이 가능한가? 나는 분명 언어적 표현을 넘어서는 이 공간의 매력에 압도당했다. 하지만 인간의 행위라면 당연히 수반해야 한다고 믿어온 '생산성'의 개념을 비껴가고, 동시에 예술행위의 필수 전제로 생각해온 '관객'의 개념도 오간 데 없는 이 공간의 고유한 질서까지 용납할 수는 없었다.

나는 기민한 육감으로 내가 이 공간을 감당할 수 있게 될 때, 희완이 내 인생에 들어오게 되리라는 것을 알 수 있었다. 그날의 나는 단순한 방문자였으나 그 예감이 하도 강렬하여 마음은 한없이 무거웠다.

다음날 아침, 읍내 3일장에 나갔다. 우리 모두는 이 수수께끼 같은 소행성을 잠시 벗어나 속세의 발랄함을 흠뻑 누렸다. 장날마다 희완이 누린다는 작은 사치에 동참해 샴페인도 한 잔 기울였다. 그리곤 서둘러 파리로 올라가는 기차를 탔다. 학기 중이라 길게 있을 수도 없었지만, 전날의 육중한 예감이 나를 장악하고 있어서 그대로 견디기가 어려웠기 때문이다.

윷놀이의 기적

채플린의 독재자를 생 미셸의 작은 영화관에서 보고 나오면서 비로소 우리는 '도대체 지금 무슨 일이 일어나고 있는 거지?' 하는 시선을 동시에 교환했다. 지금, 도대체, 우리 사이에, 뭔 일이 생긴 거냐구!

가을이 지나고, 연말이 다가오고 있었다. 이제 서로 확고하게 유쾌한 친구가 된 희완과 나는 2002년의 마지막 날 친구들과 함께 파티를 열기로 했다. 희완의 친구 서너 명과 나의 친구 서너 명을 우리 집으로 불렀다.

그런데 그날 어찌된 일인지 그 친구들은 모두 '미안하지만 오늘 못 갈 것 같다.'는 전갈을 하나둘씩 보내왔다. 결국 희완과 나만 덜렁 참석하는 파티가 되어버렸다. 한국에 있을 때 연말이면 엄마가 늘 그랬던 것처럼 커다란 만두를 빚었다. 희완은 그 만두를 보고 '거인 만두 Ravioli Géant'라고 이름 붙였다.

거인만두를 빚어 먹고 그와 나는 윷놀이를 했다. 나는 그에게 방법을 대충 가르쳐 주고 무조건 상대방의 말을 잡아먹는 잔인한 전술을 구사했고, 희완은 태평하게도 몇 번이고 새로운 말을 쭉 늘어놓으며 한없이 내게 잡아먹혔다. 우리는 새벽 동이 틀 때까지 긴 전투를 벌였다. 그날의 길고 긴 전투는 너무나도 유쾌했고, 밤새도록 웃고 또 웃느라 다음날 안면 근육이 아파올 정도였다.

결과는 25대 23으로 내가 신승을 거두었다. 그날 처음 윷놀이를 배운 희완은 결코 상대를 잡아먹지 않으면서도 나와 비슷한 승수를 거둔 것이다. 그날의 윷놀이가 그토록 재미있었던 것은 희완이 애써 나의 전술을 비껴가려 했기 때문이 아니었을까 싶다. 그는 이기는 것을 목표로 삼지 않았다. 그는 자기만의 원칙 속에서 게임을 즐기는 것에서 재미를 찾았다. 나는 말을 잡아먹는 재미도 제대로 모르는 희완을 상대로 무차별적인 공격을 퍼부었다. 하지만 긴 전투가 끝났을 때 희완이 고수하는 삶의 원칙이 이 사소한 놀이에도 변함없이 관철돼 있음을 깨달았다. 그는 경쟁하는게 아니라 공존하는 기쁨을 만끽하는 사람이었다.

동이 터오자 비로소 피곤이 몰려왔다. 우린 잠깐 눈을 붙인 다음 2003년의 아침을 함께 맞이하려 몽수리 공원을 산책했다. 그 싱그러운 영국식 정원을 함께 거닐던 바로 그때였다. 우리 두 사람을 둘러싼 공기가 슬며시 애정의 입자로 전환되던 순간은. 그러나 그 달콤한 아침에도 난 침이 튀게 한국의 가부장제를 분통터지게 토로하고, 소위 진보 마초들을 폭로하는 데 여념이 없었다. 두 시간 넘게 몽수리공원을 산책하고, 중국식당에서 거인 만두에 비할 바 없이 작은 중국만두를 먹은 다음, 채플린의 〈독재자〉를 생 미셸의 작은 영화관에서 보고 나오면서 비로소 우리는 '도대체 지금 무슨 일이 일어나고 있는 거지?' 하는 시선을 동시에 교환했다. 지금, 도대체, 우리 사이에, 뭔 일이 생긴 거냐구! 서로의 놀란 토끼눈은 또 알 수 없는 폭소를 유발하고, 어디선지 계속 샘솟 듯 솟아나는 희열은 웃음을 끝없이 공중에 난사하고 있었다.

나를 지탱해준
파리의 두 남자

로항과 나는 종종 몽마르뜨 언덕으로 일몰을 보러가거나, 야외에서 열리는 조각전에도 놀러다녔다. 그는 돈 한 푼 안들이고 파리에서 재미있게 사는 법에 도가 튼 사람이었다. 어느 날 내가 문득 그에게 물었다. "너 밀란 쿤데라를 아니?"

파리 온 지 두 달째, 날 구속하는 사람도 시선도 없지만 그와 동시에 날 염려해주거나 챙겨주는 사람도 없어 뿌리 뽑힌 허전함을 차츰 크게 느낄 무렵이었다. 누구에게서도 걸려오지 않는 전화기를 기막히게 바라보며, 창 밖의 비둘기들에 넌지시 말을 건네던 그 시절. 내가 분주히 움직여 다시 무언가를 쌓지 않으면 이대로 아무 흔적도 없이 완벽한 무로 사라져 버릴 수도 있다는 생각이 구체적으로 엄습해왔다.

티보와 로항은 그때 불안하기 그지없는 삶을 지탱해준 두 사람이었다. 둘 다 4월 16일 생이고 남자라는 공통점이 있다. 하나는 한 살, 또 하나는 열 살. 둘의 나이를 합해봐야 열한 살 밖에 되지 않았다.

저 망망한 지평선 위에 가슴은 넓게 펴고 두 눈은 크게 뜨고 서보지만 결국 아무 일도 일어나지 않는 그런 나날들이 차츰 쌓여가던 무렵에 그들과 만났다. 두 사람과의 만남을 통해 내 삶은 비로소 온기를 불어넣은 주물처럼 꿈틀거리기 시작했다. 사람은 자유를 통해서가 아니라 관계를 통해서 존재를 확인한다는 진리를 얻게 해 준 두 사람과의 만남은 생계유지의 절박함 속에서 이뤄졌다. 티보는 베이비시팅을 하면서 2년간 돌보던 아이, 로항은 집세보조금을 신청하러 간 곳에서 만난 친구다.

티보

프랑스 버스의 안내방송은 대부분 차갑고 냉정하게 들리는 40대 여성의 음성이다. '에글리즈 아메리깽^{미국인 교회}'이라는 안내방송이 들리자 정류장을 놓칠새라 허겁지겁 내렸다. 과연 교회 하나가 있었다. 이유는 알 수 없지만 미국인 교회에 가면 쓸만한 일자리 광고가 많이 나붙어 있다는 얘기를 주워들었던 것이다.

일찍이 최윤의 수필을 읽다가 유학시절 베이비 시팅을 했다는 대목에서, '저거 나도 꼭 해야겠다.'고 다짐한 적이 있었다. 참 별난 다짐도 다 있지 하겠지만 내가 한국에서 베이비 시팅이란 걸 한다면, 친척들의 아이를 잠깐 돌보는 일이면 모를까 구조적으로 가능한 일이 아니었다. 그러나 그 보이지 않는 계급의 족쇄를 탈피한 나로서는 그 무엇도 될 수 있었다.

정말로 교회에는 많은 광고들이 나붙어 있었고, 그중에 마치 나를 위해 준비한 듯한 광고가 하나 있었다. '영어되는 베이비시터 구함. 6~8시. 리에즈역에서 2분 거리.' 리에즈역이라면 우리 집에서 5분 거리다. 더구나 수업시간과 무관한 6시 이후. 게다가 지금 나는 불어보다 영어가 훨씬 낫지 않은가? 물론 네이티브 스피커를 의미하는 거겠지만, 그 정도쯤이야 배짱으로 무시하기로 했다. 내게 이 보다 더 유리한 광고는 있을 수 없었다.

그날 바로 전화를 하고 면접을 보러갔다. 나에 앞서 이미 웬 남학생이 면접을 치르고 있었고, 내 뒤에도 한 여학생이 대기하고 있었다. 둘 다 영어권 학생인 듯했다. 나보다 훨씬 좋은 자격을 갖춘 셈이었다. 어쩌랴. 준비해간 대로 담담하게 자기소개를 하고 베이비 시팅이라곤 조카를 잠깐 돌본 게 전부라는 사실도 솔직하게 말했다. 면접을 보고 온지 2~3주가 지나도록 아무런 소식도 들려오지 않았다. 나는 하는 수 없이 다시 미국인교회를 향했다.

거기서 티보의 부모가 새롭게 광고를 붙인 것을 보았다. 낯선 이에게 어린 자식을 맡기는 일은 모험일 수밖에 없다. 이들의 신중함은 충분히 이해할 수 있는 일이었다. 하지만 막상 그들의 새로운 구인광고를 보니 알 수 없는 굴욕감에 비틀거렸다. 사소한 실패였지만 당시에는 누구에게도 말하지 못했다. 무턱대고 밀려오던 행운에 대한 예감이 종말을 고하는 듯했다. 이방인의 삶을 산다는 것은 무중력 상태에서 무한한 자유를 누리면서도 다른 한편으로는 이런 작은 실망의 순간에도 끝 모를 바닥으로 추락하는 심정을 겪어야 하는 일이다.

한 달쯤 지났을까. 어느 날 티보 아빠로부터 전화가 걸려왔다. 5월부터 일할 수 있냐고 했다. 노랗게 변한 하늘빛이 그 전화 한통으로 맑고 푸르게 변하기 시작했다. 프랑스식 시간 개념이 이토록 더딘지 처음으로 실감한 순간이기도 했다. 떨어졌다고 생각했을 때는 더할 수 없는 굴욕이었는데, 막상 일하러 오라는 연락을 받으니 믿기지 않았다. 집이 가깝다는 게 장점으로 작용한 듯 했다.

다시 그들을 만나러 갔다. 엄마인 까트린은 AFP의 경제담당 기자, 아빠인 베르트랑은 은행 간부란 걸 알았다. 둘 다 프랑스인들이었다. 단지 영어도 가르칠 수 있으면 좋겠다는 생각으로 광고를 낸 것이었는데, 내가 네이티브가 아닌 한 아이한테 영어로 이야기해야 한다는 조건은 사라진 상태였다.

처음 탁아소에 티보를 찾으러 간 날, 티보는 단 한번 보았을 뿐인 나를 멀리서 알아보고 엉금엉금 기어서 내게로 왔다. 티보를 유모차에 태우고 차도를 두 번 건너 집으로 오기까지 걸린 시간은 7분 남짓. 이 짧은 시간에 내 등짝에는 식은땀이 주르륵 흘러내렸다. 이 작은 아이의 생명을 지금 이 순간 온전히 내가 책임지고 있다는 생각, 이 아이의 부모가 나처럼 완벽한 이방인에게 잠시나마 아이를 맡기고 가슴을 졸이고 있으리라는 생각 때문에 내 심장은 잔뜩 오그라들었다.

티보는 짙고 숱이 많은 속눈썹을 가진 아름다운 아이였다. 부모가 물려준 자신감과 명석함이 어린나이에도 불구하고 번득였다. 이제 갓 돌을 넘긴 티보의 불어 실력은 나보다도 못한 수준이었다. 우리의 불어실력은 처음 만난 그때부터 조금씩 앞서거니 뒤서거니 달음질쳤다. 티보는 매일 새롭게 자신이 습득한 어휘를 의기양양 선보였다.

그러던 어느 날, 티보의 부모가 내게 한국말로 티보와 대화할 것을 요구했다. 소아과 의사가 말하길, 매우 다른 발음구조의 언어를 어릴 적부터 동시에 발음하면 훗날 다양한 언어를 배우는 데 유리하고 두뇌 발달에도 도움이 된다는 것이다. 이제 공식적으로 마음 놓고 한국어를 써도 되는 셈이었다. 티보와 나는 한국어와 불어를 혼용해가며 나름대로 풍요로운 대화를 나누는 사이로 발전했다.

이를 테면, 내가 무심코 "아~, 피곤해."라고 혼잣말을 하면, "뛰 에 파

내가 떠난 뒤 태어난
티보의 두 동생들,
왼쪽이 티보.

티게? Tu es fatigé?"라고 되물었다. 티보는 내게 아양을 떨어야 할 상황이 생기면 갑자기 "물 줘~."라고 자발적으로 한국어를 구사하기도 했다. 물론 자기가 유리한 고지에 있을 때엔, 내게 불어를 가르치려 들었다. 두 살 반이 되자 집에 있는 동화책을 대부분 암기해서, "우리 책을 읽을까?" 하면 내가 아니라 자기가 책을 들고 암기한 내용을 줄줄 이야기했다. 내가 읽으면 발음을 교정해주기도 했다.

어느 날은 탁아소에 티보를 찾으러 갔더니 다른 아이들이 "자, 여기, 이거." 같은 짤막한 한국어를 구사하고 있었다. 보모들은 단순한 유아어 쯤으로 알았겠지만, 티보가 전파시킨 한국어였다. 일취월장하는 티보를 더욱 격려하기 위해 나는 한국 동요 CD를 사다주기도 하고, 한국동화책을 읽어주기도 했다.

티보네 가족들.

그 무렵 난 완전히 첫아이를 키우는 엄마의 심정 그대로였다. 하루를 마감하기 전, 티보를 만나 아이의 살 냄새를 맡고 목욕을 시키고 저녁을 챙겨 먹이며 같이 책을 보고 그림을 그리는 시간은 나의 정서를 풍요롭게 가꾸어 주었다.

티보의 아빠 베르트랑은 내가 본 세상에서 가장 이상적인 아빠였다. 지하철로 두 정거장 거리의 회사까지 씽씽카를 타고 출근했고, 종종 그 씽씽카에 아들을 태워 탁아소에 데려다 주고 가기도 했다. 그는 티보가 아무리 골이 나 있어도 30초 안에 티보를 웃게 하는 방법을 알고 있었다. 무엇보다 그는 아들과 몸으로 노는 법을 알았다. 티보가 아파서 탁아소에 갈 수 없게 되었을 때는 직장에 나가지 않고 티보 곁을 지키는 사람도 아빠였다.

나를 지탱해준 파리의 두 남자　　　　　　　　　　　　　　　　55

티보네 가족은 노르웨이, 쿠바, 런던, 뉴욕 등으로 자주 긴 바캉스를 떠나곤 했는데, 엄마 까트린은 매번 깨알 같은 글씨로 빼곡한 우편엽서를 내게 보내 자신들의 근황을 전하고 내 안부를 물어주었다. 까트린 역시 소박한 사람이었다. 그 흔한 핸드백 하나 없이 언제나 배낭하나 달랑 들고 다녔고, 그녀의 손에는 언제나 책과 메모지가 떠나지 않았다.

파리에 첫 발을 디딜 때, 프랑스 사회를 사는 사람으로서 6개월에 5년씩 나이를 먹겠다고 다짐했다. 그 나이와 내 육체적 나이가 같아질 무렵 이 급속한 성장은 멎게 될 것이었다. 그리고 실제로 나의 언어적 성장은 그러했다. 그들과 헤어질 무렵, 난 간신히 성인의 나이에 이르렀다. 프랑스 사회의 생활인으로서의 유아기와 유년기, 청소년기까지를 어리고 영민한 티보와 같이 하였다.

티보의 부모들과 육아 이외의 문제로 처음으로 긴 토론을 벌인 것은 프랑스로 도망친 대우 김우중 회장을 쫓아 파리까지 온 노조원들이 에펠탑에서 시위를 벌이던 날이었다. 그 집 거실 한구석에 뽀얀 먼지를 뒤집어쓴 작은 TV가 켜지는 걸 처음 보았다. 8시뉴스에 출연한 김우중 체포결사대는 프랑스인들에게 강한 인상을 남겼다. 한국에는 김우중 같은 사기꾼도 있지만, 이처럼 도전적인 노동자들도 존재한다는 사실을 보여주었다. 몇 해 전 프랑스 정부가 톰슨사를 대우에 1프랑에 팔아넘기려 했을 때, 프랑스 전역이 반대로 들끓었던 이야기, 그리고 지금 몰락한 대우와 우량기업으로 성장한 톰슨에 대한 이야기가 자연스럽게 이어졌다. 로렌지역의 대우전자 공장이 폐쇄돼 수천 명의 노동자들이 갑자기 실업을 겪게 된 이야기도 빼놓을 수 없었다. 이 일은 〈DAEWOO〉라는 제목의 연극으로도 만들어져 그해 프랑스 최고연극상인 몰리에르상을 수상하기도 했다.

티보네는 몇 년 뒤 런던으로 이주했다. 티보의 아빠 베르트랑이 뒤늦게 런던에서 새로운 공부를 하겠다고 나섰기 때문이다. 베르트랑은 고맙게도 나의 삶을 보고 용기를 얻었다고 했다. 동년배의 내가 감행한 도전이 그에게 자극과 용기를 주었노라고, 완전히 다른 곳에서 삶을 새로 시작하는 도전을 해보고 싶었노라고 했다. 수많은 여러 가지 자극제 중 하나였을 뿐이겠지만, 나로선 의외의 고백이었다.

5년 뒤 파리로 돌아온 티보네 가족은 여전히 티보의 사진과 함께 내 안부를 묻는 메일을 보내곤 한다. 유아기의 한 시절, 나를 통해 바람처럼 체험한 한국이 그의 미래에 어떤 영향으로 작용할지 몹시 궁금하다.

한국의 어느 중산층 가정에서 영어권 학생을 대신해 베트남 여학생이 베이비시터로 일하며 아이에게 베트남어를 가르치고 본국에 돌아가서도 그 가정과 여전히 연락을 주고받을 확률은 몇 퍼센트나 될까?

로항

로항을 만난 건 집세 보조금을 신청하러 까프^{CAF}에 갔을 때였다. 프랑스에는 수입이 많지 않은 세입자들, 거의 모든 학생 세입자들에게 적지 않은 집세 보조금을 매달 지급하는 기특한 제도가 있었다. 나처럼 이 나라에 세금 한 푼 낸 일 없는 외국 학생들에게도 이 제도는 예외가 아니다. 까프는 집세보조금, 가족수당 등을 지급하는 정부기관이었다.

내가 살던 곳은 파리에서도 가난한 동네였다. 그리고 이 동네 까프에서 이전까지 내가 알지 못한 프랑스를 만날 수 있었다. 갑자기 아프리카 한가운데에 와 있는 듯했다. 그곳을 꽉 채우며 차례를 기다리는 사람들도 대부분 그쪽 사람들이었지만, 프랑스답지 않게 허술한 건물하며 어수선한 분위기는 갑자기 비인간적인 대우에 아무렇게나 내팽겨진 듯한 느낌이었다.

나중에 잘사는 동네의 까프를 갈 기회가 있었는데, 그곳에서 나는 단 1초도 기다릴 필요가 없었다. 줄 서 있는 사람 하나 없었고 건물은 산뜻했으며 직원은 친절하기까지 했다.

지원금은 공평하게 지급했지만 수급자가 많은 지역에 까프를 하나 더 늘리지 않고 그들을 난민처럼 수용하는 프랑스식 기만이 드러나는 바로 그 자리에서 나는 로항을 만났다.

필요한 서류들을 준비해서 세 시간이나 이 심란한 분위기를 감내한 끝에 내 순서가 왔는데 담당 직원은 30초도 안 돼서 내 서류를 돌려주었다. 원본이어야 하는데 사본을 가져온 서류가 한 장 있었던 것이다. 하루를 완벽하게 공쳤다. 그러나 절망하긴 조금 일렀던 것이 이후 다섯 번이나 더 퇴짜를 맞은 끝에야 간신히 집세 보조금을 타낼 수 있었다. 어쨌든 그 절망의 문턱에서 내게 남아있는 마지막 에너지를 간신히 끌어올려 분노로 전환시킨 다음 뒷문을 발로 뻥 걷어차고 그 곳을 나왔다. 그때 내 맞은편에서 역시 세 시간을 내내 기다렸던 한 사람이 내 뒤를 이어 나오고 있었다. 그는 마치 사우나에라도 갔다 오는 듯 개운하고 산뜻한 얼굴에 생글생글 미소까지 머금고 있었다. 그가 바로 로항이다. 그는 마치 우리가 동행이기라도 한 것처럼 나와 보조를 맞추어 걸었다. 그리곤 어린아이들의 대화같이 단순하고도 짤막한 대화가 이어졌다.

로항 : 잘 됐니?
나 : 아니.

로항 : 넌 외국인이니?

　　　(이 무슨 엉뚱한 질문인가? 그럼 내가 어딜 봐서 외국인이 아닐
　　　수가 있단 말인가?)

나 : 외국인이지, 너도 외국인이니?

로항 : 아니, 난 프랑스 인이야.

나 : 넌 학생이니?

로항 : 아니. 난 일을 해.

나 : 무슨 일을?

로항 : 음…, 그림도 그리고 집도 짓는 일.

나 : 그럼 왜 보조금을 타러왔어?

로항 : 난 '엉디까페'가 하나 있거든.

불어경력 2개월짜리의 수준을 넘어서는 단어가 튀어나왔다. 카페를 하나 가지고 있다는 건가? 그런데 왜 보조금을 받는단 말인가? 막연히 그런 생각을 했다. 나중에 알고 보니 그건 '장애handicapé' 란 말이었다. 우체국 앞에 왔을 때, 나보고 잠시 기다리라고 하더니 편지를 부치러 그곳에 들어갔다. '내가 왜 쟤를 기다려야 되지?' 엄청나게 고민하면서, 나처럼 누군가를 기다리며 입구에 서 있는 큰 개와 나란히 서 있었다. 이윽고 나온 그는 익숙한 손길로 개를 쓰다듬으며 "너 정말 멋지구나!"를 연발하는 여유를 보였다. 그와 함께 몇 발자국을 더 걷자 지하철역이 나왔다.

그는 표를 사지 않고 능숙한 솜씨로 슬쩍 개찰구를 뛰어넘었다. 같은 방향이었고 얼마 안 가서 둘 다 내렸기 때문에 서로 긴 얘기를 나누지는 못했다. 그는 내리면서 프랑스식으로 비쥬를 했다. 양쪽 볼에 입술을 비스듬히 대며 유난히도 쪽 소리를 내는 비쥬는 참으로 수선스럽고 적응하

기 힘든 인사방식이었다.

두 정거장을 더 가서 지하철을 내려 걷는데, 문득 난 조금 전 내가 보았던 그 산뜻하고 방실대던 사람에게서 뭔가가 내게 전이된 것을 발견할 수 있었다. 물기가 바싹 말라버린 꽃이 갑자기 물을 받아 싱그럽게 고개를 들기라도 한 것처럼. 마술이었다. 그 마술을 해독하느라 한 일주일쯤 걸렸다. 그러다 그를 다시 만난 건 유모차에 티보를 태우고 집으로 가는 길에서였다. 자전거를 탄 한 사내가 맞은편에서 달려와 섰다. "아, 우린 만난 적이 있었지?" 그 이후로 우린 종종 얼굴을 보는 사이가 됐다.

그는 열여덟 살 때 오토바이사고로 석 달 동안 혼수상태에 빠져 있었고, 기적적으로 깨어나긴 했지만 모든 기억을 상실했다. 심지어는 불어까지. 의사가 숟가락을 들어 보이며 "자, 이건 숟가락!" 하는 식으로 말부터 다시 배웠다고 했다. 그렇게 다시 태어난 지 10년. 그의 나이는 그래서 열 살이다. 그에게는 실로 열 살 혹은 그보다도 더 어린 아이 같은 정서가 물씬 풍겼다. 그는 파란 눈을 가진 아름다운 청년이었다. 장애 같은 것은 없었다. 단지 아주 심각한 장애를 경험한 과거가 있을 뿐. 그 장애를 극복한 것은 그의 개인적 행운이고, 정부는 그의 삶을 지금까지 지원해주고 있었던 것이다.

불어를 다시 배운 지 얼마 안 되기 때문에 그는 불어를 어떻게 다시 익혔는지 생생하게 기억했다. 소르본느 어학원을 다니던 그 시절, 난 학교에서 배운 걸 그에게 써먹곤 했다. 하루는 내가 세상에서 가장 좋아하는 것 열 가지를 적어와 그것에 대해서 말하는 시간을 가졌다. 어른이 되어서 이런 유치원식 교육을 받는 건 신선하고 흥미진진한 일이었다. 그러면서 우린 정말로 소중한 것들이 무엇인지를 차곡차곡 되짚어볼 수 있었다.

내가 수업이 끝난 후 로항에게 같은 질문을 했을 때, 그는 주저없이 이렇게 말했다.

첫 번째, 라 비.

두 번째, 라 비.

세 번째, 라 비.

'라 비 La Vie'는 삶, 인생이란 뜻이다.

그 뒤로 음악, 태양, 아이들, 동물들, 자전거, 파리 등등이 이어졌다. 그리고 마지막 열 번째는 수~정! 물론 예의상 그랬겠지만.

그는 "인생은 아름답다. La vie est belle."라고 내 앞에서 말한 첫 번째 사람이었다. 이전까지 내게 그런 문장은 노래 가사나 영화 제목으로만 존재했다. 나의 엄마는 늘 "인생은 지옥"이라고 지극히 기독교적인 가르침을 주었다. 내가 겪은 인생도 시험과 경쟁, 그것도 아니면 여기저기 지뢰 투성이였다. 헌데, 인생이 아름답다니!

그는 내가 조금이라도 투정하고 불평하면 정색을 하고 내 앞에 서서, "수정, 삶은 아름다워!", "삶을 모독하지 마."라고 말했다. 내가 마치 그의 절친한 친구를 헐뜯기라도 하는 듯 삶을 두둔하려 들었다. 내가 처음 보았을 때 느꼈던 그의 싱그러움은, 그러니까 매순간 삶의 아름다움을 느끼는 한 인간이 공기 중에 떠 있는 그 아름다움을 호흡하며 즐거워하는 모습 그대로였던 것이다. 인생은 아름다운 것이었다. 그렇게 마음만 먹는다면 말이다.

로항은 다시 태어났기 때문에 누구보다도 더 분명하게 그 사실을 깨달을 수 있었다. 그의 집엔 커다란 장롱이 하나 있었는데, 그 안엔 옷 대신, 음반 CD가 가득했다. 그것은 대부분 산 것이 아니라 훔친(!) 것이었다. 내가 아는 많은 프랑스 아이들이 훔치거나 혹은 돈을 내지 않는 일을 부도덕하다고 생각하지 않았다. 프낙^{한국의 교보문고처럼, 책이나 음반 등을 파는 대형 매장} 같은 데서 그가 음반을 하나 훔쳤다고 해서 손해를 보는 사람은 없다는 것이다. 재벌의 주머니에서 동전 좀 가져갔다고 해서 미안해 할 건 없다는 식의 태도는, 횡단보도에서 차도 없는데 빨간 불이 켜있다고 서 있는 게 오히려 촌스러운 짓이라고 여기는 파리 사람들의 분위기와 일맥상통하는 데가 있었다.

로항과 나는 종종 몽마르뜨 언덕으로 일몰을 보러가거나, 야외에서 열리는 조각전에도 놀러다녔다. 그는 돈 한 푼 안들이고 파리에서 재미있게 사는 법에 도가 튼 사람이었다. 어느 날 내가 문득 그에게 물었다. "너 밀란 쿤데라를 아니?" 사실 파리에 오면서, 불어를 잘하게 되면 밀란 쿤데라를 만나러 가야지 하고 마음먹고 있었던 터였다.

그는 놀란 얼굴을 하더니 주머니에서 《참을 수 없는 존재의 가벼움》을 꺼내들었다. 잠시 같이 페이지를 넘겼다. 그가 "까레닌^{테레사가 키우던 강아지}이 죽었어…." 하며 눈물을 흘릴 때 함께 까레닌의 죽음을 함께 애도하기도 했다.

비가 오는 날이면, 지붕 위로 떨어지는 빗소리에 파란 눈을 반짝이며 "아름답다."는 탄식을 뿜어내며 숨죽이고 빗소리를 듣곤 하던 그의 직업은 목수였다. 플라톤을 읽고, 장자를 좋아하며, 훗날엔 영화배우를 하고 싶어하는 목수. 처음 만났을 때 그가 내게 말한 "그림도 그리고"는 "페인트 칠도 하고"로 번역해야 할 말이었다.

그가 주문처럼 내게 말하던 "삶은 아름다워!"는 어느덧 내게 전이되고 말았다. 그리고 나는 기꺼이 전령사가 되어 그의 문장을 전파시키고 있었다. 놀라운 주술의 힘이었다.

그리고 어느 날, 예감했던 것처럼 그가 내 삶에서 자취를 감추었다. 일

로항.

하다가 그의 손가락 하나의 일부가 절단되었고 그 일로 그는 아무도 만나려 하지 않았다. 그에게 더 이상 인생이 아름답지 않았고, 다시 한 번 찾아온 저주를 인정하기 힘들어 했다. 위로를 건네고 싶었지만, 그럴수록 그는 강하게 저항했다. 그렇게 우리의 세월은 단절돼 갔다.

서로 얼굴을 보지 못한 지 2년쯤 지난 어느 날, 그가 내게 전화했다. 그 뒤로 두 번이나 이사를 했는데. 어떻게 내 전화번호를 찾았냐고 물었더니 그는 "3천 번쯤 다른 번호를 누르니 네가 전화를 받더라."며 그다운 농담을 했다. 2년 만에 다시 얼굴을 보았을 때, 그는 열세 살의 소년이었고 나는 6개월에 5년씩 나이를 먹어 스물다섯이 되어 있었다. 어쩐지 전처럼 대화할 수 없었고, 우린 두 번 다시 만나지 않았다. 한쪽 날개가 상처를 입었지만, 그는 여전히 천사였다. 내게 삶을 모독하지 않도록 다짐하게 해준 고마운 수호천사.

프랑스 데모와
한국 데모

프랑스 시위에서는 '민중(Peuple)'이란 단어가 없었다. 그 단어를 처음 접한 것은 대학 1학년 때. 학내 집회를 마치고, 잔디밭에 앉아 학습에 잠시 귀 기울이고 있을 때, 우리에게 김밥을 팔러 온 아주머니들을 거칠게 손사래치며 내쫓으면서 민중들의 삶을 입에 올리는 선배들을 보며, 나는 '민중'이 직업적 운동가들의 도구적 용어임을 눈치 챘다.

2003년 2월15일, 반전평화시위

2003년 2월15일. 이날 전 세계적으로 천만 명이 넘는 사람들이 미국과 이라크의 전쟁을 반대하며 시위를 벌였다. 이제 갓 연인이 된 희완과 나는 하루 종일 이 거대한 반전평화의 물결에 함께 합류했다. 이라크전 불참선언으로 자크 시라크가 오래간만에 프랑스인들의 자존심을 살려준 덕에, 파리 전체는 반전평화라는 단일한 열망에 취해 있었다. 전쟁으로 대륙 전체가 폐허가 되는 경험을 이전 세기에 두 번이나 경험한 유럽대륙의 입장은 단호했다. 이것은 본토에서는 한번도 전쟁의 참화를 경험해 본 적 없는 미국의 상습적인 도발과 선명하게 비교되는 것이었다.

평화와 희망을 애써 섬세하게 표현해낸 것처럼 완벽한 조명을 연출해준 그날의 햇빛, 그리고 약간의 시련을 견디고 있다는 느낌을 줄 만큼 적당히 싸늘한 날씨는 긴장과 희열을 적절하게 오가며 시위를 즐기게 해주었다. 희완과 나는 시위대 속에서 함께 걷기도 하고, 잠시 까페에 앉아 시위대를 관전하기도 하며, 각각 다른 그룹들의 다른 슬로건들을 하나하나 기웃거렸다. 새로운 정당이나 노조의 깃발이 등장하면 해박한 정치해설가 희완의 꼼꼼한 소개가 이어졌다.

이 거대한 시위에 참가하기 위해 리옹에서 오늘 올라왔다는 한국 유학생들도 있었고, 파리의 뉴요커라고 적힌 깃발을 들고 영어로 슬로건을 외치던 미국인 그룹도 있었다. 확실히 기름진 때깔이 두드러졌지만 충분히 쿨한 분위기를 풍겼다.

68의 대표적인 예술적 산물인 태양극단théâtre du soleil도 플래카드를 들고 단체로 등장해 그 넘실대는 발랄함과 꿈틀거리는 자유로움을 과시하며 시위대를 알록달록하게 물들였다. 유모차를 타고 부모에 이끌려 모자 밑에 빨간 코를 부비며 나온 아가들도 보였다. 서로 꼭 끌어안은 채 차가운 날씨에 언 몸을 녹이는 연인들이 간간히 시위자들에게 미소를 선사하기도 했다. 다양한 색깔의 개인들과 혁명적 공산당 연맹LCR이라는 극좌정당에서부터 삼색의 띠를 점잖게 두른 드골주의자까지 폭넓은 정치 스펙트럼의 그룹들이 한데 어울린 시위대의 풍경은 그 자체로 평화와 다양성의 오케스트라를 연주하고 있었다.

종종 마이크를 타고 전해지는 선동의 목소리는 한국에서의 그것처럼 날카로운 고음이었으나 비장함 대신 독특한 연극성을 담고 있었다. 우린 그저 걷고 있을 뿐인데, 온몸에 오색창연한 물이 든 느낌이었다.

지식인과 예술가 여러분!

파리에서 열린 시위에 참가할 때마다 나의 상념을 휘저어대는 표현이 하나 있었다. "지식인과 예술가 여러분들!" 마치 한 단어인 듯 항상 짝패로 등장하는 이 표현에는 둘이 엄연히 동류 집단이며 진보 세력의 한 축을 이루고 있다는 인식이 깔려 있다. 또 주제를 막론하고 사회전체의 주목을 받는 대규모 시위에서 그들 나름의 몫을 차지하고 있음을 의미한다.

혁명의 나라 프랑스가 만들어온 전설들이 1990년대 이후 급속히 딴 나라 얘기가 돼가고 있지만 현실의 문제에 대한 예술가들의 연대는 의심의 여지없이 촘촘하다. 2003년 프랑스 정부가 공연예술 앵떼르미땅 제도개정안을 내놓았을 때, 영화·연극인들은 격렬히 저항했다.

공연예술 앵떼르미땅은 영화, 공연, 방송, 음악 등 문화예술 분야에서 일정기간 계약 하에 단속적 기간제로 일하는 예술가, 기술자, 노동자들을 말한다. 프랑스에서는 이들의 직업적 특수성을 감안하여 이들의 작업 사이클에 맞춰진 실업보험제도를 1969년부터 실시해왔다. 이들은 연중 507시간 이상 유급으로 일했을 경우, 앵떼르미땅의 지위를 인정받아 일이 없는 시기에도 실업급여를 받을 수 있다. 정부는 실업급여기금의 재정 적자가 늘어나자, 2003년 이 제도에 개혁을 단행하려 했으나 5년이 지난 지금까지 정부의 개혁안은 예술노동자들의 반대에 부딪혀서 적용되지 못하고 있다.

프랑스 시민들은 이들의 저항을 압도적으로 지지했다. 정부의 제도개혁에 반대하는 프랑스인들이 79%에 이를 정도였다. 하지만 문화예술인들이 다른 사회문제에 적극적으로 연대 Solidarité 해 온 역사가 없었다면, 50년 전통의 아비뇽페스티벌을 보이콧 해버린 이들을 지지해주는 시민

또한 없었을 것이다.

　대학로에서 3년간 공연기획자로 일하면서 안면을 익힌 연극인들 중에 시위현장에서 종종 얼굴을 마주치는 사람은 고작해야 한두 사람뿐이었다.

　그중 한 사람은 권병길 씨다. 그는 파병반대 집회에서부터 한미FTA반대 집회에 이르기까지 수많은 집회에 홀로 참가해왔다. 스크린쿼터축소 반대시위에 참여하던 영화인들이 다른 사회문제에 대해서도 자신들의 주장을 펼치며 적극적인 사회참여를 해왔더라면, 그들의 요구와 주장은 훨씬 더 힘을 얻었을 터이며, 이들에 대한 사회여론도 한결 우호적이었을 것이다.

　스크린쿼터 문제가 아닌 집회에서 종종 얼굴을 볼 수 있었던 의외의 인물로는 영화배우 김부선 씨가 있다. 그녀는 특유의 당당하고 솔직담백한 태도로 연단 위에 올라와 언제나 간명하고도 설득력 있게 말하고 사람 마음을 움직일 줄 아는 사람이었다. "엄마, 대마초 허용되는 나라로 가사!"고 나설 줄 아는 당당한 딸을 두고 있다는 사실을 안 뒤에는 그토록 딸을 잘 키운 엄마에 대한 전폭적인 신뢰까지 더해져 인간 김부선을 한층 더 좋아하게 되었다.

　빅토르 위고부터 에밀 졸라, 사르트르, 아리안느 무느슈킨^{대양극단 대표}에 이르기까지 프랑스 사회에서 저명한 예술가들은 자신들의 사회적·정치적 입장을 적극적으로 피력해 왔다. 당연히 예술가들은 지식인과 동류의 의무감과 사명을 지녀왔다. 예술가들이 누리는 혜택과 문화가 프랑스 사회에서 갖는 위상은 결국 그들 스스로 만들어온 것이 분명하다.

　이처럼 부러운 현실을 구축하는 힘의 핵심은 연대^{Solidarité}다.

　개인주의를 소중한 사회적 미덕으로 여기는 나라에서 이만큼 정치적

광화문 앞에서 벌인
스크린쿼터 사수 1인 시위.

진보를 이룬 것은 그 바탕에 연대의 미덕이 신념처럼 확고하게 뿌리박혀 있기 때문이다. 똘레랑스가 프랑스 사회를 유연하게 만드는 여러 개의 벽돌이라면, 연대는 그 벽돌 사이를 메우는 유연하게 메워 주는 풀이다. 이 풀은 원한다면 언제고 떼어내고 다시 결합할 수 있어 아나키스트적 운동을 가능하게 만들어준다.

나는 한국에 돌아온 이후 줄곧 문화예술인들의 복지제도 대안을 모색해 왔다. 비정규직이 증가하면서 사회가 제공하는 안전망에서 점점 더 많은 사람들이 이탈하고 있지만, 문화예술인들은 태초부터 직업이 가진 숙명 때문에라도 비정규직일 수밖에 없는 사람들이다. 온갖 사회안전망에서 이들을 예외적인 존재로 방치하는 것도 지금까지의 관행이었다. 하지만 승자독식의 사회가 강화될수록 예술과 문화가 설 땅은 좁아질 뿐이다.

앞뒤로
"우리가 함께 원하면,
또 다른 세상은
가능합니다." 라는
슬로건을 턱받이에
새겨 엄마와 함께
시위에 참여한 칼리.

문화사회를 만들기 위해 창작과 창조 정신을 사회 최전방에서 실천할 이들의 불안정한 삶을 해소하는 것이 우선 과제라는 게 내 생각이다. 틈틈이 프랑스의 앵떼르미땅 제도를 상세히 소개하고 그 한국적 적용 방안에

칼리와 함께 참석한
한미FTA반대 촛불집회.

대해 끊임없이 부르짖어 온 결과, 영화산업노조에서 가장 먼저 이를 적용하기 위한 수순을 노동부, 영진위와 함께 밟고 있다. 문화부 공식 연구보고서에도 나의 주장들을 채택해 검토하고 있으며, 무용분야에서 진행되는 논의에서도 공식연구원으로 참여해 동일한 주장을 펼치는 중이다.

    그들이 특별히 소중해서가 아니라 그들도 역시 사회가 필요로 하는 역할을 하는 시민의 한 사람이며, 한 사회에서 문화와 예술은 그 사회를 지탱하는 중요한 가치의 하나이기 때문이다. 그런데 예술노동자들의 사회적 권리를 구축하기 위한 노력에 가장 큰 장애는 다름 아닌 예술인들 자신이다. 연대? 예술가가 무슨 노동자냐? 정부에 대한 요구? 저 좋아서 하는 일인데 국가가 왜 우리의 생존권을 보장하냐? 이런 소리가 여전히 그들의 입에서 새어나오고 있기 때문이다. 지금까지의 예술인정책이 몇몇 예술단체 장들에게 자리 하나씩 챙겨주고 입막음 하는 방식에 머물러온 근본 원인이 거기에 있다.

  2007년부터는 한국에 몇 개 안 되는 문화예술분야의 노조들과 문화예술 노동자들을 위한 복지제도의 대안을 자발적으로 준비하는 워크숍을 진행해왔다. 이 워크숍의 공식적 목적은 문화예술 분야의 직업적 특수성을 반영한 복지제도의 틀을 스스로 마련하고 정부에 요구하는 것이지만, 1차적인 목표는 이 가시적인 단일한 목적을 매개로 예술가 집단들끼리 공고한 연대를 도모하게 하는 것이며 2차적으로는 그들이 사회 모든 집단과 건강한 삶을 향한 사회적, 수평적 연대를 구성하는 것이다. 아나키스트적 자발성과 자율성을 가지면서 때로는 촘촘히 모여 하나의 단단한 힘을 조직할 수 있는 연대를.

들을 수 없었던 말—민중 Peuple

  프랑스의 시위 현장에서 들을 수 없던 말은 '민중 peuple'이란 단어다. 사실 민중이란 표현을 자주 쓰는 활동가를 나는 좋아하지 않는다. 대학 1학년 때의 일이다. 학내 집회를 마치고 잔디밭에 앉아 자유로운 토론을 가장한 학습이 진행될 때, 우리에게 김밥을 팔러 오는 아주머니들을 거칠게 손사래 치며 내쫓으면서 민중들의 삶을 입에 올리는 선배들을 보면서, 나는 '민중'이 평범한 시민들을 대상화하는 직업 운동가들의 용어임을 눈치 챘다. 일상적인 대화나 글에는 전혀 등장하지 않다가 오로지 정치적인 선동을 위한 비장한 어조의 문장에만 장식처럼 등장하는 이 단어를 집회 현장에서 들을 때마다, '여기 있는 우리'가 아니고 '어디 딴 데 모여 사는 사람들'을 지칭하는 것 같아서 매순간 위선적이라고 느꼈다.

그런데 프랑스의 시위현장에선 오히려 이 단어의 부재가 귀에 걸려왔다. 듣자하니 프랑스에서도 옛날에는 민중이라는 말을 썼다고 한다. 전쟁 직후, 공산당이 사회변혁의 최전방에서 왕성하게 기능하던 시기인 40~50년 전에는 볼셰비키 냄새를 팍팍 풍기는 민중peuple이란 단어가 곳곳에 등장했다. 그러나 지금 이 단어는 구닥다리 구운동권의 용어가 되어버렸고, 가장 급진적인 정치집단도 '시민citoyen'이나 '우리nous'라는 표현을 쓴다고 한다. 말하는 자와 듣는 자를 가르지 않는 '우리'는 운동을 더욱 설득력 있게 만든다. 예를 들어, 혁명적 공산주의 연맹LCR의 유명한 구호 '우리들의 삶은 당신들의 이익보다 소중하다Nos vies valent mieux que vos profits'는 최근에 치러진 프랑스 대선에서 사회당 후보 세골렌 후아얄이 그대로 차용하기도 했다.

'우리'는 전쟁을 원하지 않는 파리의 뉴요커까지도 포함할 수 있지만, '민중'은 마치 나를 그 단어에 포함되지 않는 사람인 것처럼 낯선 존재로 만들어 문제에서 내쫓아버린다.

선동하는 자와 선동 당하는 대상을 가르고 이끄는 자와 이끌리는 대상을 나누는 사고는 운동을 수직적인 권력구조에 가두고 수평적 연대를 방해할 뿐이다.

미국산 쇠고기 수입을 둘러싸고 촉발한 오늘의 촛불시위가 오랜 우리 시위문화의 구태를 한숨에 털어버리고, 그 기상천외한 발랄함과 통렬한 돌파력, 끈질긴 생명력에서 세계 시민혁명사를 다시 쓰게 만드는 이유는 우리를 선동한 자가 바로 우리 자신이기 때문이다.

평화시위 끝에 전쟁을 벌인 우리

그런데 이날 반전평화의 물결과 넉넉한 태양 아래서 긍정의 에너지와 평화의 메시지를 실컷 충전한 나와 희완은 3분간의 짧고 신속한 언쟁 끝에 결별을 선언해버리고 말았다. 따뜻한 커피 한잔을 앞에 두고 여담을 나누던 중 갑작스럽게 일어난 일이었다. 물론 이유는 유치하기 이를 데 없었다.

내가 희완의 옛 연인이자 현재의 친구인 한 여성의 빈곤한 정치의식을 비판한 것이 발단이었다. 그 비판을 수긍하지 않았던 희완은 나의 분노를 사고 말았다. "나는 너에 대해서는 아직 잘 모르지만, 그 사람에 대해서는 속속들이 잘 안다."고 희완이 말해버린 것이다. 질투심에 걸려 넘어진 나는 성급히 그에게 결별을 선언하고 그 자리에서 사라졌다. 그리곤 사흘을 서럽게 끙끙 앓았다. 희완도 반성의 기미는 별로 없지만 매우 고통스러워한 흔적이 역력한 편지를 보내왔다. 나는 곧장 그를 찾아갔다. 연락도 없이 찾아간 그의 집은 굳게 잠겨 있었다. 쌀쌀한 거리에서 오래 서있을 수 없어서 사면이 투명한 공중전화 박스에 들어가 그를 기다리기 시작했다.

십오 분 쯤 시간이 흘렀을까. 내 앞에 익숙한 얼굴의 여자가 조깅복 차림으로 휙 지나갔다. 그녀는 '장만옥'이었다. 그녀는 같이 살던 프랑스 감독과 결별한 후에도 여전히 파리를 지붕삼아 지내고 있었다. 문득 저만치 사라져간 장만옥과 대화를 나누고 싶다는 생각에 강렬하게 사로잡혔다. 자유롭지만 외로운 이 나라에서 그녀도 황홀한 지난 기억들을 곱씹으며 홀로 산책하는 중은 아니었을까. 잠시 망설이다 전화박스를 나와 그녀가 간 길을 바라보았다. 운동화를 신고 빠른 걸음으로 걷던 그녀는 시야에서 금세 사라져갔다.

   대신 내게로 다가오는 한 사람을 발견할 수 있었다. 그는 성큼성큼 내게로 다가와 나를 품에 안았다. 한 발자국도 움직이지 않고 거의 20분 동안 우리는 서로를 안은 채 서 있었다.

   지상최대의 반전평화 시위에 하루 종일 참가하고도 모자라 사흘간의 전쟁을 몸소 겪고 나서야 '우리 안의 평화'야말로 서로 가장 원하는 것임을 알았다. 자유만을 쫓아서 살아오던 내게 '평화'가 처음으로 강렬하게 다가오던 순간이었다.

파리 8대학,
'똥개훈련'을
이겨내다

파리8대학. 좌파성향이 짙은 학교로 외국인들에게 특별히 관대한 전통을 갖고 있어 유난히 외국학생이 많은 학교다. 그래서인지 학교는 한없이 자유분방하고 때로는 산만하기 그지없었다.

"문화정책은 프랑스의 발명품!"

프랑스의 문화정책과 관련해 내가 읽은 첫 번째 책은 《프랑스의 문화정책La Politique Culturelle》으로 파리 8대학교수 쟝 미셸 지앙이 썼다. 나는 이 책을 2년에 걸쳐 번역했으나 불행하게도 아직까지 한국에서 출간기회를 얻지 못했다. 책의 첫 문장은 이렇게 시작한다.

"문화정책은 프랑스의 발명품이다."

이 오만함! 이 문장은 즉각적으로 내게 '어라, 이거 봐라!' 하는 반발심과 제대로 파헤쳐 주고 싶은 욕망을 자극했다. 잠시 사진이 너무 좋아 아예 전공을 사진으로 하는 건 어떨까 하는 고민을 하기도 했으나, 사기꾼 같은 사진학과 교수 탓에 깨끗이 마음 접고, 문화정책에 잠시 사그라들었던 열정을 다시 지피기 시작하자 금세 불이 피어올랐다. 1999년, 프랑스에 도착한 그해 가을 파리 8대학 공연예술학과 3학년Licence에 입학했다.

내가 공부하려는 과목은 문화정책이었지만 정확하게 그런 명칭을 가진 학과는 없다. 주로 공연예술학과에서 문화정책이나 문화행정 등을 다룬다. 8대학에 유럽문화경영학과라는 것이 있었지만, 그 학과의 주된 목적은 유럽이라는 대륙을 배경으로 하는 문화기획의 실험이지 정책은 아니었다. 매력적이었지만 그건 이미 내가 그 한계를 보고 떠나온 세계였다.

공연분야의 학과에서 정책적 접근까지 다루는 이유는 문화정책에 대한 철학적 바탕이 공연분야에서 성장해 온 탓이다. 가장 많은 문화예술인들이 모인 분야도 이쪽이다.

프랑스에서는 50년대 이후 헌법을 통해 문화를 하나의 공공서비스로 공식적으로 인정했다. 그 개념을 현실에서 구체적으로 실현한 사람은 아비뇽연극제의 창시자인 연출가 장 빌라Jean Vilar다. 그는 민중극장의 디렉터로 일하면서 여러 가지 실험을 통해 문화공공서비스에 대한 철학을 실험하고 실천에 옮겼다. 노동자 관객들을 주눅들게 하는 화려한 금장 장식들을 제거하고, 전기나 가스처럼 연극을 하나의 공공서비스로 제공하기 위해 입장료를 영화관 수준으로 낮추었다. 동시에 최상의 연극이 창작될 수 있도록 최고의 배우들과 연출로 무대를 가득 채웠다. 공연을 하는 모든 극장은 사립극장이라 하더라도 일정하게 국가의 지원을 받아 적절한 수준의 입장료를 유지하는 전통적인 정책이 지금까지 지켜지고 있다.

현재 프랑스 문화부의 예산 중 가장 많은 부분을 차지하는 것이 공연예술[20%]이기도 하다. 이에 반하여 문화산업이 전체예산에서 차지하는 비중은 1.4%에 지나지 않는다.

　　프랑스에서 문화부가 창설된 해는 1959년으로 생각보다 늦다. 우파의 수장인 드골이 자신과 각별한 인연의 앙드레 말로를 내각으로 끌어들이기 위해 만들어 낸 것이 문화부였다. 그러나 이미 1920년대부터 교육부에서 급진적으로 진보적인 문화정책을 시행하고 있었다. 한참을 거슬러 올라가서 개혁주의자들은 1789년 혁명 때 벌써 모든 시민들이 문화적으로 평등한 권리를 누릴 수 있어야 한다는 주장을 제기한 바 있다.

　　프랑스를 뛰어넘어 유럽의 탁월한 예술가들에게 연금을 지급하고 이탈리아로 연수를 보내 작품 활동을 지원한 루이 14세, 레오나르도 다빈치를 가까이에 두고 후원을 아끼지 않은 프랑수아 1세, 이런 전제군주들은 예술에 대한 직접 지원을 프랑스의 전통으로 만든 주인공들이도 하다. 이상이 "문화정책이 프랑스의 발명품"이라는 주장에 대한 대략의 사연이다.

　　나는 석사과정에 입학하지 않고 학사 3학년 과정에 해당하는 리상스부터 시작했는데, 주변사람들은 "어느 세월에 그걸 하고 있냐."며 만류했다. 석사과정은 한 학기에 두 개의 세미나에 참석하고 과정 내에 논문을 마치는 것이 주요 목적이다. 새롭게 배우고 익혀 내 논리를 뾰족하게 세울 수 있어야 논문의 첫 머리라도 제대로 잡을 터인데, 이제 막 이 나라에 도착한 나에게 프랑스의 문화정책은 앞으로 알아가야 할 드넓은 영역이었고, 빨리 학위를 따는 것은 애초부터 목적과 거리가 멀었다. 오히려 가능한 한 오래 머물면서 이 사회를 호흡하고 싶었다.

한국사회에서 예술가들은 서 있기만 해도 존재감이 드러나는 부류다. 1995년 연극동네에 처음 발을 디뎠을 때, 나는 감격의 눈으로 세포 하나하나가 깨어있는 듯한 새로운 부류의 인류를 만났다. 물론 예외도 있었다. 연출가 이윤택의 말처럼, "성자일 수도, 동시에 창녀일 수도 있는" 배우들은 그들의 직업이 끌어안고 있는 극단적 운명처럼 자유와 감수성의 폭넓은 분출이란 특혜를 누렸으나, 사회는 이들에게 가난을 숙명처럼 안겼다. 연극판에서 연극이 아직도 매일 올라간다는 건 언제나 기적이다. 그 기적은 연극인들의 희생을 근거로 줄곧 이어져 왔다. 그러나 한 사회에 연극이 혹은 예술이 여전히 필요한 것이라면, 그들의 가난을 장르의 숙명으로 치부하는 것이 과연 옳은가 하는 질문이 고개를 쳐들었다. 그 질문에 반드시 해답을 찾고 싶었다. 이는 이후에 한국에서 여러 문화단체들과 함께 프랑스의 문화예술비정규직 제도les intermittents du spectacle를 한국의 사정에 맞게 도입하기 위한 노력으로 이어지는 직접적인 계기가 되었다.

프랑스에서 문화예술계 사람들은 확실히 배가 덜 고프다. 소위 대박 난 스타가 아니더라도 투잡을 하지 않고도 아이를 낳고 키우면서 그럭저럭 살아갈 수도 있다. 이는 프랑스가 소위 예술의 나라이고 사람들이 특별히 예술을 아껴서 그렇기 보다는, 18세기 이후 줄곧 자유와 평등과 박애를 부르짖으며 혁명의 세월을 보냈기 때문이다.

20세기 중반까지도 '지금 이 순간, 당장, 우리 생활의 모든 부분에' 적용되는 자유, 평등, 박애의 외침은 잦아들지 않았다. 그 탓에 비교적 평등하게 사회 전 영역에 사회보장제도가 적용되고 있다. 1969년에 문화예술인들을 위한 실업급여제도를 도입해 연간 2개월 이상 계약에 근거해 일한 문화예술인들은 나머지 기간 실업급여를 받을 수 있다. 2003년 정부가 이 제도에 대한 개악을 시도하자 영화인들은 칸영화제를 점거하고, 연극인들을 아비뇽페스티벌을 보이콧하며 대대적인 실력행사를 한 바 있다. 이 투쟁은 여전히 진행형이다.

또 다른 나의 과제는 평범한 프랑스 사람들 개개인의 밑바닥에 있는 문화에 대한 사회적 의미가 무엇인지 탐문하는 것이었다. 헌법의 규정에 따라 문화부가 집행하는 이런 문화정책들이 이 나라 사람들의 삶을 어떻게 바꾸어 놓았는지 관찰하고, 다양한 계층에 있는 프랑스 사람들이 자신들의 삶에서 문화의 영향력을 어떻게 느끼는지 알아야만 했다. 그리고 개개인이 이토록 다원적인 가치를 수용하면서도 각자 자신을 표현할 도구를 소유하며 살아가는 듯 보이는 현상이, 문화정책과 어떤 상관관계를 갖고 있는지도 알고 싶었다.

학교에서의 공부와는 별도로 난 끊임없이 삶 속에서 부딪히는 다양한 부류의 사람들에게 물었다. 프랑스 정부가 문화를 공공서비스의 영역으로 간주하는 것을 어떻게 생각하는지 알기 위해 버스 운전사, 운동선수, 학교선생, 학생, 공장노동자 등에 이르기까지 다양한 부류의 사람들에게 기회가 되는 대로 질문을 던졌다. "정부가 그런 데까지 돈을 쓴단 말야?"라고 내게 되물어왔던 고령의 전직 공장노동자 한두 명을 빼고는 대부분 그것을 자연스런 일로 받아들였다.

문화는 사람들에게 상상력을 제공해주니까, 예술가들은 각각의 개인이 일상에서 상상하기 힘든 영역을 표현하니까, 예술은 우리에게 정신적 자극을 주고 새로운 활력을 주니까…. 이렇게 다양한 이유로 문화가 공공서비스라는 것이 그들의 공통된 의견이었다. 국민들의 저변에 깔린 문화에 대한 이러한 신념은 과연 어떻게 형성된 것일까? 그것을 한국사회에 설득시키는 것이 가능할까? 질문들은 점점 커져만 갔다. 나의 야망과

날개가 있으나
감옥을 떠나지 못하고
맴도는 비둘기.
너무 많은 여성들에게서
그 모습을 본다.

사진이라는 새로운 세계는 날 급속도로 압도해
아예 사진으로 전공을 바꾸고 싶다는 생각을 품기도 했었다.
당시 내가 목표를 설정한 '문화정책'은
풀어야 할 과제와 질문을 한보따리 던져주는,
기쁨보다는 해결해야 할 마음의 짐 같은 것이었다.
마치 오래된 진중한 친구와 새로 만난 아찔한
애인 사이에서 갈등하듯 문화정책과 사진을 놓고 고민했다.

파리로 떠나오기 직전, 서대문 교도소에서 감옥을 테마로 찍은 나의 초기 사진들.
감옥 속에 갇힌 것만 같았던 당시의 나는 어둠 속에서 작은 불빛을 찾고 있었다.

부족한 불어 능력을 비롯한 나의 현실 사이의 커다란 간극은 험난한 학교생활을 예고해주고 있었다.

파리 8대학-산만함 속에 감춰진 작은 혁명들

용감무쌍하지 않으면 별 도리가 없는 때였다. 한 학기 동안 소르본느 어학원을 다녔고, 여름방학에는 구청에서 하는 불어강좌를 들었으며, 한국인과 프랑스인들이 모여 서로 언어를 가르쳐주는 모임에도 나갔다. 가능한 모든 방법들을 동원하여 불어를 익혔다. 그해 9월, 내 귀는 여전히 프랑스어를 여과 없이 받아들이기를 거부하고 있었지만, 일단 외국학생을 대상으로 한 어학시험을 통과하고 대학에 등록했다.

 파리8대학. 좌파 성향이 짙은 학교로 외국인들에게 특별히 관대한 전통을 갖고 있어 유난히 외국학생이 많은 학교다. 그래서인지 학교는 한없이 자유분방하고 때로는 산만하기 그지없었다. 외국 학생들은 불어시험에 통과했다고 해도 한 학기에 2개의 불어 강의를 듣도록 되어 있었다. 나는 무려 4개의 불어 강의를 신청해 불안한 불어 실력을 빠른 시간 내에 극복하려 애썼고, 또 이 서먹서먹한 학교에 정붙이려고 노력했다.

 학교에서 가장 멋진 공간은 도서관이었다. 위치도 학교 정문에서 학교 내부로 들어가는 통로 오른편, 누구든지 들르기 쉬운 곳이었다. 구석구석마다 충분히 빛이 들어오도록 만들어진 구조, 밝은 나무 바닥, 사선과 직선이 교차하도록 꾸며진 공간, 그 어디에 앉아 있어도 근사한 기분을 느낄 수 있었고, 구조의 철학에 감탄하며 기분 좋게 책장을 펼칠 수 있었다. 물론, 논문들이나 희귀본들을 제외하고는 개가식이었다. 책의 숲에서 읽고 싶은 책들을 잔뜩 쌓아놓고 앉아 공부할 수 있었고, 누군가 쌓아놓고 가버린 책들 중에서 뜻밖의 새로운 흥미를 자극하는 영역을 발견할 때면 잠시 할 일을 제쳐두고 슬며시 그 속으로 들어가는 즐거움도 컸다. 건축도록을 뒤적이며 얼마나 자주 건축 삼매경에 빠졌던지.

도서관 입구 오른편엔 비디오 라이브러리가 있었다. 거기 들어가서 비디오를 고르면, 바로 그 자리에서 헤드폰을 끼고 앉아 감상할 수 있었다. 한국에서라면 당연히 랩실 칸막이 좌석에 나란히 앉아서 보았을 테지만, 여러 각도로 점점이 흩어 놓은 의자와 그 앞에 놓인 모니터 앞에 한없이 삐딱한 자세로 앉아 영화를 감상할 수 있었다. 멀리서 보면, 그 구도 자체가 일종의 설치미술이다. 거기서 프랑수와 트뤼포, 우디 알렌, 고다르를 마스터했다.

약간의 방황 끝에 공연예술학과를 들어갔으나 후회란 것을 모르도록 타고 났는지 미련 따위로 어슬렁거리는 일은 없었다. 무용학과 수업 중에는 겹쳐서 들을 수 있는 과목들이 상당히 있었는데, 언제나 딴 짓하는 게 특기인 나는 평소 흠모해 왔던 현대무용의 세계를 열심히 기웃거렸다.

내가 들은 첫 전공 강의는 무용과 관련된 과목이었다. 현대무용 비디오를 함께 보고 그 무용에 대해서 평하는 수업이었다. 한 10분 동안 연극성이 짙은 무용공연을 보고 난 뒤 선생이 학생들의 의견을 물었다. 한 학생이 손을 들어 무엇이 어떻게 흥미로웠는지 말했다. 두 번째 학생 역시 마찬가지. 세 번째, 네 번째 모두 마음에 들지 않은 점은 한마디도 하지 않고 무엇이 재미있었는지만 이야기했다. 무척이나 비판적인 표정을 지닌 마른 얼굴의 선생마저도 다르지 않았다.

나는 당황하기 시작했다. 저 무용에서 무엇이 나를 불편하게 했는지, 무엇이 부족해 보였는지를 헤아리고 있었기 때문이다. 나는 공연이 좋으면 통째로 좋았고, 싫으면 조목조목 싫었다. 무엇을 보건 그것이 통째로 좋지 않다면 내 눈에 거슬리는 것들을 헤아리고, 왜 거슬렸는지를 이론화하는 데 익숙한 나는 정작 그 무용에서 무엇이 나를 흥미롭게 했는지는 전혀 보지도 못했던 것이다. 이 첫 번째 무용수업은 내게 잔잔하게 다가와 혁명적인 메시지를 전했다. 그리고 앞으로 내 앞에 펼쳐질 세계에 열쇠를 제공하였다.

한국에서 대부분의 사람들에게 공연은 비싼 돈을 치르고 보는 것이니만큼 감동과 눈물과 웃음과 만족을 모두 주어야 하는 고품격 오락이다. 날이 갈수록 치솟는 공연입장료로 인해, 요즘은 여기서 한 발 더 나아가 자신의 계급에 대한 표식의 역할까지 더해진 듯하다.

이곳 사람들에게 공연은, 무대 위에서 자기를 표현하는 사람들이 내는 또 하나의 목소리일 뿐이다. 그 목소리에 무엇이 담겨있고, 무엇이 나를 흥미롭게 했는지를 눈여겨보면 될 뿐이다.

하나의 공연이 이것저것 다 주어야 할 필요도 이유도 없다. 프랑스에서는 일단 연극이 공공서비스 영역에 포함되기 때문에 웬만한 무용이나 연극을 보는 데 입장료의 부담이 크지 않다. 영화의 두 배쯤 되는 가격이면 대부분 볼 수 있다. 물처럼 혹은 공기처럼은 아니어도 가끔 마시는 카푸치노 커피처럼 일상적인 즐거움에 속하는 것이다.

일 년에 한두 번 정도 영화를 보는 사람이라면 수백억 원을 들여 블록버스터로 제작된 영화를 선택하기 마련이다. 그는 단 한편의 영화에서 모든 것을 기대한다. 거대한 규모, 서스펜스, 스피드, 유명 배우의 등장, 감동…. 이런 종합선물세트를 기대하는 관객들의 비위를 맞추어야 하는 한국의 예술계, 그리고 그러한 관객과 그러한 작품들 사이에 있는 비평가들은 옥에 티 찾기에 능숙한 비평을 할 수밖에 없기도 하다. 이토록 까다로운 예술의 나라에 사는 관객들이 왜 언제나 나에 비해 공연에 한 뼘 더 너그러운지 알 것도 같았다.

학부로 편입했기 때문에 때로 실기 수업을 들어야 했다. 공연학과이니만큼 연기를 하는 수업도 상당히 있었다. 여기까지는 사실 계산 밖의 일이었지만 나쁘지 않았다. 불어로 희곡도 쓰고, 연기도 하고, 때론 즉석에서 연출도 했다.

공연계에서 3년간 일하면서 배운 풍월도 있었지만 은근히 쌓인 스트레스도 있던 터였다. 온통 '예술가님'들만 득실거리는 세계에서 예술은 그들에게 맡기고, 나는 서류를 만들고 계산기를 두드려야 했던 스트레스…. 한국에서 공연 기획을 할 때는 어깨너머로 엿보기만 했던 연기, 작가, 연출, 심지어 무대미술까지 매우 진지하게 다루는 수업에 참여하면서 카타르시스를 느끼곤 했다. 실기 수업에서 중요한 건 테크닉 자체가 아니었다. 내가 그 작품을 어떻게 해석했고, 어떤 방식으로 표현하려 했느냐 하는 점이 중요했다. 그 생각을 실현하기 이전 단계에 더 많은 시간을 쏟고 노력을 기울인다.

예컨대, 무대미술 수업에서 절반 이상을 차지하는 건 작품에 대한 해석이다. 각자 자기가 다루고 싶은 희곡을 선택하고 그 작품을 조각조각 분석하고 그에 맞게 장면을 나눈다. 작품을 무대미술로 형상화하기 전에 각각의 장면이 상징하는 오브제들을 주변에서 구해오고, 어떻게 그 오브제와 이 장면이 만났는지를 설명하면서 우린 또 다시 영감을 구할 수 있다. 다음에는 장소를 결정한다. 하나는 교수가 지정한 공연장, 다른 하나는 전통적인 공연장이 아닌 완전히 일탈한 장소. 무대는 수영장, 거리, 계단, 교회 그 어디든 될 수 있다. 끝으로 각자 만든 최종적인 무대 미니어처에 대해서 꿈보다 멋진 해몽을 곁들여 마무리한다. 꿈보다 그럴싸한 해몽을 하는데 천재(!)적인 재능을 가진 프랑스인들에게 절대적으로 유리한 수업이었다. 그냥 묵묵히 만들고, 작품으로 보여주는 데 익숙한 한국사람들에게 이토록 끊임없이 입으로 떠들어 가며 상상력의 실타래들을 하나하나 말로 설명하는 실기수업은 제대로 충격이다.

학교생활에서 정말 좋았던 또 한 가지는 경쟁의 부재였다. 누가 과수석인지 누가 학점이 어떻게 나왔는지 서로 아무 관심도 없다. 여기에선 건강한 의미의 개인주의가 완벽하게 작동한다. 좀 외롭지만 나와 경쟁할 뿐이다. 어제의 나, 내일의 내가 엎치락뒤치락 하면서 좀 더 분발하거나 처지거나 한다. 선후배도 없고, 다들 수업을 같이 듣는 동안은 동료일 뿐이다. 같은 과 학생이 몇 명인지도 알 길이 없다. 학기 초에 넘쳤던 교실은 학기 말이면 반쯤은 비어 있다. 그리고 사람들마다 학업을 진행하는 속도가 달라 어떤 학생은 2년 만에 끝내는 걸 다른 학생은 4년 동안 질질 끌기도 했다. 불필요한 경쟁심리로 에너지낭비를 하지 않을 수 있다는 사실은 확실히 삶의 기준을 타인의 시선이 아닌 내 자신의 가치에 두게 만들었다. 당연히 더 성숙한 인간으로 취급받는 기분이 든다.

교수들은 북적거리는 과 사무실 한 편에 있는 책상에서 일주일에 한 번씩 돌아가면서 오전 오후로 나눠서 당직을 서고, 그 시간에 교수와 만날 일이 있는 학생들은 약속을 잡아서 만난다. 교수들마다 연구실 하나를 내어 주는 한국에 비하면 옹색하기 이를 데 없지만, 연간 20~30만원 정도의 등록금으로 운영되는 프랑스 대학의 전제 조건인 셈이다.

입학식이 없듯이 미국식의 요란스런 졸업식도 없다. 당연히 최우수 논문에 주어지는 명예 따위도 있을 수 없다. 내가 논문 발표해서 통과하는 날이 내 졸업식 날이다. 대부분 가을에 하지만 난 5월에 했다.

시험이나 리포트에 대한 평가 방식의 융통성도 놀랍다. 20점 만점에

10점 미만이면 과락이다. 한 번은 어떤 수업에서 낸 과제에서 11점을 받은 적이 있다. "좋은 작업이지만 내가 요구했던 작업은 아니다."라는 코멘트가 붙어 있었다. 그 점수를 용납할 수 없어서 다시 리포트를 썼다. 이번에는 12점을 받았다. 나는 교수를 찾아가 무엇이 잘못됐는지 물었다. 선생은 도표까지 그려가며 자세히 어떤 방식의 작업을 자기가 요구했는지 꼼꼼히 설명해 주었고, 한 학기가 다 지날 무렵 다시 리포트를 작성해 비로소 만족스런 점수를 받았다.

미학수업에서도 실망스러운 점수를 받은 일이 있다. 교수의 코멘트는 짧았다. "매우 성실한 리포트지만 놀라운 구석은 없음." 교수는 성실성보다는 독창성을 원했고, 나는 독창성에 대해서 별반 고민하지 않고 밋밋한 정보를 종합한 리포트를 냈다. 이번에는 부끄러운 점수를 그대로 놔두었다. 이 부끄러움이 내내 뼈아프게 나를 자극할 수 있도록.

사실 독창적으로 되는 데는 약간의 노력이 필요할 뿐이다. 타고나기보다는 습관이고 태도다. 그 사회가 중심적 가치관을 어디에 두는지에 따라 사람들은 달라진다. 조금 더 성실해지느냐, 아니면 조금 더 독창적이 되느냐. 모난 돌이 정 맞는다는 속담이 지배하는 사회에서 사람들은 감히 자신의 뾰족한 생각을 드러내지 못한다. 나의 연필심을 늘 뾰족하게 갈게 해준 아메 교수에게 경의를!

너무도 비자본주의적인 학교 앞 풍경

가장 놀라운 것은 학교 앞에 술집이나 까페가 없다는 사실이다. 학교 분위기가 딱히 건전한 것도 아닌데, 구내식당 격인 까페테리아 서너 개가 전부다. 학생들끼리 모임을 열거나 술집에서 밤새 노닥거릴 수 있는 환경이 전혀 아니었다.

파리 8대학은 '파리'라는 명칭이 붙어있긴 했지만 파리 북쪽의 외곽 지역인 '생드니'라는 지역에 있었다. 학교 정문을 나서면 코앞에 지하철 13번선의 종점이 있었는데, 학교와 지하철역 사이에는 버스 지나다니는 도로만 달랑 있었을 뿐이다.

프랑스에서는 '여기에 이런 가게가 있으면 장사가 참 잘 될 텐데….' 싶은 생각이 곧잘 드는데도 그런 가게가 결코 생기지 않는 상황이 종종 발생한다. 이 나라 사람들의 예민하지 못한 경제 감각이 때론 불편하지만, 자본을 향한 본능으로 빼꼭히 들어차지 않고, 아직은 여백이 남아 있어 그 사이로 바람이 설렁설렁 드나드는 게 느껴져 맘이 편해진다. 대한민국 어디서나 들려오는 '고객님' 소리의 압박보다, 도대체 누가 상인이고 누가 손님인지 알 수 없는 이곳의 상인들의 맹랑함이 훨씬 인간적으로 느껴진다. 돈 위에 확실히 사람 있다.

공연예술학과에는 《연극학사전》을 집필한 파트리스 파비스나 연극인류학의 창시자인 장 마리 프라디에 같은 국제적 명성의 저명한 교수들이 있었지만, 내 전공 분야는 문화정책이었고 성격 까칠하기로 악명 높은 필립 앙리가 지도교수였다. 꽉 막혔지만 성실한 교수였고, 학생들에게도 같은 수준의 성실성을 요구했다. 대부분 프랑스 남자들이 유머를 적절히 구사해야 한다는 강박에 걸린 것처럼 보인다면, 그는 악성 유머결핍증이라도 걸린 듯했다. 2년 동안 한 번도 웃으며 대화를 나눈 적이 없었고, 그를 만나기 전날이면 늘 뒷목이 뻣뻣해지곤 했다. 혹시 게이가 아닐까, 아니면 인종차별주의잔가? 나를 별로 좋아하지 않는 그를 헐뜯어 보기 위해 다각도로 궁리해보았지만, 그는 그냥 답답한 배추머리 원칙주의자일 뿐이었다.

그런 그가 딱 한번 내게 칭찬을 해 준 적이 있었다. 석사논문 발표가 끝나고 난 뒤 이어진 수업에서였다. 물론 나는 그 자리에 없었다. 다만 내가 발표한 논문이 눈부시게 명민했다는 믿기지 않는 얘기를 다른 학생을 통해 들었다. 한때 전학도 고민하였으나 상황이 여의치 않았고, 문화정책을 공부하겠다는 목표를 수정할 수도 없었다. 아무도 부여하지 않았지만, 어이없게도 한국문화예술계를 위한 해답을 얻겠다는 사명감에 강렬히 사로잡혀 있었기에.

사회당의 우경화를 연극정책으로 입증하다

한국에서 내가 보아왔던 석사논문은 적어도 하나의 가설을 과학적으로 입증해야만 하는 구조를 반드시 가져야만 하는 것이 아니었다. 대부분의 석사논문들이 한 분야에서 자신이 이해한 내용들을 두루뭉술하게 정리하는 것으로 끝나 있었다. 그러나 나의 지도교수는 가설을 논리적, 과학적으로 입증하는 구조를 갖춰야만 논문이 될 수 있다고 주장했다. 내가 논문에 쏟아 부은 에너지의 1/3은 그의 논리에 굴복당하는 데 쓰였다. 고집을 부리다가 결국 그가 옳다는 것을 인정하기까지 1년이 걸렸다.

내 논문의 제목은 〈연극과 공공서비스 : 1980년대 사회당 정권의 사립극단들에 대한 정책〉이었다. 1980년대 사회당 정권이 과연 연극을, 혹은 문화를 그들이 명시한대로 공공서비스로서 기능하도록 정책을 수행했는지 입증하는 것이 과제였다. 논문을 쓰기 위해 문화부를 닳도록 드나들었다. 파리에 있는 대학들이 이리저리 흩어져 있듯, 문화부 건물도 5~6개로 흩어져 있었다. 프랑스 문화부 공무원들은 이 집요한 외국학생에게 자료 원본을 날름 내주기도 하고, 복사를 공짜로 할 수 있도록 해주는 등 과분한 호의를 베풀어주었다.

미테랑은 집권 10년 가운데 처음 1~2년 동안은 사회주의자의 면모가 엿보이는 개혁적인 정책들을 내놓았지만, 집권 후기로 갈수록 통계자료도 제대로 없었고 그나마 있는 자료들에 기록된 수치는 하향곡선을 그릴 뿐이었다. 집권 즉시 우향우를 했던 미테랑 내각의 모습이 눈에 선했다. 미국의 문화제국주의에 맞서 싸웠으며 국제교역에서 '문화적 예외'를 주장해 한동안 나의 우상이었던 미테랑의 오른팔 자크 랑Jack Lang 장관도 다르지 않았다. 내가 찾아낸 자료들은 그가 화려한 언술로 자신을 포장하고 요란한 행사에만 지갑을 열어준 이율배반의 인물이었음을 명백히 증명하고 있었다.

내 논문의 결정적 열쇠는 호베르 아비하셰드Robert Abirached와 두 번에 걸친 인터뷰가 제공해 주었다. 그는 80년대 자크 랑이 이끄는 문화부에서 7년1981~88간 공연국장을 지냈으며, 여러 편의 저술을 펴낸 이후 문화정책 분야의 전문가로 자리매김한 사람이다. 그는 자크 랑이 10년 이상 이끈 문화부가 '예술창작'과 '문화의 사회적 과제-문화의 민주화'라는 두 가지 사명 중에서 명백하게 전자를 택했다고 증언했다. 재임 3~4년이 지날 무렵 그가 지나치게 예술창작 쪽에 치우쳐 있다는 것을 깨닫고 이런 경향에 제동을 걸려 했지만 실패했다는 고백도 했다. 그는 자크 랑이 이미 예술가를 위한 장관 노릇을 하는 데 지나치게 도취되어 버린 나머지 문화부의 사회적 과제부문을 과감히 축소해버렸고, 문화민주주의를 실현하는 데 명백히 실패했음을 인정했다. 사회주의의 탈을 쓴 우파 부르주아들이 프랑스를 지배하는 10년 동안 쌓인 염증과 분노는 프랑스 사회에 우경화의 싹을 제공했다. 1990년대 후반부터 지금까지 프랑스의 우경화는 점점 확대되고 있다. 어쩌면 이리도 비슷한 역사가 대륙 반대편에서 재현되고 있는지.

논문을 쓰는 동안 나의 교수는 60, 70, 80년대 프랑스 문화정책의 특징을 한 페이지씩 정리, 요약해 오라거나 프랑스 역대 문화부 장관들의 문화정책의 업적과 경향, 과오들을 정리해 오라거나 하는 식의 숙제들을 끊임없이 내주었다. 프랑스 문화 전반에 대한 지식이 부족할 수밖에 없는 외국인으로서 이 논문을 쓸 준비가 되어 있는지 알아보려는 훈련이었다. 박사논문도 아닌데 언제까지 이 '똥개훈련'을 계속해야 하는 것일까. 이 사람이 내게 논문을 쓰도록 허락하긴 할 것인가를 걱정하면서 막연히 고통스럽게 기다려야 했다.

피눈물 나는 과정을 마치고 논문을 써낸 다음 나는 지도교수에게 선물이라도 하나 해야 하나 잠시 고민했다. 이런 생각을 슬쩍 학과 친구들에게 얘기했더니 아이들의 반응은 한결같았다. "너 미쳤니?", "저 사람들은 이런 일을 하라고 나라에서 월급 주는 거야. 우리가 있어서 저 사람들이 월급을 받을 수 있는 거란 말이야. 오히려 그들이 우리에게 감사해야 해."

또 하나의 기분 좋은 부재였다. 쿨한 선생과는 쿨하게 인연을 끝내기로 했다. 그에게 크리스마스 카드 한 장 보내는 것으로 마무리했다.

결핍과 일탈,
자유로 가는 패스포트

1997년 봄, 길을 가다 가판대에 놓여진 한 월간지의 굵게 뽑힌 특집기사의 제목이 눈에 들어왔다.
"둘째딸은 왜 전투적으로 사는가."

"둘째 딸은 왜 전투적으로 사는가"

학교를 다니지 않았다거나 이혼을 했다거나 한 시기의 기억을 상실했다거나…. 아무튼 사회가 정상이라고 말하는 틀을 조금이라도 이탈하기 시작할 때, 비로소 우리는 자유롭게 숨 쉬는 자로 첫발을 내딛을 수 있다. 물론 그러한 결핍 혹은 비정상이 내 발목을 잡을 족쇄가 아니라 자유로운 도약의 기회라는 것을 아는 자에 한해서.

    사람들은 살아가면서 상처를 겪거나 결핍을 경험한다. 그런 시련은 누구에게나 찾아오고, 그것을 극복하는 방식이야말로 고유 색깔을 가진 자아의 주체로 설 수 있게 만들어준다. 내 인생 최초의 결핍은 둘째 딸로 태어난 것이다. 둘째 딸로 태어난 나는 내가 서 있을만한 반듯한 자리를 갖지 못했다. 그것은 태어나는 순간부터 예정된 것이었다.

남아선호 사상이 '여전한' 한국에서 첫딸은 딸이기 이전에 첫 아이라는 이유만으로도 환대받을 수 있지만, 둘째 딸이 세상으로부터 주저 없는 환영을 받는다면 그것은 매우 운이 좋은 경우에 속한다. 더구나 내 경우처럼 아래로 남동생이 태어난다면 상황은 최악으로 치닫는다.

1997년 봄, 길을 가다 가판대에 놓인 한 월간지의 굵게 뽑힌 특집기사의 제목이 눈에 들어왔다. '둘째 딸은 왜 전투적으로 사는가.' 그때나 지금이나 끔찍하게 싫어하는 보수언론의 월간지였기에 그 잡지를 사서 읽지는 않았지만, 보지 않아도 그 기사의 내용을 밑바닥까지 짐작할 수 있었다. 파리에서 내가 만나고 교우하던 서른 안팎의 늦깎이 한국 여학생들. 그녀들은 모두 둘째 혹은 셋째 딸들이었다. 출세보다는 자아를 찾기 위해 탈출하듯 그곳에 모여든 그녀들. 하나같이 집안에서는 도무지 느낄 수 없었던 자신의 존재 이유와 치열한 전투를 벌인 경험을 갖고 있었다. 반면, 상대적으로 부모의 덜한 기대와 관심을 틈타 삐딱한 저만의 길을 개척할 수 있었다. 그녀들을 거울삼아 날 객관화 시킬 수 있었고, 오래 전부터 자가 진단해 왔던 선천적 자유/일탈 갈망증의 근본적 원인이 탄생의 불운한 순번에 적잖이 기인함을 짐작하게 되었다.

언니와 남동생은 특별히 갈구하지 않아도 당연하게 사랑받으며 자랐다. 하지만 나는 열 살 무렵까지 그 둘 사이에서 끊임없이 부모의 애정을 요구했고, 존재 이유를 찾아 나름대로 '치열하게' 고민하며 시간을 보내야 했다. 가장 명백하게 반복적으로 차별이 드러나는 순간은 엄마가 식탁에서 밥과 국을 퍼줄 때였다. 나의 밥과 국은 언제나 마지막으로 놓였다.

그때마다 이 집에서의 내 존재가 가장 덜 중요하다는 사실이 자연스럽게 공중에 전파되었다. 매일 같은 행위가 예외 없이 반복될 때마다 불만은 분노를, 분노는 좌절과 울분을 축적시켰으나, 그것이 절망으로 진화하기 전에 나를 구원해 줄 다른 출구를 찾아 나서기 시작했다.

내가 이러한 '만행'을 지금 환기시키면 놀랍게도 엄마는 그런 적이 없다고 하신다. 당신 자신도 모르게 무의식적으로 한 행동이었다는 얘기다. 그리고 그때 "왜 나만 밥 늦게 줘요?"라고 항변하지 않았느냐고 도리어 내게 화살을 돌리기도 한다. 그러나 어린 나이에도 집안에 존재하는 그 불변의 서열은 결코 전복되지 않을 것만 같았다. 재미있는 건 지금도 엄마는 내가 엄마 집에 가서 밥을 먹을 때면 여전히 아들 밥을 먼저 퍼주신다는 사실이다.

나를 가장 치명적으로 자극한 것은 거실 책장에 꽂힌 두 권의 시집이었다. 한 권은 언니의 탄생에 바쳐진 《공주님, 공주님, 혜정 공주님》이었고, 다른 한권 《왕자님, 왕자님, 태상 왕자님》은 남동생의 탄생을 기념하는 시집이었다. 언니와 남동생이 태어났을 때 시인이었던 아빠의 한 지인은 자필시를 한데 엮어 만든 필사본 시집을 선물했다. 우리 가족 중, 그 두 권의 시집을 가장 많이 본 사람은 나였을 것이다. 새 그림이 세밀하게 그려진 삽화를 포함해 정갈하고 가지런하게 세로로 써내려간 그 시집을 선연히 기억한다.

두 권의 시집, 그리고 부재하는 한 권의 시집, 이 상황을 나는 스스로에게 이해시켰다. 그러나 이해 이후에도 존재의 무의미함을 인식하는 일은 어린 내가 감당하기에 지나치게 고통스러웠다. 나의 부모뿐 아니라 사회 전체가 작당해 "너는 있으나마나한 존재"라고 외치는 것 같은 와중에 나는 분노보다는 본능적인 슬픔에 휩싸였다. 그리고 모든 미천한 존

어릴 적,
우리 집 마당에 있던
그네에서,
나, 엄마, 언니.

재, 간과되고 상처받기 쉬운 존재들에 감정이입하며 그들을 걱정하고 슬퍼했다.

그래서 나는 아주 어릴 적부터 내가 반듯하게 설 자리가 없는 이곳이 아니라 저기 저 다른 곳을 막연히 꿈꾸곤 했다. 지나가는 낯선 아줌마들을 보며, '혹시 저 아줌마가 진짜 엄마는 아닐까?' 하는 상상 따위에 잠기기도 했고, 아이답지 않게 사후의 세계에 대해서도 고민이 깊어졌다. 엄마는 자랑스럽게 "얘는 천국과 지옥을 두고 고민한답니다."라고 사람들에게 말하곤 했으나, 난 결국 뜨거운 불가마가 기다리는 지옥은 물론이거니와 매일 반복되는 쾌락의 이미지를 지닌 천국도 썩 가고 싶은 곳이 아니라는 결론에 이르며 오래 침울했다.

나의 이 구구절절한 증언을 엄마 편에서는 억울하게 여길 수도 있겠다. 엄마는 당신이 기억하지 못하는 밥 퍼주는 순서를 제외하곤 분명 차별 없이 우리 형제들을 대하려 노력하셨다. 두 살 터울의 언니 옷을 물려입은 기억도 별로 없다. 어려서부터도 스타일이 많이 달랐던 우리는 늘 극과 극의 선택을 했다. 언니는 파란색 수영복을, 나는 빨간색 수영복을 입었고, 내가 라운드 목선의 옷을 선호하는 반면, 언니는 브이자형 옷이 잘 어울렸다. 엄마는 각자의 취향과 개성을 많이 고려해 주신 편이다. 그러나 가부장제가 공기처럼 상존하는 전제 조건인 우리 사회에서 엄마의 차별은 엄마의 의식을 슬그머니 비껴 넘어 부지불식간에 이루어졌다.

그래서인지 별 볼일 없는 위상을 벗어날 수 없었던 집안을 벗어나 집 밖의 어른들과 사귀면서 여물어갔다. 6~7살에는 이웃의 교사 모녀의 집을 들락거리며, 노래하고 춤추면서 엄마가 부르러 올 때까지 놀았고, 아홉 살 때에는 옆집 사는 고3 오빠와 일 년간 거의 매일 놀았다.

그는 황순원의 《소나기》를 내게 잔잔한 목소리로 읽어주며 동화가 아닌 문학의 세계를 처음으로 내게 열어보였다. 함께 그림을 그리면서 모든 종이엔 앞면과 뒷면이 따로 있음을 가르쳐 주면서 그 미묘한 차이를 촉감으로 느끼게 하기도 했다. 펜팔 하던 호주 소녀가 보내온 퍼즐을 함께 하기도 했고, 연을 날리러 들판으로 나가기도 했다. 그해 크리스마스엔 내 이름이 곱게 새겨진 샤프를 오빠로부터 선물로 받았다. 장면 하나 하나가 영화처럼 곱디고운 추억이었다. 얼마 전, 세 아이의 아빠가 된 그 오빠가 무려 30년 만에 내게 메일로 소식을 보내왔다. 내가 아는 그 목수정이 맞다고 확신한다면서. 당시 오빠가 녹음해 놓은 나의 목소리와 오빠가 찍었던 나의 사진이 첨부파일로 딸려왔다. 내가 느꼈던 그 각별한 소통의 느낌이 혼자만의 오해가 아니었음을 증명해주는 일이었다. 그는 새로운 세계를 냄새 맡게 해준 사람이었다. 다른 문화, 다른 세계에 대한 갈망의 씨앗이 그 시절 무수히 내 안에 뿌려졌음은 분명하다.

그리고 만 열두 살 무렵, 나는 불안한 존재의 이유를 집요하게 물고 늘어진 결과 한 가지 결론에 도달하게 되었다. 나를 향해선 반쯤 감겨있던 내 부모의 시선, 그 악조건을 딛고 가장 잘 살아갈 수 있는 방법은 '그 통에 주어진 자유를 만끽하는 것'이라는 깨우침이었다. 그 후론 더 이상 태어난 불운한 순번을 책망하지 않았다.

두 번째 치명적인 결핍은 고2때 찾아왔다. 급속도로 악화된 신장 기능으로 인해 큰 치료도 못해보고 아빠가 돌아가셨다. 아빠의 죽음은 그 자체뿐 아니라 죽음을 둘러싸고 벌어진 주변의 변화들로 인해 더 큰 자국을 남겼다. 사모님이었던 엄마의 호칭은 순식간에 아줌마로 바뀌었고, 아무것도 안 남은 우리 집이었지만 장례식을 틈타 그나마 또 뭔가를 뜯어먹으려는 사기꾼들이 모여들었다. 한동안 이불도 제대로 안 펴고 널브러지듯 주무시는 엄마를 보았고, 아침, 저녁으로 반듯하게 차려지던 상은 그 격식을 상실하고 있었다. 내가 알던 세상의 질서가 완전히 전복되는 경험은 그 격식이니 규율이니 하는 것들의 허망함을 신속하게 깨닫게 해주었다.

물같이 순하고 가난한 사람들을 돕던 아빠 역시 너무도 당연하게 어린 아들을 편애하고, 남동생에게만 자신의 무릎에 앉는 걸 허락한 어쩔 수 없는 가부장제의 수장이었다. 내가 식탁에서 습관처럼 노래를 불러대면 "참 이상한 취미가 다 있네."라고 말씀하시긴 했어도, 결코 "입 다물고 먹어라."고 호통치는 법은 없었다. 한쪽 문은 닫혀 있었지만, 그러면서 또 다른 한쪽 문은 열려 있었다.

소복을 입고 아빠의 장례를 치러낸 사흘이 지난 뒤, 폭풍우가 쓸고 간 황량한 사막이 펼쳐진 것 같았다. 사흘 동안 3년쯤 살아낸 느낌이었다. 이제 또 어떤 소중한 것들이 내 삶에서 빠져나가거나 또 어떤 예기치 않은 천재지변이 나를 뒤흔들어도, 빈손으로 이 사막을 유유히 건널 수 있을 것 같다는 생각이 들었다.

그녀들을 충동질했다.
떠나라고

프랑스 고3의 유쾌한 여름을 지켜보며, 수세대에 걸쳐 한국의 청소년들이 피하지 못한 그 지옥을 떠올리지 않을 수 없었다. 그 지옥을 겪은 대가로 우린 도대체 무엇을 얻었는가? 18세의 젊은이들의 자유를 송두리째 앗아갈 만큼 중요한 가치는 또 무엇인가?

떠나는 당신에게

'여기 아닌 다른 곳'으로 프랑스를 택한 뒤, 떠나기 전에 몇몇 지인들에게 인사를 하고 다닐 무렵이었다. 누군가 파리생활 7년차인 유학생이 잠시 한국에 와 있으니 한번 만나 조언을 듣고 가라고 말해줬다. 그 7년차 유학생은 제일 먼저 파리에 있는 한인교회에 다니라고 조언했다. 거기 가면 오빠들이 많이 도와줄 거라나. 여자니까 집은 꼭 중앙난방이 되는지 확인하고 파리 남쪽에 얻으라고 했다. 어쨌든 북쪽 동네는 피해야 한다고 강조했다. 노트북도 새 것으로 사가라고 했다. 유학의 성패는 애초에 가진 돈이 좀 있느냐가 좌우한다고도 했다. 그 남자가 입을 연 순간부터 그가 한 얘기를 잘 새겨들었다가 정반대로 실행해야겠다고 다짐했고, 그렇게 실천했다.

지금 누군가 내게 조언을 구한다면 어떤 말을 해줄 수 있을까? 난 경쟁을 딛고 더 높은 곳에 올라서려는 마음을 버리고 스스로에게 긴 소풍을 베푼다는 마음으로, 여정 자체를 즐기는 먼 길을 떠나라고 이야기하고 싶다.

내가 투자할 시간, 투자할 돈, 그렇게 해서 딴 학위가 나에게 확실한 미래를 보장할 것인가를 염두에 두고 더 분명하고 안전한 선택을 매순간 계산해야 한다면, 한 순간도 인생은 나 자신의 것이 될 수 없다. 불만은 터뜨리고 욕망은 충족시키면서 사는 것이 건강한 삶이다. 그러나 내가 충족시키고자 하는 욕망이 진정한 나의 욕망인지 아니면 모두가 욕망해야 하는 것이라고 정해진 일반적 욕망의 리스트일 뿐인지를 가늠해 보는 과정이 필요하다.

대부분의 사람들에게는 태어나서 20년 가까이는 갈까 말까, 간다면 어디로 갈까를 고민하고 선택해야 하는 상황보다는 그저 묵묵히 앞으로 가야 하는 길만이 주어진다. 그렇게 아무런 반항도 없이 얌전하게 길을 통과하면 대학이라는 문으로 이어지고, 그때 비로소 약간의 자유가 툭 떨어진다. 우리 발 앞에 떨어진 이 황당한 존재, 자유란 놈은 진정한 내면의 자아와 세상이 우리에게 주입해 왔던 가치가 충돌하게 만든다. 우리는 그것을 흔히 '방황과 고뇌'라 부른다. 그러나 아쉽게도 대부분의 사람들에게 이 황홀한 자아의 꿈틀거림은 4년 정도에서 멈추고 만다. 남자들의 경우는 군대라는 아주 효과적인 도구를 통해, 대학문을 나서기도 전에 이미 넥타이와 양복 속에 갇힌 텅 빈 눈빛의 인간으로 서둘러 탈바꿈한다.

그나마 대학 4년의 시간을 자아의 공식적인 요동기로 명명하는 것도

90년대 학번까지만 해당되는 게 아닌가 싶다. 기업과의 밀착된 관계를 노골적으로 자랑하는 지금의 대학, 1천만 원에 육박하는 일년치 등록금이 쳐 놓은 바리케이드 속에서 21세기의 기업들이 원하는 반듯한 깍두기들을 또각또각 썰어내는 곳이 요즘의 대학일진대, 그 안에서 범람하는 지성과 지랄하는 야성, 광기어린 영혼 따위가 요동치기를 기대하기는 것은 다소 무리인 것 같다.

한국에서 자신의 발 앞에 놓인 좁은 선택의 틀에 괴로워하는 여성들을 볼 때마다, 난 그녀들에게 다른 나라로 떠나라고 충동질했다. 프랑스에서 정해진 안온한 삶에 몸이 근질거려 하면서도 모험심 없이 눈만 뻐끔거리며 그럭저럭 지내는 프랑스 남자들을 보면서, 한국이나 일본으로 가라고 충동질했던 것처럼. 그렇게 해서 잠시 다른 질서 속에 방황하는 것, 자유 속에 무방비로 노출되어 비로소 내가 원하는 것들을 고르는 경험을 하는 것, 다른 가치가 지배하는 사회에서 가치전복의 신선함을 누려보는 것, 적어도 오늘 한국사회의 가부장적 요구가 내가 살아내야 하고 견뎌내야 할 유일한 조건이 아니라는 걸 깨닫는 것, 살면서 꼭 해보아야 할 경험들이 아닐까.

프랑스 고3의 여름방학

내가 원하는 것이 무엇인지 손에 잡힐 듯 보일 줄 알았건만, 놀랍게도 여전히 진화하지 못한 장래희망의 목록을 들고 서서 황망해 하고 절망하며 몸부림치던 나의 대학교 4학년이 떠오른다. 나름대로 자유롭게 나를 풀어 놓았다고 생각했는데, 그래서 이제 대학이란 작은 연못을 떠나 내가 항해하고 싶은 대양을 선택할 때에 이르러 즐거이 달음질 칠 줄 알았는데 그렇지 않았다. 그 부끄러움, 그 고통으로 1년 내내 앓으면서 5kg의 살을 태워버렸다. 결국 나는 진정으로 선택하기 위해 나에게 4년이라는 시간의 유예를 주기로 한다. 그게 관광공사 4년의 시간이었다. 적어도 내 전공인 러시아어를 활용할 수 있다는 점과 공기업인 탓에 공공의 이익을 봉사하며 고민할 수 있겠다는 점 등을 위안삼아.

거기가 나의 종착점일 수 없음은 너무 잘 알고 있었다. 그곳에 있는 동안 내 안의 욕망을 탐문하는 실험의 시기를 가졌다. 다행이도 문화/민속축제 담당을 하면서, 견문을 넓힐 수 있었다. 업무시간 이후엔 시작詩作 교실을 다니며, 당대의 저명한 시인들을 만나기도 했다. 작고하기 두 달쯤 전의 김남주를 만난 것도 그 때였다. 90년대 초 봇물 터지듯 소개된 프랑스 영화들을 보며 긴 탄성의 한숨을 내쉬던 것도, 롤랑바르트와 푸코와 아놀드 하우저 등을 탐독한 것도, 주저없이 천재로 받들어 모시고 싶은 브레히트를 알게 된 것도, 홍신자를 통해 현대무용의 세계에 입문한 것도 이 때였다. 그렇게 4년 간 내 안의 욕망에 대한 탐문 끝에 '문화'라는 굳건한 연모의 대상을 끄집어내고, 4년 만에 비로소 내 진정한 선택이랄 수 있는 동숭아트센터 공연기획자로 입문하게 됐다.

유럽 많은 나라에서 그런 것처럼, 우리나라 진보정당에서 주장해온 것처럼, 한국에서도 입시제도가 사라지고 대학교육도 무상으로 이뤄진다면, 그래서 청소년들이 입시지옥을 벗어나 자유롭게 세상을 탐닉하고 자신이 원하는 것을 선택해보는 훈련을 10대에 이미 할 수 있다면…. 만약 그럴 수만 있다면 10대 후반부터는 적어도 나만의 숲을 발견하고, 그 속에 발딛을 수 있지 않을까.

서래마을의 프랑스학교에서 교사를 했던 친구 올리비에는 한국 아이들의 꽉 짜여진 시간표를 보고 경악을 금치 못했다. 아침부터 밤늦게까지 꽉 짜여진 시간. 잠시 틈이 나면 그 아이들이 전자오락이나 TV에 자신을 내던지는 것이 너무 당연하다는 반응이다. 우리의 아이들은 자기만의 시간을 창조적으로 운용하는 걸 배우지 못한다. 이 상황을 좀 더 비약해 보면, 이들은 커서도 자신들을 조정하고 지시해줄 누군가가 필요할지 모른다. 독재자는 그렇게 탄생한다. 박정희 시대를 그리워하고 불도저식 통치를 천명하는 이명박 대통령에 지지를 보냈던 젊은이들의 성향에 그런 배경이 있는 것은 아닐까. 그게 어찌 노무현 전 대통령의 실정 때문이기만 할까.

올리비에에 이어 도미노 현상처럼, "체험! 삶의 현장"을 위해 한국에 와서 교사를 하던 질Gilles도 비슷한 말을 했다. 그가 파리에서 교사를 하던 시절, 한국학생이 한 명 반에 있었다. 매우 우수한 학생이었는데, 추상적인 주제를 주고 네 마음껏 작문을 해보라거나 시각적으로 표현해 보라고 하면, 거의 한 시간 동안 아무것도 못하고 쩔쩔 매더라는 것이다. 왜 그런지 알 수 없었는데, 한국에 와서 그 아이를 이해하게 되었다는 얘기를 했다.

유네스코는 전 세계 6천여 가지 언어 가운데, 21세기 말에 이르면 언어는 5백종으로 감소할지도 모른다고 경고한 바 있다. 내가 어릴 적엔 사과만 해도 국광, 홍옥, 부사, 인도, 델리셔스, 골덴 등 다양한 종류가 있었다. 닦아도 광도 안 나고 깎기도 힘들었던 그 시골스럽던 국광, 20대 초반의 싱그러운 아가씨 같이 톡 쏘는 느낌의 홍옥, 신맛은 없고 달콤하고 부드러웠던 인도사과. 그런데 지금은 그냥 사과 하나만 있다. 부사와 홍옥을 60대 40으로 섞어놓은 듯한 그 '사·과'. 우리가 취향에 따라 선택할 필요 없이, 시장은 가장 보편적인 입맛이 선호하는 그 '사·과' 하나로 선택을 축소해 놓았다.

　2007년 문화부 통계에 의하면 한국 청소년들의 58.8%가 TV시청에, 50%가 게임에 자신의 여가시간을 투여한다고 대답했다. 이 통계는 해를 거듭할수록 가파르게 상승 중이다. 1988년 그 통계조사를 실시해 온 이후로, 한국 사람들의 문화활동 경험도 단 한 번의 예외도 없이 하강 중이다.

　칼리를 낳던 해, 칼리 고모의 막내아들 카헬은 고3이었다. 나는 그들과 함께 고모의 서해안 별장에서 함께 머물며 그의 생활을 옆에서 지켜보게 되었다. 그는 아침에 느긋하게 일어나 해변에서 수영을 하고, 점심때는 엄마와 함께 요리를 해 가족들을 즐겁게 해주었다. 그는 거의 전문 셰프의 수준으로 크레프를 잘 만들었다. 오후에는 불어판 삼국지를 읽었고, 해가 지기 전에 한 번 더 바닷물에 몸을 담갔다가 저녁이면 친구들과 모여 기타를 치고 놀거나 춤을 추러 가는 게 하루 일과의 전부였다.

　공부는? 전혀 하지 않았다. 그와 적지 않은 대화를 나누었는데, 어른들 못지않은 사회 각 분야에 대한 성숙하고 폭넓은 시각을 갖고 있었다. 미술을 옵션으로 선택해서 바칼로레아(프랑스식 수능)를 치렀는데, 미리 주어지는 몇 가지 주제 중에 백남준을 선택해 그의 비디오아트를 비판적으로 해석한 비디오작품을 만들기도 했다.

　"다른 애들도 너처럼 여름방학 때 놀기만 하니?" 이 태평한 고3을 바라보다 못한 내가 물었다. 그의 대답이 방학은 쉬라고 있는 거란다. 물론 그의 친구들도 마찬가지였다. 다음해 그는 국제적인 명성을 누리는 엔지니어학교에 들어갔다.

　그의 유쾌한 18세의 여름을 지켜보면서 자연스럽게 한국의 지옥 같은 학창시절을 떠올리지 않을 수 없었다. 그 지옥을 겪은 대가로 우린 도대

칼리 고모의
막내 아들 카헬.
그가 고3때 보낸
넉넉한 여름방학,
칼리를 안고.

   체 무엇을 얻었는가? 18세의 젊은이들의 자유를 송두리째 앗아갈 만큼 중요한 가치는 또 무엇인가?

   그렇게 해서 대학에 가면 무엇이 달라질까? 학위 장사꾼으로 전락한 대학들이 경쟁하듯 올려대는 등록금, 졸업 때까지 올려놓지 않으면 졸업장도 주지 않는 토익점수는 아이들을 또 다시 짓누른다. 우리 스스로가 만들어 놓고 점점 더 강화시켜 가는 경쟁과 긴장과 스트레스, 공포의 톱니바퀴는 거기서 뛰쳐나오거나 그것을 부수고 새로운 틀을 만들지 않는 한, 모든 사람의 삶을 갉아먹을 뿐이다. 모두가 연대해 미친교육의 고리를 격렬하게 끊어내지 않으면 안 되는 이유다.

마술을 경험하다

내 어릴 적 꿈은 마술사가 되는 것이었다. 상당히 오랫동안 그 꿈은 변하지 않았다. 연금술을 터득하고 싶었던 파울로 코엘료처럼 말이다. 또 실재하지도 않은 요술공주, 요술쟁이, 마술램프 이야기들은 왜 그렇게 많은 것인지…!

언젠가는 산타클로스가 없다는 것을 알게 되는 것처럼 나도 요술공주 같은 게 없다는 걸 알게 되었다. 하지만 10대에 접어들고서도 오랫동안 마술램프를 찾겠다며 미련을 버리지 못했다. 그 꿈을 완전히 접었을 때 한동안 분개했다. 세상에 속은 기분이랄까.

헌데 정말 마술을 경험하게 됐다. 누구든지 그런 경험이 있지 않나. 내가 바라던 바로 그런 일이 기적처럼 내 눈앞에서 펼쳐지는 그런 경험. 공연과 관련한 어떤 경험도 없던 내가 처음으로 좋아하는 일을 온 힘을 다해서 선택했을 때, 그리고 수백 명이 지원한 동숭아트센터 공채시험에 합격했을 때가 그랬다. 당시 내가 매우 강력한 메시지를 우주에 전송하고 있었음은 분명하다. 대표가 신임하는 만신이 최종 면접을 사진을 통해 보았다는데, 아마도 그 전파의 효과를 본 게 아닌가 싶다. 그곳에서는 만나는 사람마다 매력적인 향기를 내뿜었고, 눈길 두는 공간마다 특별한 의미로 다가왔다. 난 비로소 내 마음에 쏙 드는, 뼈를 묻고 싶을 정도로 흡족한 가치를 발견한 듯했다. 그곳에서 일하는 동안 자주 그런 마술을 목격했다.

될 것 같지 않은 일이 누군가 마술 지팡이라도 휘두른 듯 기적처럼 사람의 마음을 움직여 결국에는 진행되고 마는 일이 곧잘 생겼다. 주술이 혹은 영혼이 넘나들기 편한 공간이 따로 있는 게 아닌가 싶다.

그러다 이 마술이 멎는 순간이 왔다. 순진하게 연극만 해서는 자생할 수 없는 현실에 아프게 부딪힐 때였다. 기획한 공연의 좌석이 매진돼도 투자액만 간신히 회수할 수 있는 게 이 동네의 현실이었다. 지방공연까지 성사시키려면 유명 탤런트를 한두 명씩 끼워 캐스팅하는 소위 '스타 마케팅'으로 현실과 타협하거나, 성공률 1%의 스폰서를 따내기 위해 기획서를 들고 기업 홍보실의 무거운 문을 한없이 두드리는 비참함을 감당해야 했다. 훌륭한 작품을 올렸어도 흑자를 내지 못하면 죄인이 되어야 하는 냉혹한 현실 앞에 속수무책이었다. 딜레마는 시작되었다. 그때부터 되는 일은 아무것도 없었고, 잿빛 현실만이 뿌옇게 내 앞을 가렸다. 발끝에 채이는 인간들도 더 이상 아름다워 보이지 않았다.

다시 한 번 마술이 시작된 건 더 큰 용기와 에너지를 모아 파리에 갔을 때였다. 창조와 파괴는 결국 동전의 양면임을 깨닫고, 새로운 인생을 창조하기 위해 내가 갖고 있는 기존의 틀을 철저히 부수고 벌거벗은 채로 다른 세상을 향해 나아갔다. 돌아와서 무엇이 되겠다는 구체적인 포부도 갖고 있지 않았으며, 오로지 내가 가진 질문들에 대한 해답을 찾겠다는 맹렬한 의지가 있었을 뿐이었다. 도착하는 순간 마술은 시작되었다. 집 구하기 너무 힘들어서 그냥 돌아가는 사람도 있다는 얘기까지 나올 정도인 파리에서, 집을 구하러 나선 첫날 머릿속으로 그리던 완벽한 집이 눈앞에 나타났고, 두 달 뒤엔 영화배우같이 잘난 남자친구가, 석 달 뒤엔 사랑스런 아이와 마음껏 포옹하고 놀 수 있는 아르바이트가 나타나 주었다. 마술의 효력은 그렇게 내가 다시 아이 같이 펄펄 뛰는 본성으로 세상과 영감을 교신할 무렵 발휘되었다.

그러고 보니, 새로운 세상에 도착해 가슴이 두근거리고 의심 없이 마냥 행복했던 시절, 등에 날개라도 달려있는 듯한 착각에 빠졌던 시절, 마술이 잘 되었던 것 같다. 그리고 내가 사회적, 정신적으로 어른이 돼버렸을 때, 경제적인 고민과 계산들이 나의 사고에 먼지처럼 빽빽하게 끼어 있을 때 마술은 멈춰버렸다.

난 범신론자다. 혹은 범신론자이고자 애쓴다. 만물에 우주의 기운이 깃들었다고 믿는다. 날 때부터 다녔던 교회와 깨끗이 절연하고 십 년쯤 뒤, 자연스럽게 내 안에 자리 잡게 된 믿음이다.

칼리를 보면서 놀라는 것 하나는 아이들은 나면서부터 자연스럽게 범신론자들이라는 것이다. 칼리는 아침에 집을 나설 때면 누가 시키지 않아도 먼저 인사를 한다. "집아, 안녕!"

아침에 세수를 하고 나서 하수구로 쏙 빠져나가는 물을 보면서도 마찬가지다. "잘 가, 물아 다음에 만나자."

음식물을 가리킬 때도 "엄마, 빵이 하고 쨈이 주세요." 한다. 모든 사물을 인격화하고 사람 대하듯 한다. 아침에 일어나 창가에 해가 걸려있으면 진심으로 반갑게 인사를 건넨다. "햇님아, 정말 보고 싶었어." 저녁에도 꼭 달님과 인사를 해야 하는 칼리 덕에 이제는 나도 종종 밤하늘을 올려다보며 지낸다.

이렇게 우주 전체와 왕성하게 친구하며 지내는 아이들이 우울증에 걸릴 일이 없고, 천재적인 창조력을 무궁무진하게 발휘하면서 사는 것은 당연하다. 아침에 칼리가 눈을 뜨고 서서히 세상과 다시 접촉을 시작하는 과정을 보면, 그 동작 하나하나에서 무수히 금빛 조각들이 반사되면서 떨어진다. 그 광경은 언제나 생명의 눈부심을 일깨우고 인간의 신성(神聖)

을 투명하게 표출한다. 화분에 스프레이를 뿌릴 때는 "엄마, 꽃이 정말 맛있다고 했어." 라고 말하고, 아가 변기에 떨어진 하트 모양의 스티커를 보고는 "엄마, 내 뱃속에 있는 하트가 똥으로 나왔나 봐." 한다.

선과 악, 미와 추에 대한 사회적 기호를 아직 익히기 전의 인간들은 얼마나 신선한 눈으로 세상을 창조했던가. 인간이 창조하는 존재라는 건 분명하다. 그런데 그런 인간이 마술 정도를 할 수 없다는 건 말이 되지 않는다. 월드컵으로 온 나라가 광기에 휩싸일 때, 파리에 있으면서 동포들과 퍽 다른 느낌으로 그 사건을 바라보았지만, 그 와중에도 날 은근히 즐겁게 했던 한 가지는 "히딩크의 마술"이란 단어였다. '이제 모두 마술을 믿는 거야? 진짜야? 어른들도?'

마술이 존재하는 세상에 살고 싶다. 여전히. 그러나 인간을 제외한 나머지 모든 사물을 소비와 재화 창출의 잠재적 대상으로 전락시키며 살아가는 순간 마술은 멎는다. 우리가 더 이상 우주와 교류할 수 없게 되는 것은 매우 당연한 이치다. 나는 칼리에게 십대 시절의 나를 분개하게 만든 세상의 거짓말이 사실은 거짓이 아니라고 말해줄 것이다.

"넌 이미 마술사야. 네가 그걸 원한다면 언제라도 마술사야."

울긋불긋 산전수전 알바기

지난 대선에서 출마한 문국현은 "돈 많은 기업인이지만 딸들을 유학 보내지도 않았다."는 이유로 세간의 주목을 끌기도 했다. 여전히 한국사회에서 유학은 돈 많은 아빠가 딸들에게 베풀거나 베풀지 않을 수 있는 선물이기라도 한 듯. 그렇게 해서 제공되는 크리스마스 선물 같은 유학, 혹은 출세를 위한 조금 더 긴 길로서의 유학이 어떻게 한 인생을 변화시키고 풍요롭게 할 수 있을까.

파리에 가기 전까지 7년 가까이 직장생활을 했지만, 얼마쯤은 생활비를 보태느라, 그다지 또순이 타입도 아닌지라 모아놓은 돈은 보잘 것 없었다. 게다가 떠날 채비를 하는 동안 가진 돈의 상당 부분을 평소 하고 싶었던 사진을 하느라 적잖이 탕진하는 바람에 남은 돈은 장기간 해외생활을 할 밑천으로는 어림도 없었다. 그런데도 돈 걱정은 하나도 안 했다. 내가 그랬듯이, 내 가족들도 그랬다. 일단 걱정해봐야 별 수 없기도 했고, 열아홉 때 그랬듯 스물아홉에도 알아서 할 테니까.

1천만 원 남짓 들어있던 통장에는, 4년 반의 파리생활을 마치고 돌아온 후에도 여전히 3백만 원의 잔고가 남아 있었다. 물론 쉼 없이 이런저런 아르바이트를 하면서 살았다. 그러나 그 일이 나의 세월을 고통으로 얼룩지게 할 만큼은 아니었다. 대학 때 그랬듯, 그 어떤 세월도 또 다른 세월을 위한 볼모가 되어서는 안 된다는 것이 내 생각이다. 나의 20대, 30대, 40대는 모두 똑같이 소중하고, 나의 모든 시간들에 적당한 노동과 적당한 즐거움을 배분해야 할 의무가 내게 있다.

베이비시터 이외에도 산업디자인에 관련된 거리 사진을 찍어 디자인포장센터에 보내는 일, 소비자보호원에 해외소비자 보호사례 기사를 번역해 주는 일, 출장 오는 사람들 통역도 종종 했다. 레스토랑 서빙은 딱 두 달. 손님 앞에서 포도주 병을 딸 때마다 어김없이 코르크마개가 부러지는 바람에 관두었다. 보다 못한 손님이 직접 따주는 일이 다반사였다.

몇 차례 공연기획을 하기도 했다. 물론 언제나 그렇듯 시간은 제일 많이 잡아먹고, 전혀 경제적으론 도움이 안 되는 일이 그런 일이었다. 아비뇽 페스티벌에 진출하려는 한국 공연팀의 현지 지원을 하기도 하고, 오를

나의 파리 체류를 입증하는
유일한 사진, 첫 번째 거주지였던
rue des dames 7번지 스튜디오에서
찍은 흔들리는 자화상.

리라는 파리근교 도시에서 물체극을 하는 이영란 씨의 밀가루 놀이의 기획을 맡기도 했다. 오를리 시의 문화센터에서 예산과 공간을 제공하고 이영란 씨가 흙을 소재로 한 설치 겸 놀이 '어린이를 위한 다섯가지 흙놀이 cinq jeux de la terre pour les enfants'가 그것이다. 인근 학교의 아이들이 무료로 초대받아 한국예술가가 만든 흙과 함께 하는 놀이를 체험했다.

2년 뒤 이영란씨는 이때의 경험을 한국에서 재현했다. 내용은 같았지만 전문기획사가 중간에 끼어 완전히 한국식으로 진행했다. 입장료는 2만원, 부모가 함께 들어오는 경우에는 6만원을 내야 하는 중산층 어린이들의 놀이가 된 것이다. 덕분에 이영란 씨는 태어나서 처음으로 많은 돈을 벌게 됐고, 난 그녀의 상상력이 그녀에게 돈을 벌어주는 현실을 진심으로 기뻐했다. 그러나 오를리에서는 무료로 아이와 어른들이 고요한 적막 속에서 원시의 흙과 만나는 신비한 체험을 할 수 있었다면, 한국에서는 아이들이 떠드는 소리로 귀가 먹먹해지는 공간에서 도시 아이들이 흙을 가지고 놀아볼 기회를 갖는 것으로 만족해야 했다. 더 많은 아이들이 체험했고 더 많은 고용과 재화를 창출했으나, 과연 단 한사람이라도 오를리의 프랑스 아이들과 선생님들이 체험한 것을 제대로 경험했는가? 우리의 삶은 왜 어느 한순간도 그 자체를 목적으로 살지 못하고, 왜 늘 다른 곳에서 보상받기를 원하는지 가슴치며 물었다. 결론은 역시 그 모든 사람들의 머릿속에 경제적 효율이 최우선의 가치로 작동하기 때문이었다.

프랑스의 한국 여행사에서 1년 남짓 일했던 것은 가장 직장생활다운 경험이었다. 석사과정에 들어서면서 수업이 줄어들어 주당 20시간 아르바이트를 했는데 티보를 돌볼 때보다 세 배쯤 많은 급여를 받았다. 그러나 그만한 에너지를 내게서 가져갔음은 물론이다.

사무실에는 아침에 잠깐, 또 오후에 잠깐 얼굴을 보는 게 전부인 사장님과 나, 둘 뿐이었다.

팩스나 메일을 통해 들어오는 한국 관광객들의 방문일정에 맞추어 호텔과 식당, 관광버스, 방문지 등을 예약하고 섭외하는 게 내 일이었다. 손님을 직접 만나지 않아도 된다는 것은 이 일의 장점이었다.

사람 만나는 일을 재미있어하는 성격이지만, 외국 관광객으로 온 한국 사람들을 상대하는 일은 간이며 쓸개를 집에다 두고 와야 한다는 게 정설이었다. 이 여행사에는 6명 정도의 가이드들이 있었는데, 대부분 내 또래의 전·현직 유학생들이었다. 가이드의 장점이자 단점은 돈을 너무 많이 번다는 것이었다. 돈을 많이 벌기 때문에 가이드 아르바이트를 하는 유학생들은 일을 그만두지 못했고, 그러다보니 공부를 병행하기가 불가능했다. 박사학위까지 취득하고도 현지에 머물며 가이드로 일하는 이들도 적지 않았다. 결국 돈 벌자고 하는 일인데, 한국에 돌아가 봐야 굴욕적인 '보따리장수' 신세로 몇 년을 견뎌야 하고, 그 후에도 자리가 보장되지 않는다는 게 그들의 생각이었다.

딱 한 번 통역 겸 가이드로 일 했던 적이 있다. 앙굴렘이라는 작은 도시에서 열리는 만화페스티발에서 한국이 주빈국으로 선정돼 한국에서 기라성 같은 만화작가들이 단체로 온 것이다. 일주일간 시골에 쳐박혀 있어야 하는 통에 어떤 가이드도 하려 하지 않아, 여행사를 그만두고 집에 있던 내가 사장님의 부탁으로 아무것도 모르고 내려갔었다. 그때 어리버리한 나만 믿고 천진난만한 만화가분들이 고생했던 생각을 하면 지금도 땀이 삐질삐질….

아무도 만나지 않는 조용한 업무였음에도 불구하고, 종종 나는 시궁창의 맨 끝에 박혀 있는 듯한 느낌을 받았다. 소위 단체관광을 계획하는 사람들이 여행사에 이런 저런 주문을 하면, 그 주문은 해외 현지의 랜드사를 대표하는 센터에 전하고, 센터는 랜드사에 그 일을 맡긴다. 그런 다음은 더 이상 누군가에게 그 일을 미룰 수 없는 나 같은 투어 오퍼레이터에게 최종적인 과제가 떨어진다.

2002년 초, 한일월드컵을 앞둔 때의 일이다. 인천시에서 월드컵 해외홍보 사절단을 파견하겠다는 아이디어를 냈다. 해외 곳곳을 다니며 축구경기가 끝난 다음 운동장에서 한국 전통무용공연을 한다는 계획이다. 이 기회를 틈타서 해외여행이나 한 번 해보자는 심사가 뻔히 보이는 수작이었다. 3월 모일에 파리를 방문하려 하는데 어떤 축구경기가 열리는지 알아봐 달라, 만약 경기가 없다면 그때 실내 공연을 해야 하니 알맞은 실내

공연장도 알아봐 달라, 이런 식의 주문을 받았다. 방문은 두 달 밖에 남지 않았다.

"알아본 결과, 당신들이 오는 그 사흘 동안 여기서 축구경기는 열리지 않는다. 그리고 공연장 예약이 그냥 덜렁 돈만 낸다고 할 수 있는 건 아니다. 어떤 프로그램으로 어떤 규모의 공연을 할 것인지 알아야 대관심사를 하고, 대관심사는 1년 전에 대부분 다 끝난다. 설령 공연장 예약을 한다고 해도, 당신네가 공연하면 사람들이 알아서 구름같이 모여드나? 홍보는 안 하나? 그런 예산과 계획은 있는가? 애꿎은 교포들 동원할 생각인가? 그게 월드컵과는 대체 무슨 상관인가? 당신들 대체 정신이 있는 사람들인가?"

난 이렇게 성질대로 답변을 보내곤 했다. 마음 착한 사장님은 내가 알아서 잘 하려니 여겨 일일이 나의 답변에 간섭하지 않았다.

내 경험에 따르면 가장 역겨운 그룹은 시의원, 구의원들이다. 이 사람들은 오면 꼭 쓰레기 처리장 같은 데를 방문하려고 한다. 그나마도 쓰레기처리장까지 가서도 그 안에는 들어가지 않고 문 앞에서 사진만 찍고 가는 관행을 되풀이 하다가 결국 이곳의 쓰레기 처리장에서 한국인 관광객 방문 금지를 선언하기도 했다. 교통관련 기관에선 이곳의 지하철 공사를 방문도 안해 놓고 방문한 것처럼 꾸미기 위해 출장보고서를 현지 여행사 직원에게 써서 보내라고 하기도 한다. 다행히 전 직원이 이미 해 놓은 숙제가 있기에 그걸 보내줘 버렸다.

한번은 김천시장과 대우건설 사장이 김천시에 과학공원을 만들 계획으로 쁘와띠에라는 도시에 있는 과학공원 Futuroscope을 방문할 거라는 소식을 전해왔다. 그러자 과학공원 측에서는 쁘와띠에 시의원까지 불러서 직접 공원을 견학시킬 계획을 세웠고, 우리도 이 내용을 한국 쪽에 전했다.

그런데 김천시장과 대우건설 사장은 그곳에 내려가자마자 공원을 둘러보지도 않고 아침부터 골프를 치러 가버렸고 직원들만 공원을 견학했다. 과학공원 측에서는 당장 항의서신과 함께 불쾌함을 표하는 전화가 날아왔다. 우리에게 다시는 연락할 생각하지 말라고 했다. 난 그 항의서신을 받고 부르르 떨다가 파리에 있는 몇몇 한국언론사에 제보했다. 어느 신문에도 그 소식은 실리지 않았다.

미장원 원장들이 사흘 정도 연수를 받고 미용실에 자랑스럽게 걸어놓을 졸업장을 받을 수 있는 프로그램은 없느냐, 포도주 시음을 단체로 하고 나서는 거기서 손님들 이름을 각각 새긴 포도주 병을 만들어 줄 수는 없느냐, 별별 기이하고도 우스운 주문을 한번 찔러보듯이 하는 인간들의 요구에 일일이 대꾸를 해주어야 하는 스트레스로 몸과 마음은 지쳐갔다. 더 이상 일하지 않고도 1년쯤 버틸 만큼 충분한 돈을 모았을 때 대타를 구해주고 여행사를 떠났다. 고역의 세월이 벌어준 1년 치의 식량으로 버티며 논문을 마칠 수 있었다.

작은딸이 산전수전 다 겪으며 아르바이트를 하는 동안, 엄마가 딱 한 번 50만원을 부쳐준 적이 있었다. 언젠가 엄마가 내가 아끼는 모직으로 된 트렌치코트를 세탁기에 넣고 돌리는 바람에 옷이 다 상하고 말았다. 그런데 내가 후줄근해진 그 코트를 기어이 파리까지 들고 온 것을 알게 된 엄마가 다른 것 한 벌 사 입으라며 보낸 돈이다. 한 번도 나의 생활비를 거들어줄 수 없었던 가난한 나의 엄마가 비싼 코트를 사 입으라며 보내 준 돈이지만 나는 그럴 수 없었다. 엄마에게는 미안하지만 나는 여러 벌의 값싼 옷들을 사 입었다. 파리 와서 처음이자 마지막으로 엄마 때문에 울었다.

옷장 속의
검은 드레스를
입을 수 있는 날

내 형편에 목걸이까지 맞추어 살 수는 절대로 없다는 게 공식적인 핑계였지만, 사실 아직도 그 도발적인 옷을 걸치고 다닐 만큼 자유롭지는 않았다는 것이 진짜 이유였다.

기회는 창조하는 거야! 이태리 무용수의 드레스

'9월 4일 4 Septembre', 이런 이름의 지하철역이 파리에 있다. 그 역 근처에 한국식품점이 있어서 자주 가곤 했는데, 역에서 식품점으로 가는 길에는 눈길을 잡아끄는 가게들이 몇 개 있다. 처음으로 눈에 띄는 것은 단추가게다.

어린 시절 엄마는 우리들의 옷을 만들어 주셨다. 일곱 살 때, 영등포시장에 가는 엄마를 따라나섰다가 원피스에 달 단추를 선택할 기회를 얻었다. 나는 네모난 연보라색 단추를 골랐다. 며칠 뒤 탄생한 까끌까끌한 연보라색 민소매 원피스에는 내가 고른 보라색 단추가 주르륵 달려 있었다.

내가 고른 단추와 엄마의 취향이 고스란히 담긴 민소매 원피스를 아직도 잊을 수가 없다.

언제나 부지런히 재봉틀을 돌려 두 딸의 옷을 만들어 준 엄마 덕에, 집에는 단추 상자가 하나 있었고 그 안에는 형형색색의 단추들이 수북이 모여 있었다. 단추들을 쭉 늘어놓고 혼자서 '예쁜 단추 선발대회'를 벌이곤 했는데, 화려한 금장 단추들보다, 무광의 단순한 모양이지만 나름의 은근한 매력으로 시선을 끄는 단추들이 늘 최종 본선에 올라오곤 했다. 단순하지만 라인이나 재단이 어딘지 도발적인 물건들을 좋아하는 취향은 지금도 변함이 없다. 혼자서 각각의 후보에 대한 묘사를 곁들여 가며 단추 선발대회를 생중계를 하노라면 특별한 장난감 없이 단추 상자 하나 가지고도 하루가 훌쩍 가곤했다.

4 Septembre역의 그 단추가게는 어릴 적 단추들과의 오밀조밀한 기억을 단숨에 끄집어내 주었다. 지나가면서 흘끔흘끔 들여다보는 그 가게의 분위기는 왕실에 납품하는 단추들을 취급하기라도 하는 듯 진지했다. 세련되면서도 가라앉은 색조들이 주를 이루는 단추들과 가게 안을 오가는 직원들의 진지한 모습들은 그 자체로 하나의 고전적 회화의 한 장면을 이룬다.

단추가게 옆에 내가 말하고 싶은 바로 그 가게가 있다. 그곳에서는 헌옷과 구두를 사고판다. 파리엔 어느 동네에나 이런 가게가 있다. 고급스런 동네엔 고급스런 헌옷가게가 있고 소박한 동네엔 소박한 헌옷가게가 있다. 주인이 자신만의 안목으로 각별하게 꾸며놓은 헌옷가게들은 싸다는 이유로 아무 옷이나 죽 늘어놓고 팔지는 않는다.

이런 가게에서 파는 옷들은 오히려 대량생산되는 요즘의 뻔한 옷들보다 훨씬 더 다채로워 호기심을 자극하기도 하고 다양성에 대한 기대감도

언제쯤 나의 현재와
이상이 한 점에서
교차하는 검은 원피스를
만나게 될까.
한국에서 또 다른
검은 원피스를 사서
입어보는 순간,
희완이 찰칵.

충족시켜준다. 각기 다른 시대적, 지리적 배경과 각각의 옷들을 소유한 개인의 역사들이 함께 어울려 묘한 느낌을 자아낸다. 가게 쇼윈도에는 구두와 목걸이 원피스 등이 한두 벌씩 걸려 있었다. 마치 60년대 영화의 포스터처럼 이야기가 저절로 만들어지는 미장센이다. 그 앞을 지나갈 때마다 오늘은 어떤 물건들이 들어왔나, 지난 번 눈여겨 본 그 구두는 나갔나, 저 원피스랑 저 목걸이랑은 딱 이겠다, 하면서 지나다녔다. 손님은 없는 편이다. 한국에서라면 오지랖 넓게 주인은 뭘 먹고 사나 걱정하느라 맘이 안 편한데, 남의 나라라는 생각에서인지 파리에선 파리 날리는 가게들을 봐도 그러려니 한다. 남의 나라에서 사는 사람의 홀가분함이기도 하다.

베이비 시팅을 하며 한달에 350유로 정도를 버는 심플 모드의 고학생한테, 옷이나 신발을 구입하는 호사는 연례행사일 수 밖에 없었던 시절이다. 그때, 옷은 사는 것이 아니라 구경하고 감상하는 대상이었다.

그러던 어느 날, 난 용감하게 그 가게의 문을 쓰윽 밀고 들어갔다. 그 날 받은 350유로의 급여로 과잉의 자신감이 순간 튕겨져 나왔던 것이다. 50대 중반의 날씬하지 않은 여자가 단단한 미소로 나를 맞았다. 가게를 둘러보던 나는 한 검은 원피스에 눈이 꽂혔다. 아, 저것은…! 그리고 순간적으로 걷잡을 수 없는 번민에 휩싸였다. 그 옷은 내가 원하는 모든 것을 고스란히 지니고 있었다. 일상적이지 않은, 그 자체로 하나의 이야기가 되는 옷. 소박한 듯하면서도 한 구석에서 맘껏 교태를 부리고 있는 자태까지.

상반신은 무용복처럼 신축성 있게 달라붙는 소재로 시원스레 목이 파여 있고, 뒷부분이 화려하게 리본으로 장식되어 있었다. 아랫부분에는 사각거리는 천으로 둘러져 있었는데, 튤립 꽃을 뒤집어 놓은 것처럼 볼륨감 있게 퍼져 내려온다. 주인 아주머니가 덧붙이길, 이탈리아 무용수가 내놓고 간 옷이라고 했다.

나의 일상과 무관한 이 옷에 마음을 빼앗긴 것은 어쩔 수 없는 일이었다. 가격은 50유로. 객관적으로 바가지는 아니었다. 다만 내게 부담스러운 가격이었을 뿐. 스스로를 제어하기 위해 나는 지레 내 처지를 들먹이며 말했다.

"그렇지만 난 이 옷을 입을 기회가 없을 거예요."

나의 말에 아주머니는 1초도 머뭇거리지 않고, 단호한 표정으로 말했다.

"기회는 창조하는 거야. Il faut créer."

하필이면 그녀는 Créer 창조하다 라는 동사를 사용하며 나를 똑바로 쳐다보았다. 여전히 그녀의 미소는 조금도 흔들리지 않았다. 그 어투가 너무나도 분명하고 차분해서 마치 대단한 철학이라도 설파하는 듯했다. 그녀의 권유에는 장삿속과는 격이 다른 집중력이 도사리고 있었다. 내가 되물었다.

"Créer? 만들어야 한다고요?"

"물~론."

다시 힘주어 그녀가 말했다. 이게 지능적 상술일까? 철학? 평소 말투? 뭐가 됐든 좋다. 그녀는 적어도 상술만으로는 그렇게 기품있는 어조로 말할 수 없음을 설득시켰다. Créer라는 동사에 약한 나를 정곡으로 꿰뚫어본 듯 그녀가 던진 그 한마디에 머릿속이 뒤흔들렸다. 결국 이 '허황한' 드레스를 사들고 집에 오고야 말았다. 이 옷을 사들고 오면서 내내 흥분에 휩싸여 20년 전쯤 보았던 영화 〈황색 롤스로이스〉를 떠올렸다. 잉그리드 버그만과 셜리 맥클라인, 잔 모로, 알랑 들롱, 오마 샤리프…. 이름만으로도 아찔한 배우들이 스크린을 가득 채우는 그 영화는 황색 롤스로이스의 주인이 세 번 바뀌면서, 각각의 주인들이 자신의 차와 함께 펼쳐가는 세 가지 다른 삶을 그린 영화다. 마치 이 드레스로 인해 내 인생에 예기치 않은 화려한 스토리가 펼쳐질 것 같은 상상이 주체할 수 없이 밀려왔다. 그러나 주저 없이 '허황한'이란 형용사를 쓸 수 있는 것은, 지금까지 한 번도 그 옷을 입고 외출한 적이 없기 때문이다.

집에 놀러 오는 모든 친구들에게 내가 한 미친 짓을 자랑하느라 그 옷을 입고 한바퀴 휙 돌아보는 것이 내가 한 일의 전부였다. 스스로에게 댄 핑계는 그 드레스에 어울리는 목걸이가 없다는 것이었다. 내 형편에 목걸이까지 맞추어 살 수는 절대로 없다는 게 공식적인 핑계였지만, 사실 아직도 그 도발적인 옷을 걸치고 다닐 만큼 자유롭지는 않았다는 것이 진짜 이유였다.

"내 인생은 내가 창조하는 거야." 홍분되는 슬로건을 머릿속에 각인시킨 그 원피스는 옷으로서 할 수 있는 한 가지 미션을 성공적으로 완수한 채 여전히 파리에 있는 옷장에 걸려있다. 언젠가 내가 그 옷을 꺼내 입고 거리를 활보하게 되는 날, 머릿속까지 완전히 자유로워진 나 자신에 대해 날아갈 듯 기뻐할 것이다. 이 검은 드레스 한 벌은 내 자유로움의 리트머스지가 된 셈이다.

자유, 사랑보다 뜨거운___2

생동하는 우주의 일부이며 생명의 근원인

어머니 대지이자 생명을 잉태해내고 키워내는 내 안의 여신이

일순간에 수억 광년을 가로지르며 깨어나는 듯했다.

가깝게는 14세 때 시작한 초경에서부터 내 어머니와

또 그 어머니의 어머니들이 이어온 생명창조의 위대한

전설 속으로 성큼성큼 걸어 들어갔다.

위대한 예외를
잉태하다

> 임신 8개월의 몸으로, 휴직을 하고, 파리행 비행기에 다시 올랐다. 엄마는 내 뒤통수에 대고 당신이 할 수 있는 가장 싸늘한 이야기를 했다. "가라. 그리고 다시 이 집에 들어오지 마라."

바들바들 떨리던 심정으로 제출한 논문은 2003년 5월, 심사위원들의 칭찬 속에 무사히 통과됐다. 지도교수라면 먼발치에서 뒤통수조차 보고 싶지 않았던 나는 바로 짐을 싸서 한국으로 들어왔다. 희완은 날 따라올 거라더니 진짜로 6개월 뒤에 주렁주렁 짐을 싸들고 인천공항에 나타났다.

한국에 돌아온 후 나는 국립발레단에서 잠깐 일했다. 북한산을 오르던 중에 바위에 깔고 앉은 신문에 국립발레단 구인광고가 실린 것을 보고 기획팀장에 응시했는데 장기적으로 하고 싶은 일이 뭐냐는 면접관의 질문에 "책을 쓰고 싶다."는 생뚱맞은 대답을 내놓았음에도 합격했다. 하지만 그곳에서 보낸 시간은 고작 석 달이었다.

나름대로 한국사회에 연착륙한 셈이었지만 결국은 잘못된 선택이었다. 재능과 열정이 번득이는 몇몇 젊은 여성들이 투쟁하듯 열심히 일했지만 조직에는 가부장적 질서가 엉거주춤 자리잡고 있었고, 재정과 행정을 담당하는 직원들은 예술과 예술가에 대한 애정에 인색했다. 지난날 익숙히 보아온 모습에서 한 발자국도 진화하지 않은 모습이었다. 발레라는 예술이 주는 감동과 신명을 바쳐 작품에 몰두하는 예술가들의 열정을 느낄 겨를도 없이 그곳을 떠났다. 떠나면서 결심했다. 다시는 그럴듯한 명함과 어쭙잖은 타협 따위는 하지 않겠다고.

이후 몇몇 사람들에게 불어를 가르치고^{영화배우 예지원 씨의 불어선생 노릇을 했던 것도 그때다. 그 시절, 어여쁜 그 사람과 신선한 우정을 쌓기도 했다}, 공연계의 학자, 평론가, 기획자들이 모인 대학로포럼에 합류해 정책적 대안을 모색하는 일에도 힘을 보탰다. 가끔은 대학에서 얼치기 특강도 하고 신문이나 잡지에 기고도 하고 희완과 불국사, 해인사, 송광사 등 고찰을 둘러보기도 했다. 돈은 안되고 몸은 바쁜 6개월 동안 백수 생활을 보낸 뒤, 문화정책이라는 나의 전공과 문화사회 건설이라는 나의 꿈에 가장 근접한 진보정당인 민주노동당 정책위에 지원했고, '간택' 받았다. 당에 출근하는 첫날, 파리의 일을 더 이상 미룰 수 없었던 희완은 파리 행 비행기를 탔다. 국립발레단에 사표를 낸 것도 그가 한국에 오기 하루 전이었던 것처럼 조금의 오차도 허용하지 않는 절묘한 시간계획이었다.

그런데 이런 시간계획에도 참으로 위대한 예외가 있었으니 그것은 아이였다. 희완이 파리로 떠나면 우리는 다시 만날 기약이 막연했다. 부모의 우유부단함을 보다 못해 아이 스스로 결단을 내려 우리에게 온 것만 같았다. 희완과 나는 일초의 망설임도 없이 아이에게 화답했다. 희완은 멀리서 이 놀라운 뉴스를 전화로 통보받자 곧바로 금연을 선언했다. 이제 아이 아빠가 되니 오래 살아야 한다는 이유였다. 희완은 자신이 부재한 상황에서 아이를 낳게 될 것을 걱정했다. 하지만 희완이 당장 한국으로 다시 올 수는 없는 형편이었다.

당시 민주노동당은, 미혼인 줄 알았던 직원이 어느 날 배가 불러와도, 6개월도 일하지 않았으면서 육아휴직 1년을 신청해도 어떤 종류의 압력을 행사하지 않는 대한민국의 거의 유일한 직장이었다.

문제는 한국의 가족들이었다. 6개월이 될 때까지도 모르고 지낼 정도로 아이는 작았지만 7개월에 접어들자 더 이상 숨길 수 없었다. 하지만 내가 너무도 당당하게 배부른 자태에 취해 있던 탓인지 엄마는 크게 혼내

태어난 지 일주일된 칼리. 그 무렵 아이는 천장만 바라보았다.

위대한 예외를 잉태하다

지도 못했다. 대신 내가 비행기를 타고 다시 파리로 떠날 때까지 한 달 가량 거의 아무런 말씀도 하지 않았다.

　다른 가족들은 엄마가 어떤 반응을 보였는지 걱정했을 뿐, 나의 주저없는 선택을 묵묵히 지지해 주었다. 신기한 일이었다. 어느새 내게 삐딱선을 탄 사람이라는 딱지가 붙은 모양인지 더 이상 주변사람들도 나를 정상궤도에 올려놓으려 애쓰지 않았다. 모두들 나의 태도에 동화되어 축하를 건넸다.

　임신 사실을 확인하고 이틀이 지났을 때, 물체극을 하는 이영란 씨가 숨을 할딱이며 나를 찾아와 꿈 이야기를 들려주었다. 동굴 속에서 무언가를 열심히 찾고 있었는데 내가 나타나 손에 꼭 쥐고 있던 것을 보여주더란다. 내 손에는 금반지 하나, 은반지 하나가 놓여있었다. 의심할 여지없는 태몽이었다. 이영란씨는 함께 일할 기획자를 물색 중이었는데, 그 꿈이 내가 자기에게 보물을 가져다 줄 사람이라고 생각해 한달음에 달려온 것이었다. 나는 그녀에게 임신 사실을 전했다. 내가 얼마나 아이를 좋아하고 또 갖고 싶어 했는지 알고 있었기에 그녀도 아낌없이 축하해주었다.

　임신 8개월의 몸으로, 휴직을 하고, 파리행 비행기에 다시 올랐다. 엄마는 내 뒤통수에 대고 당신이 할 수 있는 가장 싸늘한 이야기를 했다.

　"가라. 그리고 다시 이 집에 들어오지 마라."

자본주의 얼굴의
파리를 다시 만나다

> 이 격렬한 반동적 흐름이 적나라하게 피부 속을 파고들었던 건 일차적으로 프랑스가 이제 더 이상 막연히 남의 나라이지만은 않은 나의 실존적 변화에서 비롯된 현상이 분명했다.

일년 반 만에 돌아온 파리는 다른 분위기를 풍기고 있었다. 급격히 '사르코지화' 된 파리가 단박에 느껴졌달까. 당시 그는 내무부장관에 불과했지만 이미 그때부터 언론은 한 손으로 사르코지가 정권의 실세임을 지적하고 있었고, 사르코지 역시 모든 권력이 자신의 손아귀에 있는 듯 행동했다. 그는 2007년 5월 대통령에 당선했다.

   그의 선동은 나름 양식있는 시민으로 살고자 하는 보통 사람들의 내면을 자극했고, 잠재돼 있던 인종차별의식이 스멀스멀 피어오르기 시작했다. 뿐만 아니라 최근 몇 년 사이에 앞 다투어 민영화된 공기업들이 여전히 형편없는 서비스를 제공하면서도 미친듯이 가격을 올려댔다. 이 격렬한 반동적 흐름이 이전과 달리 적나라하게 내 피부 속을 파고든 것은 나의 실존적 변화 때문이었다. 프랑스는 이제 더 이상 남의 나라가 아니라 내 아이가 지니고 살아갈 두 개의 사회적 정체성 중 하나이며, 앞으로 내 인생의 많은 부분의 배경이 될 곳이다. 더 이상 영화 속의 멋진 세트장이 아니었다.

1999년 파리 생활 초기엔 "여긴 수도꼭지를 틀면 오렌지 주스가 나와." 라고 편지에 적으며 이 달콤한 도시를 찬양하기도 했지만, 다시 돌아온 이 도시가 풍기는 급속한 자본화, 우경화의 풍경에 손톱 끝에서부터 통증이 느껴졌다. 희완도 수세기 동안 많은 사람들의 피와 땀으로 이루어 놓은 사회주의적 원칙들이 사람들의 묵인 속에 급속히 산화돼 가는 것을 보고 하루하루 광분했다.

어쩐 일인지 내가 희완의 집에 도착한 이후 한달 동안 전기, 가스, 전화 등이 차례로 문제를 일으켰다. 그 모두를 제자리에 갖다 놓느라 전쟁을 치렀다. 마지막으로 민영화된 프랑스 텔레콤에 무선인터넷을 신청하면서 우린 완전히 나가 떨어졌다. 신청하고 나서 한달을 기다린 끝에 배송받은 모뎀을 설치했지만 잠깐 되다가 작동이 멈추고 말았다. 처음부터 작동한 적 없는 모뎀의 애프터 서비스 요금은 엄청 비쌌다. 반품하겠다고 하니, 그 또한 돈을 내야 할 수 있었다. 처음부터 끝까지 미친 듯한 그들의 서비스에 우린 폭발하기 일보 직전이었다.

태교를 위해 가우디를 만나러 바르셀로나로

신자유주의의 망치질에 하루가 다르게 부서지는 프랑스 사회를 호되게 경험한 희완과 나는 바르셀로나로 잠시 여행을 떠났다. 바르셀로나가 뿜어내는 자유와 희열의 공기, 그리고 전통적 건축미학에서 동떨어져 있는 돌연변이적 천재 가우디의 미감과 창조 정신을 뱃속의 아이에게 전하고 싶은 나의 간절한 열망이 있었다.

위대한 건축물은 존재 자체만으로도 도시 전체에 강렬한 메시지를 전한다. 박물관에 갇히지 않고 사람들과 함께 호흡하면서 거리 위의 역사를 만든다. 그래서 건축물은 가장 거대한 울림을 전하는 창작물 중 하나라고 믿는다.

1세기 전에 지어진 가우디의 건축물에 발을 딛는 순간 나는 엄마 뱃속으로 들어가는 것 같은 신비를 경험했다. 그가 지은 건물 구석구석은 하나의 유기체처럼 정교하게 서로 조응하며 호흡했다. 각각의 디테일은 저마다 중심의 아름다움을 지닌 생태계의 그것처럼 그 안에서 또 다른 우주적 질서를 형성하고 있었다.

엉겨붙어 구불대는 스파게티 면발을 연상시키는 테라스, 사막 한가운데 불시착한 외계인들이 두리번거리는 모습을 연상시키는 굴뚝, 상상 속 동물의 앙상한 뼈다귀 같은 창틀…. 한 사람의 손에서 탄생한 것이라고는 도저히 믿기 힘든 건축물들이었다. 그 안에서 모태의 신성을 느낀 것이 단지 내가 태아에게 열렬한 메시지를 보내고 있었기 때문만은 아닐 것이다.

밤이 새는 줄도 모르고 끊임없이 새로운 놀이를 만들어내는 데 심취했을 가우디의 아이 같은 모습이 저절로 떠올랐다. 문고리 하나, 수도꼭지 하나, 심지어는 하녀들 방에 있는 창문 하나까지 '남들 하는 대로' 하지 않았다. 고정관념에 갇힌 곳은 그 어디에도 없었다. 가우디는 아침 산책을 하다가 전차에 치여 쓸쓸하게 죽어갔다. 옷차림이 남루하다는 이유로 택시기사들도 태워주지 않았을 만큼 일상의 호사와는 거리가 먼 그였지

가우디의 사그라다 파밀리아에서 임신 8개월무렵.

만, 살아있는 동안 상상하는 모든 것을 실현했고 가장 화려한 자유와 창작의 환희를 누린 예술가였다.

 도시 안에 꿈틀거리는 창조적 기운이 얼마나 많은 천재들을 자극했을지, 마술의 지팡이가 휘저어 놓은 듯한 아름다움의 축복을 누릴 이 도시 사람들의 미감은 얼마나 섬세한 결을 가질지, 상상만 해도 숨이 가빴다. 어쩜 이런 걸 만들 수도 있는데, 줄기차게 웅장하고 네모나기만 한 건축물 속에 사람들을 가두어 놓은 한국사회가 떠올랐다. 그 직선의 독재 속에서 감금될 수밖에 없었던 상상력. "원래 그런 거야."라는 말 한마디로 궁금증을 틀어막고, '모난 돌이 정 맞는다.' 며 내리누르는 망치 앞에 기죽어 지내게 했던, 내가 태어난 도시의 질서가 인간의 감수성에 대한 거대한 폭력이었음을 새삼 깨달을 수 있었다. 뉴타운을 만들어주겠다며, 나름 운치있는 고도古都 강북지역을 밀어내고, 강남처럼 네모반듯한 아파트단지, 부동산 투기 천국으로 만들어주는 사람을 경제를 살릴 사람이라고 떠받드는 토건왕국. 독성을 100년간 뿜어낸다는 무지막지한 재료와 콘크리트, 가장 단순하고 효율적인 직사각형의 건축미학이 결국은 우리의 감수성을 넘어서 인성자체를 단순화, 직선화시켜온 것은 아닐까 하는 생각에 자연스럽게 닿을 수 있었다.

 나와 희완은 아이가 어떤 사회적 억압이나 고정관념도 물려받지 않고, 당당하고 자유로운 정신으로 인

호안 미로, 파블로 피카소, 안토니오 가우디, 19세기 말의 카탈로니아가 잉태해 낸 천재들의 명단이다.
예술은, 그 중에서도 건축은 천재와 그 천재를 허락하는 시대가 함께 이루어내는 것임을 의심하지 않을 수 없다.
(우리가 알고 있는 대부분의 스페인의 천재들은 카탈로니아 출신이다.)
바깥에서 바라본 가우디의 사그라다 파밀리아.

생의 즐거움을 누리길 바란다. 모든 사회에 존재하는 관습의 폭력과 인간 스스로 자신을 갉아먹도록 지배 이데올로기에 의해 재생산되는 자본 중심의 가치관들…. 부지불식간에 그 모든 것의 포로가 된 것을 자각하고, 거기에서 벗어나려 쏟아 부어야 했던 그 엄청난 에너지. 아이가 그 소모적인 시간들에 구속받지 않고 최대한 자유로운 자아를 지닐 수 있도록 해 주고 싶었다.

가우디의 뛰는 심장이 느껴지는 곳곳에서 뱃속의 칼리에게 말했다.

"그 어떤 고정관념에도 현혹되지 말고 자유롭게, 완전히 너 자신만의 가치와 의지로 선택한 너의 인생을 누리렴."

가우디의 사그라다
파밀리아에서.

좌파의사들이 만든 릴라 산부인과 병원 Maternité des Lilas

바르셀로나에서 파리로 돌아 온 뒤에는 본격적으로 아이 낳을 준비에 들어갔다.

희완이 어쩐 일로 동작 빠르게 릴라 산부인과에 예약을 해두어 주기적으로 진찰을 받으러 다녔다. 릴라 산부인과는 임신하자마자 등록하지 않으면 자리가 없을 정도로 유명한 병원이다. 이른바 산부인과 계열의 운동권이 만든 이 병원의 노련한 산파들은 의학적 개입을 최대한 자제하고, 산모가 가능한 한 자연스럽게 출산을 하도록 돕는다. 68세대들이 당시의 혁명적 기운에 힘입어 이 병원을 창설했으니 당시 의대를 갓 졸업한 젊은 의사들은 지금의 희완처럼 희끗한 머리를 휘날리는 지긋한 나이가 되어 있었다.

출산까지는 두 달밖에 안 남았기 때문에 의학적인 검진은 별로 할 게 없었다. 초음파 검사도 딱 한 번 했을 뿐이다. 한국에서 임신 중 다닌 병원에서 나누어준 검진수첩에 의하면 해산이 다가오면 2주 단위로 초음파 검사를 하는 것을 비롯, 임신 중 최소 14번 정도 초음파 검사를 하도록 되어 있다. 잦은 초음파 검사가 아이에게 해롭기 때문에, 프랑스에선 특별한 이상이 없는 한 임신기간 중 4~5번 정도로 제한한다. 미국에 있던 친구의 이야기를 들어보니, 이점은 미국도 마찬가지라고 한다.

한국에선 임신기간 중 정기검진 이외에도 이러저러한 문제가 있어 산부인과에 들르면 의사는 거의 자동적으로 초음파 검사대로 임산부를 안내한다. 7개월간 서울의 산부인과에서 지불한 비용 가운데 의료보험 혜택을 받을 수 있는 부분은 하나도 없었다. 출산율을 높이기 위해 고심한다는 정부의 말이 가소로울 수밖에 없다.

정기검진이 없을 때도 나와 희완은 여러 강좌를 들으러 수시로 릴라병원에 드나들었다. 고통을 줄이는 요가, 호흡법 강의, 산후우울증 예방을 위한 임신전후의 심리학 강의, 모유 수유법, 심지어는 아빠들만을 위한 심리학 강의까지. 아내와 아이 사이의 밀착된 관계로 상대적 박탈감에 시달릴 수 있는 그들의 심리적 건강을 위한 예방의학이었다.

모든 강좌가 무료였고 부부가 같이 듣게 되어 있다. 다만 심리학 강의는 남녀를 분리해 진행했다. 육체적인 부분뿐 아니라, 심리적인 부분까지 사회가 적극적으로 보살피려는 태도는 일찍이 경험하지 못한 공공서비스 영역이다. 산후에도 산모의 정신건강에 대한 꼼꼼한 의학적 배려가 이어졌다. 출산한 날 아침, 산모들은 각자가 출산을 어떻게 경험했는지를 정신분석의 앞에 앉아 토로한다. 나의 경험을 이야기하고 다른 사람들의 경험을 들으면서, 마지막 정신적 노폐물까지 남김없이 몸 밖으로 내보내면서, 마음을 정화시키고 상황을 객관화하는 일이었다. 환한 얼굴의 정신과의사를 만나 2시간 동안 속얘기를 털어놓은 모든 산모들의 표정이 후련하고 산뜻하게 변했음을 볼 수 있었다.

한국 사회가 공적/사적인 영역에서 갖고 있는 가장 심각한 공백 중의 하나가 바로 이 정신 건강에 대한 부분이다. 지난 2005년, 한국은 OECD 국가 중 자살률 1위를 기록하고 있다. 이는 외환위기 이후, "존재를 잠식하는 불안"에 무차별적으로 많은 사람들이 노출되면서 고착된 현상이다. 더 심각한 고민의 지점은 지난 20년간 자살증가율이 가장 급속히 상승한 나라 1위, OECD국가 중 유일하게 여성 자살이 늘고 있는 나라라는 통계에 있다. 근간 거친 위험사회로 치달아오는 동안, 영혼은 멍들고 희망은 신파극에나 등장하는 단어가 돼버렸다. 통상적으로 자살자들 중 80%는 우울증 환자로 알려져 있는데, 통계에 잡히는 우울증 환자는 여성이 대다

부르고뉴에 있는 시골집, 갸를롱의 전진기지에서 칼리에게 젖을 먹이던 여름낮.

수지만, 실질적으로 남성자살자가 여성의 3배 가량인 것을 보면 통계로 확인되지 않는 남성우울증 또한 거대한 수치임을 알 수 있다. 미국 중심의 신자유주의적 세계질서는 "죽음"을, 생태의 복원과 성과 인종에서의 평등, 문화다양성, 공정무역 등을 주장하는 좌파의 질서는 공존하는 "생명"을 향한다는 희완의 통찰은 완벽하게 옳다.

프랑스에선 임산부들에게 임신, 출산과 무관한 영역에서도 처방전만 있으면 모든 약품을 무료로 구입할 수 있는 혜택도 제공한다. 결과적으로 임신을 하는 순간부터 출산을 하고 병원을 나설 때까지 모든 비용을 국가가 지불하는 것이다. 산후조리를 위해 물리치료를 받거나 피임시술을 하는 비용까지도 100% 국가의 몫이다. 출산 한 달 전에 이르자 980유로가 출산준비 비용으로 통장에 들어왔다. 한화로 150만 원 정도로 이 금액은 부모의 경제수준에 따라 차등 지급된다. 내가 외국인이건 프랑스인이건 사회가 제공하는 서비스에는 아무런 차별도 없었다. 유학생 부부들도 같은 혜택을 입는다.

내가 경험한 바로는 프랑스에서는 아이의 출생과 양육을 완전히 사회적인 과업으로 인식하고 있었다. 하지만 이전 세대가 이루어놓은 인권과 생명존중에 대한 견고한 합의가 미국사회를 흠모하는 작은 독불장군 사르코지에 의해 뒤흔들리고 있는 위험천만한 조류 속에서 어떤 운명을 맞이하게 될지 알 수 없는 상황이다. 세상 어디에서든 사회적 투쟁은 단 한순간도 휴식을 허락하지 않는다.

세상의 남자들,
그리고 그들의
유일한 신

> 세상의 모든 남자들에게 그들의 잠자던 영혼에 날개를 달아줄 여신이 있을 터이다. 그녀를 만나거든 그 앞에 겸허히 엎드려 사랑과 존경을 바치시길. 그 때 인류는 비로소 평화를 얻게 될 것이다.

여성, 출산 그리고 세계평화

2005년 3월 7일 아침 9시, 예정일이 닷새 지난 날.

    수십 년 들어오던 공포 가득한 고통과 그 고통의 끝에 있을 경이로운 순간을 암시하는 첫 진통이 찾아왔다. 경험하지 않은 일이었지만 선험적 경험이 없어도 알 수 있는 강렬한 순간이다. 환희와 두려움이 교차했다. 규칙적으로 찾아와 차분히 그 강도를 더해가는 선명한 고통을 쓰다듬으며 가볍게 아침식사를 하고, 필요한 물건들을 챙겨 병원으로 출발했다.

    병원에 도착해 자궁이 3cm쯤 열렸으며 아이의 머리카락이 조금 보인다는 얘기를 들었을 때가 12시. 그때부터 병원 복도를 어슬렁거리면서 아이가 좀 더 아래로 내려오도록 교신을 보냈다. 오후 3시쯤 진통이 더 과격해지자 넓은 욕조에 몸을 담갔다.

릴라병원에는 상당히 많은 산파와 간호사, 간호보조원들이 있다. 처음 나를 맞아주었던 담당 산파를 포함해 그날 하루 종일 만났던 모든 여성들은 마을잔치라도 준비하는 듯 경쾌한 분위기를 풍겼다. 그녀들의 눈빛은 '잠시 뒤 좋은 일이 있을 거예요.'라고 말하는 듯했다. 서로를 신뢰하는 여성들의 그룹에서만 느낄 수 있는 이 친밀하고 온화한 분위기가 공포에 위축된 나를 위로해주었다.

무통분만을 선택하면 앉거나 엎드려서 아이를 낳는 자연스런 분만은 완전히 포기해야 하므로 될 수 있는 대로 피하고 싶었다. 그러나 물속에서 한 시간이 넘어가자 고통은 물로 잠재울 수 없는 수준으로 치솟았다. 나는 결국 무통분만 주사를 요구했고 여느 산모들처럼 침대에 앉아 자궁이 더 열리기를 기다렸다. 하늘이 깨질듯 비명을 지를 수밖에 없는 산통을 표시하는 뾰족한 산들이 그래프에는 수없이 지나갔다. 하지만 곧 신통한 문명의 혜택이 그 고통을 무화시켰다. 옆에 있는 희완과 농담을 주고받으며, 평소처럼 뱃속 아가에게 노래를 불러줄 정도였다.

"아가야, 나오너라 달맞이 가자~"

두 시간 반이 지나 주사의 약 기운이 떨어지자 재차 약을 투입했다. 그런데 2차 투입부터는 주사의 효과가 전혀 나타나지 않았다. 3, 4차로 몰핀의 수치를 높여도 결과는 마찬가지였다. 갑자기 살인적인 고통이 온몸을 갈기갈기 찢어놓는 듯했다. 분명 사랑스런 아기가 뱃속에서 나오는 중인데, 마치 공룡이 뱃속을 짓이기고 다니는 것 같았다.

마취과 의사가 당황하기 시작했다. 고통이 온 몸을 휘갈겨 놓았다. 더 이상 몰핀 강도를 높이는 것을 포기하고 새롭게 주사투입 장치를 설치하

부르고뉴의 시골집에서 젖을 먹다 방해꾼 아빠를 바라보는 칼리.

기로 했다. 신기한 것은 의사가 새롭게 장치를 투입할 준비를 하는 순간부터 비명을 참을 수 있었단 사실이다. 사실 약 기운이 몸으로 퍼지려면 적어도 15분은 더 기다려야 했지만 고통을 멎게 할 한줄기 희망이 있다는 사실만으로도 공포가 수그러든 것이다. 고통을 가중시키는 것은 기약 없이 이어지는 불안이었던 셈이다.

그렇지만 완전히 끝난 것은 아니었다. 무통분만 주사를 재시술하고 한 시간 쯤 지나자 이번에는 예상치 못한 또 다른 고통이 엄습했다. 허벅지에 갑자기 신경이 뭉쳐서 경련을 일으키는 듯 지독하게 아팠다. 누군가 바늘을 한주먹 움켜쥐고 세게 비트는 것 같았다. 이때부터는 산통이 와도 힘을 줄 수가 없었다. 허벅지의 고통이 산통을 삼켜버려 아픔을 감지하지 못했기 때문이었다.

아침 9시부터 물 한모금도 먹지 못했으니 더 이상 어떤 기력도 남아있지 않았다. 한없는 고통 속에서 신음하는 내게 모든 걸 맡겨둔 것 같아 사람들이 원망스러웠다. "제발 어떻게 좀 해 주세요." 나는 희완과 산파를 붙잡고 절규했다. 12시간이 넘게 지속되는 이 고통에서 영원히 헤어나지도, 아이를 낳지도 못할 것만 같았다.

20세기 초에 아이를 낳은 이사도라 던컨도 자서전에서 2박 3일간 계속되는 산통 속에 자신을 내버려 둔 의사를 질타했다. 이토록 야만적인 출산을 남자들이 겪어야 했다면 분명 다른 의학적 방법을 강구했을 것이라는 게 그녀의 생각이었다. 지난 1세기 동안 상당히 나아졌을 테지만 어찌된 일인지 나 역시도 존재하는 모든 고통을 고스란히 겪는 것 같은 기분이었다.

자정이 됐을 때쯤 의사가 들어와 겸자시술을 시행했다. 의사는 열 손가락에 긴 가위 같은 것을 끼고 자궁 속으로 깊게 손을 집어넣어 아이의 머리를 감싸 쥐고 쉽게 밖으로 나올 수 있도록 도왔다. 그러나 강제로 아이를 끌어낼 수는 없으니 힘을 주어야 하는 일은 여전히 내 몫으로 남아 있었다. 겸자가 아이의 머리를 감싸쥐는 과정이 끝나자 그날 만난 유일한 남자 의사는 내게 단호한 표정으로 말했다.

"부인, 내 얼굴을 똑바로 보세요. 이제부터 당신 차렙니다. 호흡을 고르고 아이가 나올 수 있도록 있는 힘을 다해 아래로 힘을 주세요."

아, 그러나 나는 허벅지의 고통 때문에 힘을 주어야 하는 순간을 느낄 수 없었다. 이때 경험 많은 또 다른 산파가 방에 들어왔다. 그녀의 도움으로 그래프의 가파른 산이 밀려올 때마다 의식적으로 아랫배에 호흡을 밀어 넣었다. 날이 바뀌었다. 새벽 1시 반, 아이의 머리가 나왔다는 탄성이 터져 나왔다. 30초도 채 안 돼서 칼리는 내 품에 안겼다.

한 마리 괴물이 들어있는 건 아닐까 싶던 조금 전의 상상은 사라졌다. 16시간 반 동안 나와 출생의 고통을 함께 했을 아이에게 눈물을 쏟으며 위로의 말을 건넸다.

"너였구나! 엄마가 미안해. 많이 힘들었겠다. 그 속에서 빨리 나오고 싶었지?"

아이는 이상하게도 울지 않았다. 불안해진 내가 물었다.

침대 위에서
행복한 미소를 짓고
있는 부녀.

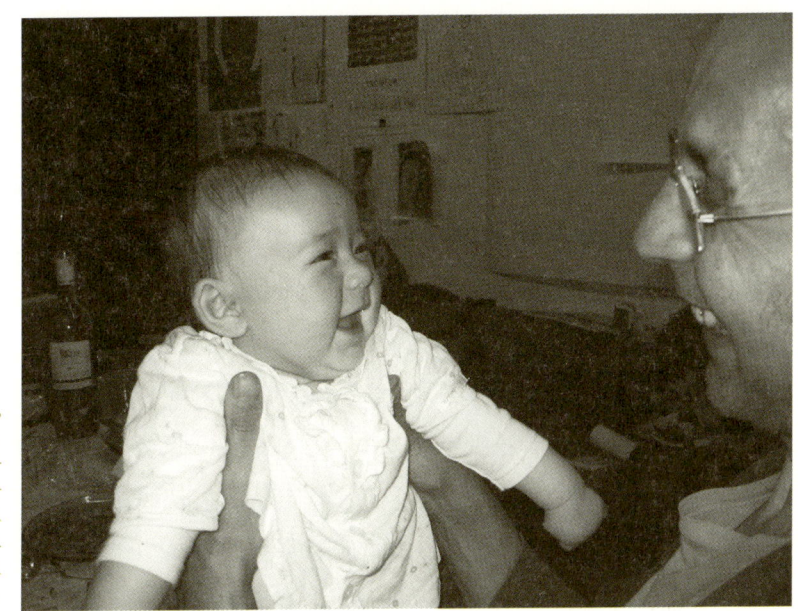

100일을 맞은 칼리, 아빠와 함께 파안대소. 잔치에 초대받은 프랑스 친구들은 200일, 300일 잔치도 하는 거냐고 묻고 희완은 50일, 150일도 한다고 화답했다.

"왜 아이가 울지 않지요?"

그제야 아이는 엄마를 안심시키려는 듯 울음을 터뜨렸다. 땀과 눈물과 핏자국으로 얼룩진 희완의 얼굴이 비로소 눈에 들어왔다. 피로 범벅된 그의 흰 셔츠는 정의의 여신, 파괴와 창조의 여신인 칼리가 얼마나 치열한 전투 끝에 탄생했는지를 말해주고 있었다.

희완은 탯줄을 가위로 잘라내고 산파와 함께 아이를 목욕시키러 갔다. 체력이 허락하면 산모도 함께 아이를 목욕시키러 갈 수 있었다. 그러나 당시 난 그런 호사와는 거리가 먼 상태였다. 멀리서 아이의 탄생을 호들갑스럽게 반기는 산파들의 목소리가 들려오는가 싶었는데 곧 의식을 잃었다. 피를 너무 많이 흘렸던 것이다. 반 시간쯤 뒤에 깨어난 내 앞에는 홍차 한 잔이 놓였다.

세상의 남자들, 그리고 그들의 유일한 신

평화롭고 가뿐해야 할 내 몸은 또 다른 고통의 릴레이 때문에 여전히 편하지 않았다. 마지막에 너무 힘을 준 탓에 항문이 밀려나왔던 것이다. 하지만 벼락 같이 내리치는 고통에서는 벗어났기 때문에 우주의 신비 속을 맨발로 걷는 것 같은 출산 직후의 경이로운 느낌 속으로 빠져들어갈 수 있었다. 휠체어를 타고 입원실로 옮겨오자 아이에게 수유를 해야 할 신성한 의무가 주어졌다. 이 모든 걸 겪고, 그 어떤 충전도 없이 바로? 바로!

어느새 나의 두 가슴도 아이의 탄생을 맞아 서둘러 모유를 생산하고 있었다. 산파의 도움으로 어설프게나마 자세를 잡고 수유를 시도했다. 새벽 5시, 아이는 힘차게 젖을 빨았다. 기껏해야 글이나 생산해낼 줄 알았던 내가 이토록 구체적인 생산물을 몸에서 만들어내고, 이것이 내 아이를 직접 성장시킨다는 사실은 출산에 버금가는 구체적이고 충격인 감동이었다.

생동하는 우주의 일부이며 생명의 근원인 어머니 대지이자 생명을 잉태해내고 키워내는 내 안의 여신이 일순간에 수억 광년을 가로지르며 깨어나는 듯했다. 가깝게는 14세 때 시작한 초경에서부터 내 어머니와 또 그 어머니의 어머니들이 이어온 생명창조의 위대한 전설 속으로 성큼성큼 걸어 들어갔다. 내 안의 신성을 탐험하는 기분이었다. 이 모든 과정을 바로 옆에서 함께 한 희완도 여성에게 내재한 신성에 대해서 더욱 구체적으로 확신하게 되었다.

새로운 생명을 잉태한 이후 여자의 몸 안에서 일어난 모든 과정, 또한 그보다 훨씬 전에 소녀시절부터 달과 함께 차면 기울고, 기울고 나면 다시 차는 우주의 섭리를 온몸으로 습득하며 어머니가 되는 과정을 준비해온 것에 비한다면, 생명의 탄생에 남자의 조력은 지극히 미약한 것이라는 사실을 희완은 분명히 인지했다. 그는 이 놀라운 경험들을 사회적으로 너

SUTRA XLII

107개의 성화중 한 컷.

무 적게 공유해왔음을 탄식하며 나로 하여금 이 경험을 기록을 하고 전파하도록 종용하기도 했다.

희완은 나와 나눈 사랑이 자신의 영혼에 새로운 날개를 달아주었을 무렵, 하나의 작품을 탄생시켰다. 그가 그린 107개의 성화에는 경전이라 할 수 있는 텍스트가 곁들여 있었다. 그는 사랑과 성, 탄생에 대한 철학을 강렬한 색채의 그림과 거침없고 견고한 문장을 통해 표현해냈다. 그 작품에서 그는 나의 신도였고, 나는 그의 여신이었다. 21세기 초에 탄생한 하나의 작품이자 한 명의 신도를 둔 신흥종교를 희완은 수정교*라 명명했다.

13세 때 청년 공산당원에 가입했고, 20대에는 마르크스주의자였으며, 서른 이후론 줄곧 아나키스트로 살아온 시들지 않는 좌파인 희완은, 21세기에 들어서 한 여자를 자신의 여신으로 섬기는 소박한 신도로서, 고단수 에코-페미니스트로서 다시 한 번 지평을 확장시키고 있었다. 세상의 모든 남자들에게도 잠자는 영혼에 날개를 달아줄 여신이 있을 터이다. 그녀를 만나거든 그 앞에 겸허히 엎드려 사랑과 존경을 바치시길. 그때 인류는 비로소 평화를 얻게 될 것이다.

세계여성의 날 태어난 칼리

엄마는 언니와 나를 낳고서 목 놓아 울었다고 했다. 딸인 것이 한스러워서가 아니라 딸이기 때문에 나중에 또 이토록 험한 경험을 할 것이 미안해서였다. 엄마의 걱정대로 난 36년이 지난 뒤에 매우 혹독한 출산경험을 했다. 자연스런 출산에 집착한 나머지 내가 감내해야 했던 고통은 이루 말할 수 없을 정도였다. 그만한 가치를 지닌 것이었는지 확신할 수 없었다.

 첫 수유를 하고 한숨 자고난 아침, 배달된 첫 아침식사는 참담했다. 주먹만 한 바게트 빵, 밀크 커피, 오렌지 하나가 전부였다. 이걸 먹고 아이 젖을 만들라고? 배달해 주는 아주머니는 이 평범한 프랑스식 아침식사에 모자랄 게 뭐가 있냐며 별스럽게 취급했다. 미역국을 한 사발씩 먹어야 젖이 나온다고 배워온 한국 여자의 본능이 이때만큼은 격렬하게 발동했다. 미역국까지는 못 줘도 이건 아니잖아!

 하필 그날따라 희완은 지방으로 강연을 가야 해서 그동안 연마해온 미역국을 끓여올 수 없었다. 소식을 듣고 옛 룸메이트 옥남이 압력솥 가득 걸쭉한 미역국을 끓여왔다. 그녀가 없었다면 그날 아침의 우울은 결코 씻지 못했을 것이다.

 칼리와 함께 눈을 뜬 그날은 3월 8일이었다. 출산예정일을 한참 어기고 제 엄마를 긴 고통의 터널 속에 머물게 하면서 이 아이가 택한 생일은 '세계여성의 날'이었다. '짜식, 치밀하기도 하지. 나면서부터 신화를 위한 첫 장을 준비하는군.' 피식 웃음이 나왔다.

온돌과 침대,
고도 1m차이의
문명충돌

> 엄마의 본능인지, 한국여자의 본능인지, 새끼를 품고 몸을 누일 따뜻한 구들장이 사정없이 그리웠다. 침대 말곤 누울 데가 없고, 딱딱한 의자가 아니면 앉을 데가 없는 차가운 돌바닥의 공간에서 아이를 과연 키울 수 있을까?

같은 집 다른 고도高度

출산에서부터 일주일 동안 입원비까지 모든 것이 무료란 사실을 좀처럼 믿을 수 없었지만, 나는 정말로 몇 푼 안 되는 전화비만 지불하고 퇴원했다. 일주일간 여러 사람들로부터 온갖 수발을 받는 호사를 누리다 집으로 돌아온 것이다.

칼리와 함께 침대에 몸을 누이니 무당벌레 한 마리가 침대 위로 올라와 나와 눈을 맞추었다. 희완이 행운의 상징이라며 호들갑을 떨었다.

희완의 호들갑과는 달리 나는 그날부터 한동안 걷잡을 수 없는 우울과 싸워야 했다. 그럭저럭 지낼 만했던 집에 갑자기 정이 떨어졌던 것이다.

엄마의 본능인지, 한국여자의 본능인지, 새끼를 품고 누울 따뜻한 구들장이 사정없이 그리웠다. 침대 말곤 누울 데가 없고, 딱딱한 의자가 아니면 앉을 데가 없는 이 차가운 돌바닥의 공간에서 과연 아이를 키울 수 있을까?

아쉬운 대로 쿠션 몇 개, 이웃이 안 쓰는 소파 하나를 끌어다 놓았으나 뜨끈한 바닥을 대신하기엔 어림도 없었다. 전기장판은 전자파 위험 때문에 아예 생각도 하지 않았다. 게다가 집도 서향이었다. 햇빛은 앞집 창문에만 풍성하게 내리쪼였다.

내 불만은 하늘을 찔렀지만 희완은 이해하지 못했다. 무엇보다 자신이 25년 넘게 지내온 공간을 모독하는 것 같아 곤혹스러워 했다. 지금은 파리가 팽창하면서 바스티유가 중심가가 되었지만, 희완이 이사 올 당시만 해도 이곳은 형편없는 빈민가였다. 오랫동안 방치해 두어 주변에서 버린 쓰레기가 그득했고 천정도 뻥 뚫려 있었으며 그저 벽만 덜렁 있었단다. 그에게는 이 집을 수년에 걸쳐 자기 손으로 환골탈태시켜 놓았다는 자부심과 애정이 있었다.

완벽한 스탠딩 문화 속에서만 살아온 그가 '따땃한' 방바닥에 엉덩이가 닿아야 온몸에 평화가 깃드는 나를 이해하는 데는 한계가 있었다. 지금 사는 한국 집에서도 내가 무릎을 끌며 방바닥을 걸레로 훔치고 있으면, 희완은 꼭 그렇게 해야 하냐며 민망함을 감추지 못한다. 나와 희완이 평화를 느끼는 고도는 1m 정도 차이가 났다. 그 1m에서 두 개의 이질적인 문명이 처음으로 심각하게 충돌했다.

길에서 한 산후조리

집 안에서는 도저히 방법이 없었다. 내가 찾은 해결책은 칼리를 데리고 집 밖으로 나가는 것이었다. 파리에서 봄날의 태양은 잠깐 일하고 긴 바캉스를 떠나버리는 이곳 사람들처럼, 드문드문 모습을 드러냈다. 하지만 그해 봄, 아쉬운 대로 그 봄볕의 위로를 받으며 아이와 함께 무수히 산책을 나섰다. 그 덕에 산책길에서 뜻밖에도 또 다른 종류의 위로를 얻을 수 있었다. 유모차를 끌고 거리를 걸으면 무표정하게 마주오던 사람들, 특히 여성들이 우릴 향해 환하게 웃어주었다. 원님 덕에 나발 부는 격이었지만, 한편으론 이건 내가 세상에 일찍이 할 수 없었던 매우 구체적인 기여였다. "만나는 모든 사람에게 함박웃음 선사하기." 그보다 더 구체적인 공동선을 행할 자신이 앞으로도 별로 없다.

엄마에게 아이는 사랑의 복잡한 줄다리기 없이 마음 닿는 대로 주어도 되는 사랑의 대상인 동시에 다른 이들에겐 무턱대고 호감을 드러내는 것이 허락되는 표정관리의 치외법권 지대였던 것이다.

우릴 향해 미소 짓고 때론 고개까지 길게 빼고 들여다보는 이들에게 미소로 화답하지 않을 수 없는 법. 그러다 보니 낯선 이들과의 수다가 슬슬 늘기 시작했다. 아이는 나에게 세상을 향한 또 다른 창이었다. 그 창으로 많은 사람들이 기웃거렸고, 아이가 살아갈 세상과 친해지고자 나 역시 새침함을 떨어내고 넉살좋은 사람으로 빠르게 변신했다.

전통적 산후조리의 관점에서 보자면 나는 완전히 무방비 상태에 있는 셈이었다. 병원에서부터 그랬다. 다른 산모들이 출산 후 바로 샤워를 하는데도 일주일 동안은 찬물에 닿으면 안 된다는 관습을 따르느라 간호사의 호령을 받았다. 사흘째 되던 날 결국 나는 샤워를 감행했다. 집에 와서

회환이 25년간 살아온
바스티유 근처의
rue Jean Beausire 거리.

는 뜨끈한 방에 누워있기는커녕 봄바람 부는 거리를 하루 종일 싸돌아 다녔다. 내심 20년 후가 걱정스럽긴 했다. 그래도 방구석에 앉아 불만을 늘어놓는 것보다 낯선 이들과 헤픈 웃음을 주고받으며 다른 세상을 발견한 것은 분명 괜찮은 선택이었다.

다시 춤추기
시작하다

> 나의 영혼은 언제나 이사도라 던컨, 홍신자, 피나 바우쉬 등 몸을 도구로 삼는 예술가들에게서 가장 강렬한 자극과 영감을 취해 왔으나, 나의 몸은 라이히가 말한 것처럼 딱딱한 '철갑근육'으로 둘러싸여 있었다.

14일의 기적과 세계의 모든 자장가

태어난 지 2주일 되었을 때 칼리를 데리고 처음으로 외출을 했다. 그날을 선명하게 기억하는 것은 아이를 유모차에 태우고 출산 후 처음으로 긴 산보를 하고 동네에 있는 어린이 전문서점 '팡팡'에 들러 보물을 발견한 날이기 때문이다. 서점에 들어온 한 할머니가 칼리를 보며 "오, 몽 디유!" 영어로, '오, 마이 갓!'를 연발하면서 아이 나이를 묻기에, 14일 되었다고 했더니, "14일의 기적이군요."라고 해서 그 숫자는 기억에서 사라지지 않는다.

   그 서점에 나는 칼리의 생애 첫 음악 경험을 안겨 줄 좋은 음반을 발견했다. 루마니아, 대만, 이누잇 흔히 쓰는 에스키모라는 표현은 그들을 비하하는 표현이고, 정식명

155

세상의 모든 자장가는 평화로우면서도 구슬프다.
전쟁과 실업 그리고 기아라는 세계 공통의 비극이 인류를 뒤덮는 동안,
그녀들은 품에 꼭 끌어안은 아이의 달콤한 살 냄새를 맡으며
고달픈 삶을 위로받았을 것이다.
애절할 수밖에 없는 곡조는 평화와 소박한 행복을 비는 그녀들의 주문 같았다.

통통하게 살이 오른 15개월 무렵의 칼리.
지하철을 타려고 서 있는 동안에도 하염없이 잔다.

칭은 이누잇이다, 아일랜드, 세네갈, 브라질, 알제리, 코르시카, 볼리비아, 베트남, 러시아, 아프카니스탄, 인도네시아…. 전 세계 40개 지역에서 구전되는 전래 자장가 모음집이었다. 절반 정도는 반주 없이 현지인의 육성으로만 녹음했다.

이누잇innuit 할머니가 마을 사람들이 웅성거리는 가운데 수줍게 읊조리는 노래 한 소절을 듣고 있노라면, 눈빛에 발갛게 그을린 피부와 해맑게 웃는 모습이 절로 떠오르고 그들이 아직도 정말 이글루에 살고 있는지 궁금해진다. 세상의 모든 자장가는 평화로우면서도 구슬프다. 전쟁과 실업 그리고 기아라는 세계 공통의 비극이 인류를 뒤덮는 동안, 그녀들은 품에 꼭 끌어안은 아이의 달콤한 살 냄새를 맡으며 고달픈 삶을 위로받았을 것이다. 애절할 수밖에 없는 곡조는 평화와 소박한 행복을 비는 그녀들의 주문 같았다.

이 음반은 21세기 들어 실로 오랜만에 만나는 착한 문명의 산물이었다. 그 아름다운 40편의 음악은 처음 듣는 순간부터 깊은 공감으로 푹 젖어들게 만들었다. 아이뿐만 아니라 희완과 내게도 평화와 행복을 한줌씩 건네주었다. 유일한 아쉬움은 한국의 자장가가 빠져 있다는 점이다. 그래서 음반을 틀어놓지 않은 동안에는 내 아버지가 지으신 노래를 열심히 불러주었다. 노래는 이렇게 시작한다.

"넓고 넓은 밤하늘엔 누가누가 잠자나…"

음악의 사막에 솟은 자본의 탑

음악은 사람이 모태에서 접할 수 있는 최초의 예술이다. 언어를 매개로 하지도 않고 가시적이지도 않은 매우 추상적인 예술이지만, 그 추상성 때문에 어떠한 중계나 왜곡도 없이 우리의 영혼 속으로 직접 침투하는 강력한 힘을 발휘할 수 있다. 아이들은 엄마 뱃속에서부터 소리로 세상을 배우고 유추한다.

개발 열풍이 온 산하를 뒤덮으며 우리네 삶의 흔적을 깨끗이 갈아치우고 있는 것처럼, 모든 예술장르에 침투하고 있는 소위 문화산업은 '작품'을 삼켜버리고 앙상한 '상품'만을 토해놓고 있다. 이런 우리사회에서 음악은 업계 스스로 모라토리엄 상태를 선언한 최초의 장르다.

희완은 세상의 모든 음악 중에서 한국의 판소리와 민요가 가장 폭발적이고 원초적인 에너지를 가졌다고 꼽는다. 그의 개인적인 판단으로는 한국문화가 가진 가장 충격적이고 고유한 자산이 판소리와 민요다. 시간을 부여잡고 대패질을 하는 것처럼 강력한 에너지를 토해내는 여인들의 음성은 듣는 사람을 통째로 빨아들이는 힘을 지녔다고 평한다.

그는 한국에 와서 전통음악 음반을 구하러 명동과 회현동의 고음반 가게를 뒤지고 다녔다. 국립국악원에 있는 음반가게에도 찾아갔다. 몇 안 되는 시내 대형음반가게의 한국 전통음악 음반 보유량은 초라하기 그지없었다.

1970년대 초반부터 매년 열리는 파리 가을축제는 전 세계의 고품격 예술들을 초대해서 파리 곳곳에서 보여준다. 2000년에는 한국이 주테마였다. 명망있는 소리꾼을 모셔온 것이 아니라, 축제의 예술감독이 직접 전주에 내려가 소리를 듣고 발굴해 온 여러 명의 소리꾼들이 초대되었다. 거기서 난 처음으로 심청전 판소리 완창을 듣는 경험을 가졌다. 프랑스 관객들이 느낀 것도 내가 느낀 것과 전혀 다를 바 없는, 인간의 심연을 곧바로 자극하는 원초적인 감동이었음을 즉각적으로 확인할 수 있었다. 하지만 한국에서는 이런 음악인들에게 고작해야 서초동 국립국악원의 저 쓸쓸한 토요상설무대 정도만 내줄 뿐이다.

움직이는 기업으로 불리는 몇몇 대형 스타 가수들만이 이 사회의 모든 환호와 찬사를 독차지한다. 대부분의 사람들은 '비'라는 가수를 수천 번 보았을지언정 그가 부른 노래 하나를 알지 못한다. 그들은 사막 속에서 검은 물을 콸콸 쏟아내는 몇 개의 유전일 뿐. 한국 문화의 수출은 대형 기획사들의 추진력으로 키워진 아이돌스타에게만 기대고 있다. 한류는 전적으로 그들의 몫이다. 정부가 나서야 할 일은 문화교류의 폭을 확장하고 질적 수준을 고양시키는 것이지만 몇몇 기획사들의 움직임에 훈수를 두는 것을 자신의 역할로 규정짓고 만족스러워 한다. 정부가 자랑스런 업적처럼 내세우는 한류가 어쩐지 부끄럽게 느껴지는 이유다.

2007년 음악분야의 대선공약을 논의하려고 몇몇 평론가와 창작자를 모아 워크숍을 한 적이 있다. 영화와 달리 음악 쪽은 정책적인 문제를 고민하는 조직적인 활동가 그룹이 존재하지 않았다. 한국에서 음악이 이토록 헐벗은 장르가 되고 만 것은 그 때문인지도 모른다.

워크숍에서 내가 제안한 것은 이런 것들이다.

영화진흥위원회가 있는 것처럼 음악진흥위원회도 두어야 마땅하다. 음악 향유자와 창작자 중심으로 음악 정책의 기조를 세우고 공공영역에 음반과 음원을 대규모로 수용해야 한다. 방송을 중심으로 음악적 다양성을 확대하는 정책을 실시해야 한다. 모두들 동의하는 것처럼 보이기는 했지만 내부적으로 움직일 낌새는 보이지 않았다. 거대한 음원시장의 성장 이익을 독식하는 것은 결국 이동통신사들이다. 현재의 모순적인 질서를 뒤엎으려면 자본의 논리에 종속된 자신의 사고부터 뒤엎는 게 우선이다. 하지만 거기까지는 준비 돼 있지 않은 것 같았다. 인디음반 제작에 얼마쯤 지원금을 보태주는 것으로 음악 정책을 갈음하고 마는 이유도 그 때문이다.

춤추기 시작하다

발레단에서 일한 경험과 무관하게 나는 변명의 여지가 없을 정도로 최악의 '몸치'다. 나는 다른 사람의 동작을 전혀 흉내 낼 수가 없다. 대학 시절에도 가끔 친구들을 따라 춤추러 가보았지만 빈 맥주병만 바라보며 자리에 앉아 있곤 했다.

나의 영혼은 홍신자, 피나 바우쉬, 이사도라 던컨처럼 몸을 도구로 삼는 예술가들에게서 가장 강렬한 자극과 영감을 취해 왔으나, 나의 몸은 딱딱한 '철갑근육'으로 둘러싸여 있었다.

따로 테크닉을 배우지 않고도 음악적 영감을 몸으로 표현하는 것이 바로 춤이다. 머리로는 이미 알고 있는 사실이다. 이것을 몸으로 실천하도록 해준 사람은 칼리였다. 세상 모든 아이들이 그러하듯, 어디서든 음악이 조금만 들려오면 칼리의 몸은 춤을 만들어낸다. 그리고 엄마 아빠의 손을 끌어당겨 함께 춤을 춘다. 그리하여 이제 나도 춤을 춘다. 음악이 자극하는 감성에 나를 맡기고 내 몸이 무질서 속의 질서를 자유롭게 창조해 내도록 허락한다.

태어나서 1년 동안 CD 두 장에 담긴 자장가를 들으며 40종의 음악적 영양소를 섭취한 아이는 커서 '햇님'이 되고 싶다고 했다. 가끔 변덕이 나면 달님이 되고 싶다고 할 때도 있다. 하지만 여전히 '햇님'은 장래희망 1순위로 부동의 자리를 고수하고 있다.

하도 아빠의 안경을
가지고 놀기에 알이 없는
안경을 사주었다.
나름 진지한 모습이
잘 어울리는 칼리.

아이가 햇님이 되려면 엄마가 무엇을 도와주어야 할까? "햇님되기 특성교육" 같은 게 있을 리도 없고, 어떻게 아이가 햇님이 되는지 잘 지켜봐 주는 수밖에.

"즐거움에 근거한 노동을 하라"

20세기의 저주받은 천재 정신분석학자 빌헬름 라이히는 그의 저작 《파시즘의 대중심리》를 통해 "대중들은 어째서 자신에 대한 억압을 욕망하는가?"라는 질문을 던진다. 문제의 본질을 직시하기보다는 손쉽게 믿고 맹목적으로 나아가는 대중의 비합리적이고 도착적인 욕망이 파시즘적인 정치 지도자를 불러왔다고 빌헬름 라이히는 지적한다. 프랑스와 한국에서 각각 사르코지와 이명박이라는 인물들이 열광적인 지지를 얻어 대통령이 된 지금의 상황을 이처럼 잘 설명하는 논리가 있을까.

정신적으로 아픈 민중들이 정신착란적인 지도자를 불러왔다는 논리인데, 이를 해결하기 위한 그의 해법은 아주 단순하다. 즐거움에 근거한 노동을 하는 것이다. 그는 자신이 좋아하는 일을 하는 사람들은 삶과 노동의 적대관계를 해소할 수 있으며, 그런 사람들의 노동은 생물학적 활동욕구를 최대한 발전시켜 자연스럽게 성 욕구를 해방시킴으로써 성격구조가 경직되는 것을 막는다고 말한다.

지극히 상식적인 논리를 펼쳤을 뿐이지만 라이히는 미치광이로 낙인 찍혀 학계로부터 추방당하고 미국의 한 감옥에서 죽어갔다. 죽을 때까지 사랑과 노동과 지식이 우리 생활의 원천이라고 주장하며.

실로 미쳐 돌아가는 이 세상을 구할 수 있는 세 가지가 바로 사랑과 노동과 지식인 것을! 가만히 있으면 중간이라도 가고, 성적이 학과를 결정하고, 연봉이 행복을 측정하는 도구인 사회에서 그건 점점 더 불가능해지고 있다. 욕망은 끊임없이 조작되고 개인이 지닌 자발적 의도는 시간이 지날수록 희미해진다.

나의 진정한 욕망을 파악하는 것은 아주 사소한 데서부터 시작된다. 내가 좋아하는 색깔, 옷, 반찬, 영화, 작가, 길, 동네, 나무에 이르기까지. 내가 진정으로 좋아하는 것이 무엇인지 일일이 묻고 그 목록을 다 모아보면, 자기만의 색깔이 무엇인지 조금씩 드러나게 된다. 나의 색깔을 찾아가는 여정에서 가장 유의해야 할 것은 '한 우물' 이데올로기의 강박으로부터 탈출이다. "한우물을 파야한다."는 시대를 초월하는 금과옥조이다. 살면서 이 주장에 대해 감히 시비거는 사람 몇 못봤다. 그러나 한우물 파기 싫으면 어떡해야 하는지, 그 우물에서 아무것도 안 나오면 어떡할 건지에 대해서는 답해주지 않는다. 다행히도 자기가 처음 파기 시작한 우물에서 계속 재미있는 게 나오면 좋겠지만, 안 그런 사람들이 더 많지 않은가. 지조없이 연애도 많이 했고, 또 지조없이 여러 우물을 파면서 살아온 나한테는 언제나 이 경구가 마음의 짐이었다. 그걸 어느날 희완이 훌훌 떨치게 해주었다. 문학, 연극, 사진, 문화정책, 흙건축 참 난 너무 여러 우물을 파는 것 같다, 이러면 안되는데…. 이렇게 잠시 회의하는 나에게 희완은 말했다. "얼마나 좋아. 하고 싶은 게 많다는 거. 그리고 그걸 다 해볼 용기가 있다는 거. 그럼 너의 인생은 얼마나 풍요롭겠니." 오호, 그렇다. 관점을 전환하면 그렇게 된다. 집단의 관점에서 보면 사람들이 한 영역씩 맡아서 한우물을 죽어라 파주는 것이 효율적이다. 그러나 각 개인의 관점에서 보면, 그건 어쩌면 지루하기 짝이 없는 인생일 수도 있다. 난 이 거대한 사회의 나사가 아니다. 나 혼자서도 하나의 거대한 우주를 구성할 수 있다. 여러 우물을 파면서, 세상의 모든 재미를 두루 즐기면서.

가사노동,
그 철학적 투쟁에서
승리하다

외환위기 이후 급증한 이혼율은 참아왔던 삶을 더 이상 참지 않고, 자신의 삶을 두 손으로 움켜쥐기 시작한 여성들이 주도한 현상이었다. 정치적 의미에서의 혁명은 여전히 일어나주지 않았지만, 여성들의 머리와 가슴 속에서 혁명은 찬란하게 진행 중이었다.

여성혁명은 진행 중

희완에게 부당한 박해를 가하고 난 다음날, 난 어김없이 월경을 시작했다.

흔히 말하는 생리통이 내게는 아주 희미한 것이어서 물리적 고통은 거의 없지만 시작을 전후해 며칠간은 물컹한 기억의 심연에 발목이 잠겨 허우적대는 느낌이 온몸을 휘감는다.

매직. 어쩌면 이 말은 딱 들어맞는지!

미세한 전파가 내 몸을 타고 흐르는 듯도 하고, 악마의 손가락이 내 몸을 피아노 삼아 두드리며 음울한 곡을 연주하는 듯도 하다. 비 오는 날이면 이 모든 증상은 한층 배가되어, 나의 신경은 예민한 고양이의 쭈뼛 선

털처럼 한 올 한 올 곤두선다. 핏덩어리들이 한 움큼씩 몸 안에서 떨어져 나올 준비를 하는 이 무렵, 수세기에 걸친 마녀사냥과 그에 준하는 핍박으로 완전히 잊혀졌던 우리 안의 여신들이 희미한 교신을 시도하는 것인지 모른다.

겉으로 아무런 표도 내지 않고 이 기막힌 행위를 감쪽같이 매달 치러내는 지상의 모든 여성들은 얼마나 거대한 공모자들인가. 매직이 진행되는 동안, 난 무의식적으로 내 옆의 남성을 모질게 대하곤 한다. 희완은 여기에 저항하지 않는다. 모든 부당한 것에 한 발짝도 물러서지 않고 저항하는 희완이 신기하게도 이 시기의 박해는 용케 견딘다. 하루 이틀 뒤 내가 생리중후군으로 그랬다는 것을 자각하고, 나의 과도했을 생트집을 사과하면 희완은 "또 저런다." 하는 표정으로 입을 삐죽 내밀며 안경 너머로 잠시 날 쳐다본다.

그 : 남자들은 밀린 빚을 갚는 중

여성해방이 비로소 이루어지는 지금의 여성들에게는 부계사회가 시작된 이래로 자신들이 받아온 수천 톤의 박해를 남성들에게 되갚아 주려는 경향이 있고, 때로는 보복이 도를 지나쳐 또 다른 불평등과 부당함으로 치닫기도 한다고 희완은 진단한다.

하지만 여성들에게서 때로 부당한 공격을 당한다 해도, 그녀들이 수천 년 동안 미뤄온 계산을 지금에 와서 치르는 중이므로 역사적 필연 속에서 남자들은 그것을 어느 정도 감내할 수밖에 없다는 게 그의 생각이다.

그는 자신에게 부당한 공격을 가한 여성들과 원수로 남지 않고, 그녀

부르고뉴에서 작업복 차림의 희완과 아빠 등에 업힌 칼리의 장난끼 가득한 얼굴.

들의 행동을 정당화하는 역사적, 사회적 해명들을 스스로 탐문하던 결과 이 같은 답을 찾아냈다. 덕분에 그는 원수지간이 될 뻔한 몇몇 여성들과 친구가 되어 서로의 인생에 조언을 건네는 관계로까지 진전시키기도 했다.

나 : 가부장제를 향한 저격수

반면 나는 여전히 부당한 권위를 슬쩍 몸에 걸치고 가부장제에 기대어 무임승차하려는 모든 남자들을 냉정하게 단죄하고 응징하려는 태도를 지니고 있다.

1999년 한국을 떠날 무렵, 한국 사회에 대한 염증과 이 사회의 남성들에 대한 나의 혐오는 극에 달해 있었다. 그 직접적인 원인은 전술한 어느 불행중독자와 맺은 관계 때문이었다. 하지만 더 근본적인 이유는 그 사건을 계기로 가부장제의 모순된 사회질서가 저지르는 만행에 눈 뜨게 되었다는 편이 더 정확할 것이다.

누군가를 사랑함으로써 하루아침에 행복의 한복판으로 헤엄쳐 들어왔다고 생각하는 순간에 해일이 몰아쳤다. 나는 점점 더 깊은 수렁으로 빠져들었다. 남자의 폭력을 경험하게 된 것은 치명적이었다. 근거 없는 질투심이 유발한 말도 안 되는 폭력 앞에 속수무책이었다.

폭력은 여자보다 월등히 우월한 남자의 근력에서만 나오는 것은 아니다. 폭력을 행사할 수도 있다는 의식에서 나온다. 남편에게 맞고 사는 여성들이 힘이 약하기 때문에 그렇게 무기력하게 당하는 것만은 아니다. 남편에게 폭력을 가하는 일이 그녀들에게는 의식적으로 허락되지 않는 일이기 때문이다. 맞으면서 파괴되는 것은 몸뿐만이 아니다. 자의식도 철저히 파괴된다.

나는 내게 폭력을 가한 그 남자의 손목에 쇠고랑을 채우는 수밖에 없었다. 그때 그는 고개를 푹 떨어뜨렸다. 그는 또 다른 권력 앞에서는 양처럼 순종하는 존재가 되었다.

나에게 폭력을 행사한 남자가 가장 두려워하던 존재는 그의 아버지였다. 그는 아버지의 폭력을 익숙하게 보면서 자라났고, 자신의 근력이 아버지의 그것보다 월등할 테지만, 여전히 아버지란 존재는 그를 얼어붙게 만들었다. 아버지는 그에게 무의식적으로 물리적 근력이 닿는 범위가 아니었던 것이다. 그들이 염원했던 것은 한 여자의 사랑이었다. 그러나 그들은 자신의 손으로 모든 가능성을 산산조각 내버렸고, 가부장제가 그들에게 손쉽게 학습시켜 준 그 자기 파괴의 무기를 들고, 허구한 날 자신과 주변사람을 파괴하며 살았다.

나는 사랑으로 그 상황을 치유하려 애쓰다가 결국 포기했다. 수렁에서 빠져나오자 그제야 냉정하게 세상을 들여다보게 됐다. 재미있는 건, 그 정신적인 착란상태에 시달리던 폭군은 사회에선 멀쩡하고, 심지어는 유능하기까지 한 직장인이었고, 내가 경험한 괴이한 체험은 동서고금을 통해 숱한 여자들이 체험한 뻔한 얘기라는 사실이다.

외환위기가 들이닥치자 이 사회는 염치와 위엄의 가면을 벗어던지고 자본 앞에 무릎 꿇고 말았다. 그 덕에 그동안 경제적 권위에 기대어 군림해왔던 남성들의 허상 또한 적나라하게 눈에 들어왔다. 그들이 자본의 독재를 더 크게 허락했을 뿐만 아니라 다양한 형태의 권위적 지도자들이 군림하도록 허락함으로써 우리 사회는 자신의 행복을 스스로 거부하는 불행중독증에 빠져 들어가고 있었다.

불행중독중은 유아기 때 엄마의 사랑을 충분히 받지 못한 사람들이 갖게 되는 병이다. 아무리 울어도 달래주지 않는 엄마를 둔 아기들은 엄마가 자신에게 원하는 것이 이렇게 불행한 감정이라는 사실을 자신에게 주입시키게 된다. 어른이 되어 행복을 느끼게 되었을 때도 그 감정이 엄마를 배반하는 것 같아 불안해하며 그 행복에서 빠져나올 궁리를 하게 된다. 칼리를 갖고 유아교육 책을 읽으며 알게 된 사실이다.

결국 제대로 사랑하지 못하고, 사랑받지 못하는 것으로 인해 얼마나 많은 사람이 아프고, 또 얼마나 많은 상처를 입히는가. 불행해지기 위해서 자학을 일삼다 못해, 사랑하는 여자를 자신의 권력의 휘하에 들어온 대상으로 여기며 폭력의 대상으로 삼고 주변의 모든 사람들에게 더 큰 불행을 전파하는 못된 가부장제의 관습은 이제 용납될 수 없다.

어느 날 지하철에서 다리를 있는 대로 벌리고 앉은 두 사내 사이에 앉게 되었다. 하나는 오락기기에 머리를 처박고 있었고, 또 하나는 이어폰을 꽂고 토익문제를 푸느라 여념이 없었다. 그 익숙한 풍경의 한 가운데서 나는 문득 더 이상 이유 없이 이 세상에 군림하려 드는 남자들과 그들이 지배하는 이 사회를 털끝만큼도 인정해 줄 수 없다고 다짐하게 되었다.

기껏해야 자본의 제단에 머리나 조아리는 존재들이 여성들 앞에서는 기어이 군림하려 드는 현상… 됐다. 이후 나는 누구에게서든 눈꼽 만큼이라도 가부장적 징후를 발견하면 그것을 낱낱이 지적하고 과감하게 잘못을 응징하는 태도를 보였다. 이런 결심을 하게 된 건 나뿐만은 아니었던 것 같다. 외환위기 이후 급증한 이혼율은 더 이상 자신의 삶을 참지만 않겠다고 결심한 여성들이 주도한 현상이었다. 자신의 몫을 두 손으로 움켜쥐겠다고 결심한 것이다. 정치적 의미에서의 혁명은 여전히 일어나주지 않았지만, 여성들의 머리와 가슴 속에서 혁명은 찬란하게 진행 중이었다.

"한 남자랑 결혼했고, 50년 동안 딴 남자랑 살았다."

어느 날, 집에서 라벨의 '볼레로'를 듣고 있던 중이었다. 거실에서 이상한 소리가 들려왔다. 눈물 콧물이 범벅이 된 채 희완이 흐느끼고 있었다. 전에도 그가 우는 것을 딱 한 번 보았다. 샹송을 함께 듣고 있었는데 어머니가 좋아하던 샹송이 흘러나오자 희완은 갑자기 흐느껴 울었다. 그 이후로 처음 보는 눈물이었다. 희완의 눈물을 닦아 주며 사연을 물었다.

이번에도 그를 울게 한 것은 어머니였다. 그의 어머니는 음악과 문학을 사랑하고, 친구들을 좋아하며, 여행 다니는 것을 즐기던 분이었다. 하지만 2차대전 직전에 결혼한 희완의 아버지가 7년간 징집되었다가 돌아온 뒤, 곰처럼 딱딱해진 감성으로 모든 세상의 즐거움을 거부하고 죄악시하는 듯한 태도로 어머니를 짓눌러 문화적 향유를 죽이며 살아야 했다고 한다.

그의 어머니는 버릇처럼 이렇게 말했다고 한다. "난 한 남자랑 결혼했고, 50년 동안 다른 남자랑 살았다." 전쟁 전, 희완의 아버지도 어머니처럼 밝고 개방적인 성격을 가진 사람이었으나 인류의 가장 참혹한 전쟁으로 기록되는 2차 대전 때문에 세상을 즐기기에는 너무나도 혹독한 경험들을 피부 밑에 간직하게 되었던 것이다.

두 분 다 교사로 가난하지 않았음에도 어머니는 간신히 라디오 하나만을 소유할 수 있었고, 그녀가 평생 소유했던 음악 카세트는 5~6개에 불과했다고 한다. 그 중 하나, 가부장제의 엄혹한 감시로 더 이상은 꽃피우지 못한 그녀의 감수성이 선택한 몇 안 되는 음악이 라벨의 '볼레로'였다. 임종 직전의 한 달 동안 그녀는 매일 이 음악을 틀어놓고 암의 고통을 이기려 애썼다고 한다. 장례식에서 장남인 희완에게 짤막한 연설의 시간이 돌

4개월된 칼리와 92세의 할아버지. 칼리는 할아버지를 가장 많이 닮았다.

아왔을 때, 그는 평소 어머니가 사랑한 음악이라고 짧게 한 마디 한 뒤 조용히 이 음악을 틀었다고 했다.

　우연하게도 나 역시 이 음악을 좋아한다. 한 여름 밤에 요정들이 날아다니는 풍경이 떠오른다. '볼레로'를 틀어놓고 칼리와 함께 춤을 추었다. 칼리 할머니의 억압된 감성은 그의 아들, 한 번도 얼굴을 보지 못한 그녀의 손녀가 마음껏 세상에 펼쳐낼 것이다.

가사노동, 그 철학적 투쟁에서 승리하다

1세계의 남자와 2.5세계의 여자

내가 아이를 가졌을 때 희완은 절대적으로 그 아이가 딸이기를 바랐다. 그에겐 총을 가지고 놀지 말라는 얘기를 하지 않아도 된다는 이유만으로도 딸을 선호할 이유는 충분했다. 희완은 어린 시절, 남자아이들이 동물의 세계에서처럼 육체적인 싸움을 벌여 순위를 정하는 것을 본 뒤 일부러 근육도 키우지 않았을 만큼 여성성이 중심이 되는 세상을 꿈꾼다.

그런 절대적인 여성주의자 희완이 자신의 신념과 모순된 행동을 하면, 내 눈에선 불꽃이 튀어 오른다. 남녀분쟁의 고전적 테마인 가사노동은 희완과 내게 만만찮은 질문을 남기며 제법 굴곡 심한 갈등요소를 제공했다.

희완도 나도 가사노동을 좋아하지 않는다. 그렇다고 그 일을 마냥 미룰 수는 없어서 아주 낮은 수준의 위생 상태를 유지하는 선에서 대충 타협하며 산다. 여기까진 둘 다 비슷하다. 희완은 종종 파출부를 불러 거의 모든 가사노동을 자신의 삶에서 제거하려 든다. 이건 내가 납득할 수 있는 수준을 넘어서는 일이다.

혼자 오래 살아온 그는 식사준비를 제외한 대부분의 가사노동을 2주마다 한 번씩 오는 가사도우미에게 맡겨왔다. 그 사람만이 청소도구가 어디에 있고 어떤 상태인지를 알 정도였다. 당장 이중인격자라는 모독이 그에게 화살처럼 날아가 꽂혔다. 희완은 그 치욕스런 화살을 빼낼 때까지 긴 박해와 저항의 시간을 보냈다.

그의 논리는 이랬다.

가사노동은 인간의 창의적 활동을 위한 시간을 잡아먹는 반복적이고 소모적인 시간이다. 가능하다면 모든 사람이 여기서 해방돼 더 많은 시간을 자신이 즐거워하는 일에 할애할 수 있어야 한다. 티끌 하나 없이 말끔

한국에서 2년반을 살았던 집의 벽장식. 희완의 그림, 장난감 동물들, 일본에서 따온 단풍잎.

히 정돈된 부잣집 이미지를 만들기 위해서는 두 말할 것도 없이 과잉 노동이 요구된다. 사람은 적당히 삶의 때가 묻은 집에서 살 필요가 있다. 또한 하루 종일 할 일을 단 두 시간 만에 해치우는 프로페셔널 가사노동자의 존재는 얼마나 위대한가. 자신이 파출부를 부름으로써 일자리를 하나 더 창출하는 셈이다.

내 생각은 달랐다.

가사노동의 시간을 줄이는 것은 찬성! 티끌하나 없는 집안 따위는 필요 없다는 것도 대찬성! 하지만 내가 생활하는 공간에 필요한 최소한의 일상적 노동을 다른 누군가에게 맡기는 건 부끄러운 일이다. 그러면 그 직업을 가진 사람은 평생 가사노동에서 헤어날 수 없게 된다. 최선의 해결책은 가족 구성원이 조금씩 가사노동을 분담하는 것이다. 내가 육아와 식사 준비를 할 테니 나머지는 당신이 다 해라.

희완이 가장 억울해 한 것은 자기가 비록 하루 종일 집에 있는 사람이긴 하지만 일하는 사람이라는 사실이다. 만일 그가 다른 곳에 아틀리에를 두고 일반 직장인들처럼 밤 늦게 퇴근하는 상황이라면 내 태도가 달랐으리라는 얘기다.

일리가 있었다. 그가 하는 일은 한 조각만 떼어놓고 보면 차라리 놀이에 가깝게 보이기는 한다. 그래서 작품을 완성시키기 위해서 꼭 필요한 일임에도 타인에 의해서 쉽게 무시되곤 하는 위험을 안고 있다. 길을 걷다가도 그는 쓰레기 더미에 처박힌 유리 조각이나 널빤지, 골판지, 조화 따위를 골라낸다. 그것을 가져와 작업실 이곳저곳에 아무렇게나 늘어놓지만, 며칠 뒤면 본래의 모습은 어디론가 사라져버리고 완전히 낯설고 새로운 조형물로 변신한다.

그에게 집은 단순한 공간이 아니다. 음악을 듣거나 책을 보다가 갑자기 영감이 솟구치면 그것들을 한데 모아 작품을 엮을 수 있게 하는 말없는 조력자다. 집과 그는 그렇게 수십 년 서로를 길들여 왔다. 그런 그에게 갑자기 바닥을 닦고 빨래를 널고 살림살이를 정리하는 실용적 행동을 요구하는 게 나만의 불가능한 바람인지도 모른다.

처음에는 서로 포기하지 못하는 몰이해의 평행선 위에 서 있는 것 같았다. 언제 점화될지 모르는 갈등의 불씨를 조심스럽게 안고 지내는 셈이었다. 우리 2세의 평화로운 얼굴을 함께 들여다보고 눈 맞추는 가장 찬란한 인생의 기쁨을 일상의 잔인함으로 산산조각 내지 않기 위해서라도 갈등의 불씨는 조심스럽게 다룰 수밖에 없었다.

파리에서 함께 살던 1년 남짓한 시간 동안 희완은 자신의 임무를 채 다섯 번도 수행하지 못했다. 온갖 이유를 동원해 예외적인 상황을 만들었고, 그때마다 유능하고 친절하며 게다가 진정한 프로페셔널 가사도우미의 진면모를 자랑하는 '와파'가 등장했다. 그녀는 곧잘 우리 두 사람의 고민을 두세 시간 만에 쓱싹 해결해주고 돌아갔다. 표면적으로는 내 입장을 수정하지 않았지만, 그녀의 전문적인 솜씨에 매번 놀랐고 좀 더 자주 일거리를 제공하지 못해 미안해하는 마음까지 생겼다.

상황이 완전히 달라진 것은 한국으로 생활공간을 옮긴 이후부터였다. 일단 희완에게는 자신의 임무를 대행해줄 도우미의 전화번호가 없었다. 물론 그보다 더 중요한 것은 공간의 변화였다. 우리가 사는 곳은 희완이 20년 넘게 길들여온 아틀리에가 아닌 완전한 가정집이다. 가장 넓은

부엌의 한 면을 장식하고 있는 희완의 벽화.(위)
냉장고 박스를 잘라서 희완이 만들어준 칼리의 집.(아래)

175

하늘을 나는 스웨터.

방을 그의 작업실로 내주었지만, 나머지는 아이가 중심이 되는 생활공간이지 창작공간이 아니었다.

  한국 생활 1년 동안 희완이 한 가사노동은 그가 평생 해 온 것보다 많았다. 이틀에 한 번씩 집안을 청소했고 날마다 빨래를 널고 차곡차곡 개 놓았다. 심지어는 내가 퇴근해 돌아오면 집안이 얼마나 깨끗해졌는지 그 놀라움을 표현하고 자신의 노고를 치하해 주기를 은근히 바랐다. 내가 그걸 몰라주면 고요히 삐쳐있는 사태까지 발생했다. 요즘은 가사노동에서 자신이 발견해낸 자잘한 테크닉들을 과시하고, 나의 가사노동에 대한 무지와 무관심을 탓하는 경지까지 이르렀다. 뿐만 아니다. 가사노동에 집중한 덕에 그의 작품세계에는 집안과 가사일이라는 미니멀한 세계의 지평이 열리기도 했다. 그동안에는 전혀 그의 작업 대상이 되지 못했던 사물들이 그의 작품 소재로 등장하기 시작한 것이다. 빨래바구니에서 막 나온 나의 스웨터가 널려있는 모습 따위가 그것이다. 그 스웨터 사진을 보며 얼마나 기뻐하던지!

당연하게도 그의 주장과 반대로 그의 가사노동과 창작활동은 병행 가능한 것이었다. 세상 모든 여성 창작자들이 그래왔듯이…. 그리고 뼈저리게 한 가지 깨닫는 사실이 있다. 공간은 얼마나 지독하게 사람을 지배하는지!

당신을 환영합니다.
여기는 갸를롱!

이제 내 눈 밖에 두었던 갸를롱을 난 서서히 내 눈 안으로 받아들이면서, 나만의 프로젝트를 하나 구상하였다. 나는 숲 속 깊은 곳에 명상을 위한 흙집을 만들겠노라고 선언했다.

어른들의 놀이터

칼리가 태어나고 3개월 뒤 갸를롱을 두 번째로 찾았다. 첫 방문 이후 3년 만이었다. 1년간의 육아휴직 기간 중 약 5개월을 그곳에서 보냈다. 칼리 아빠가 '시골의 시지프스'가 되어 작업을 하는 동안, 나와 칼리는 그의 설치작업의 전진기지를 우리의 집으로 길들이는 일에 착수했다.

그 곳에 넉넉히 있는 것은, 각종 벌레들과 인적 없는 산책길 그리고 빨랫줄을 걸 수 있는 공간, 함부로 건드리면 안되는 희완의 설치작업 정도였다. 무선인터넷도 없고, TV도 없고, CD 플레이어는 고장난 지 오래였다.

희완은 아침 7시면 일어났다. 커피 한 잔을 홀짝 들이키고 나가서 9시쯤 들어와 아침을 먹고 다시 나갔다. 하루 종일 보이지 않는 저 먼 곳에서 땀 흘려가며 일에 몰두했기 때문에 딸그랑 종을 울려야만 간신히 얼굴이라도 볼 수 있었다. 농가에서야 흔히 볼 수 있는 풍경이지만, 결정적으로 그가 하는 일은 농사와 무관했다. 실제로 그는 시지프스처럼 풀을 베고 너른 땅에 물을 주고 낙엽을 주는 일 따위를 날마다 했지만 이 일은 농사가 아니라 설치작업이었다. 그는 100%의 진지함을 발휘해 그 일에만 몰두했다.

3년 전 이곳을 처음 방문했을 때 받은 혼란스러운 감정은 여전히 정리되지 않았다. 이곳을 대체 어떻게 받아들여야 할지 혼란스러웠다. 그 때문에 희완과 나 사이에는 늘 아슬아슬한 긴장감이 맴돌았다. 희완은 자신이 하는 설치작업을 세상의 모든 예술작업처럼 자연스럽게 받아들이라고 했다. 희완의 말을 따를 수 없었던 것은 이 프로젝트가 250년 후에나 완성된다는 점 때문이었다. 내가 선택하지 않은 이 작업을 더 이상 지속할 수도 그렇다고 내팽개칠 수도 없는 날이 다가오면 어떻게 하나 두려웠다. 그런 두려움이 그 일에 대한 나의 호감과 이해를 원천적으로 가로막았다.

그럼에도 내가 희완을 선택한 이상 그의 심장 한 가운데 자리 잡은 이 공간도 받아들여야만 할 것이다. 나는 칼리와 내가 머무는 공간만큼은 갸를롱의 전진기지로 사용할 수 없다는 전제조건을 내걸었다. 칼리와 나는 희완처럼 설치작업을 위해 여기 온 사람들이 아니라는 점을 분명히 했다. 3개월 된 아이와 그 아이를 돌봐야 하는 엄마로서 이곳에 지내는 것이므로 그에 합당한 공간이 필요하다고 주장했다. 적어도 거실과 침실 벽에 페인트칠은 하자고 합의를 보았다. 희완은 2주일이라는 금쪽같은 시간을 내어 나와 함께 페인트 붓을 들었다. 수십 년 묵은 때를 거둬내고, 그 위

갸를롱 음악살롱에서.

에 흰 페인트칠을 한 뒤 설치작품을 덧붙이는 것으로 마무리했다.

갸틀롱 프로젝트를 시작한 이후, 15년 만에 처음으로 희완은 주거 공간을 꾸미기 위해 땀을 흘렸던 것이고, 그가 흘린 이 예외적인 땀은 나를 위로했다. 갸틀롱에 대한 나의 몰이해도 차츰 꼬리를 내리기 시작했다. 우리의 공동작업이 마무리 될 무렵 낯선 손님이 우리를 찾았다. 엠마누엘 라꾸뛰르. 풍경가paysagiste라는 재미있는 직업을 가지고 있는 사람이었다.

한국식으로는 조경전문가 정도 될 텐데, 그의 작업은 나무와 꽃, 돌을 어디에 어떻게 놓는가에 국한되지 않았다. 마을 전체의 풍경을 고민했고, 자연 속에 우연히 주어진 사물들을 소재로 놀이를 끊임없이 개발하는 흥미진진한 일이었다. 엠마누엘은 칼리가 태어난 바로 다음날 지방에서 열린 희완의 강의를 들었다. 그는 그때 "여름이 오면 갸틀롱을 찾아, 거기서 땅을 파고 싶다."고 했고, 그 약속을 정확하게 지켰다.

그는 장난스러움과 진지함이 반씩 배합된 사람이었다. 나면서부터 자연의 모든 것들과 친구가 되었을 것만 같은 느낌을 주는 여유롭고 쿨한 인상이었다. 점심을 먹은 후엔 자기는 늘 2시간씩 낮잠을 잔다면서, 자신의 느긋한 삶의 방식을 고수하고, 야채와 곡물이 중심이 된 나의 식단에 찬사를 바쳤다.

그는 희완과 갸틀롱을 어슬렁거리다가 뜻밖의 방을 발견했다. 지금까지 작업의 대상이 된 적이 없는 곳이었다. 진흙으로 가득 찬 방을 파내려 가니 브래지어와 팔 빠진 인형 그리고 군화 한 짝이 나왔다. 그들은 이 세 가지가 명징하게 삶을 상징한다며 방 벽에 걸어 두었다. 진흙으로는 동그란 행성들을 빚어 방바닥 위에 은하계를 건설했다. 그들은 이 작업을 '투탕카멘의 집'이라고 불렀다.

'투탕카멘의 집'이 완성되는 동안 희완은 흥분에 휩싸여 몹시 수선스럽게 시시각각 모든 과정을 보고했다. 마치 놀이에 집중한 아이가 아이의 놀이에는 별 관심이 없는 엄마한테 놀이의 진척상황을 알려주듯이.

엠마누엘과 희완은 아무런 계획도 세우지 않았다. 순간순간 벌어지는 상황에 즉흥적으로 대응하며 그 방의 설치작업을 기쁘게 마무리했다. 그날 이후 분명한 사실 하나를 알게 된 것이다. 갸흘롱은 그냥 '놀이'였던 것이다.

갸흘롱은 거대하고 진지한, 그러나 영감에 가득 찬 '어른들의 놀이'였다. 그것은 모든 예술의 본질이고, 호모루덴스의 실체이기도 했다. 다만 특정한 관객을 전제로 하지 않으며 팔릴 것도 예상하지 않는다는 점이 달랐다. 예술가라는 직업을 가진 희완은 이 거대한 작업실에서 예기치 않은 영감과 조우하며 한없이 흥겨운 창작을 하는 중이었다. 갑자기 모든 것이 선명하게 이해되기 시작했다.

이틀 뒤 그의 여자친구 산드라가 합류했다. 그녀도 엠마누엘과 마찬가지였다. "이렇게 재미있는 놀이가 있다니!" 하는 표정으로 아무런 머뭇거림도 없이 자기 마음에 드는 장소를 찾아 작업을 시작했다. 곧장 놀이에 신나게 빠져든 것이다.

우리 모두 어릴 적에 그렇게 놀았다. 눈앞에 보이는 모든 것을 가지고 진지하게 가상의 세계를 꾸며내 하루 종일 놀 줄 알았다. 여긴 그렇게 다시 어린 시절로 돌아가 한바탕 흙장난을 할 수 있는 어른들의 놀이터였다.

유럽의회 제안을 거절한 까닭

이 어른들의 놀이에 흥미를 가진 이들이 또 있었다. 이 지역의 DRAC^{문화부의 지역 지사격인 지역문화진흥국}에서는 갸를롱 프로젝트를 1995년부터 근대문화재로 지정해 지원하고 있었다. 지원금이라고 해봐야 희완이 이곳에 들이는 보수공사비를 추후에 일부 보태는 수준이었지만 무시할 수 없는 혜택이 있었다. 근대문화재를 개인이 직접 관리하는 셈이었으므로 세금을 감면해주었다. 그 덕에 세금 많은 이 나라에서 그는 소득세나 재산세를 거의 한 푼도 내지 않았다. 내 눈에 좀처럼 보이지 않았던 생산성이 이렇게 드러나지 않는 방식으로나마 조금쯤은 존재하고 있었다.

부르고뉴 지역 DRAC의 담당직원도 갸를롱을 열렬하게 좋아했다. 그녀는 해마다 새롭게 변모한 갸를롱을 보기 위해 손수 커다란 파이를 만들어서 정기적으로 그곳을 방문했다. 우리가 머물던 그해에도 마찬가지였다. 그녀와 희완은 마치 오랜 친구사이 같았다. 갸를롱이 근대문화재로 등록된 것도 그녀가 이 공간에 남다른 애정을 갖고 있기에 가능한 일이었다.

한번은 유럽의회에서 70억 원 정도를 투자해 이곳을 공공시설화하겠다고 제안해왔다. 1년 넘게 논의가 이어졌고, 여러 가지 고민을 했던 끝에 희완은 끝내 그 제안을 거절했다. 전체적인 방향이 상업적으로 치우쳐 있다는 것이 거절의 이유였다. 공공시설화하기 위한 공사비용만 책정했지 운영예산에 대한 계획이 없으므로 나중에는 영리적으로 운영할 수밖에 없을 것이라는 게 그의 결론이었다. 거대한 계획이 수포로 돌아갔고 갸를롱은 다시 놀이터로 돌아갔다. 조급할 건 아무것도 없었.

아무것도 계획하지 않았고, 희완은 그저 재미있게 놀이에 빠져 땅을

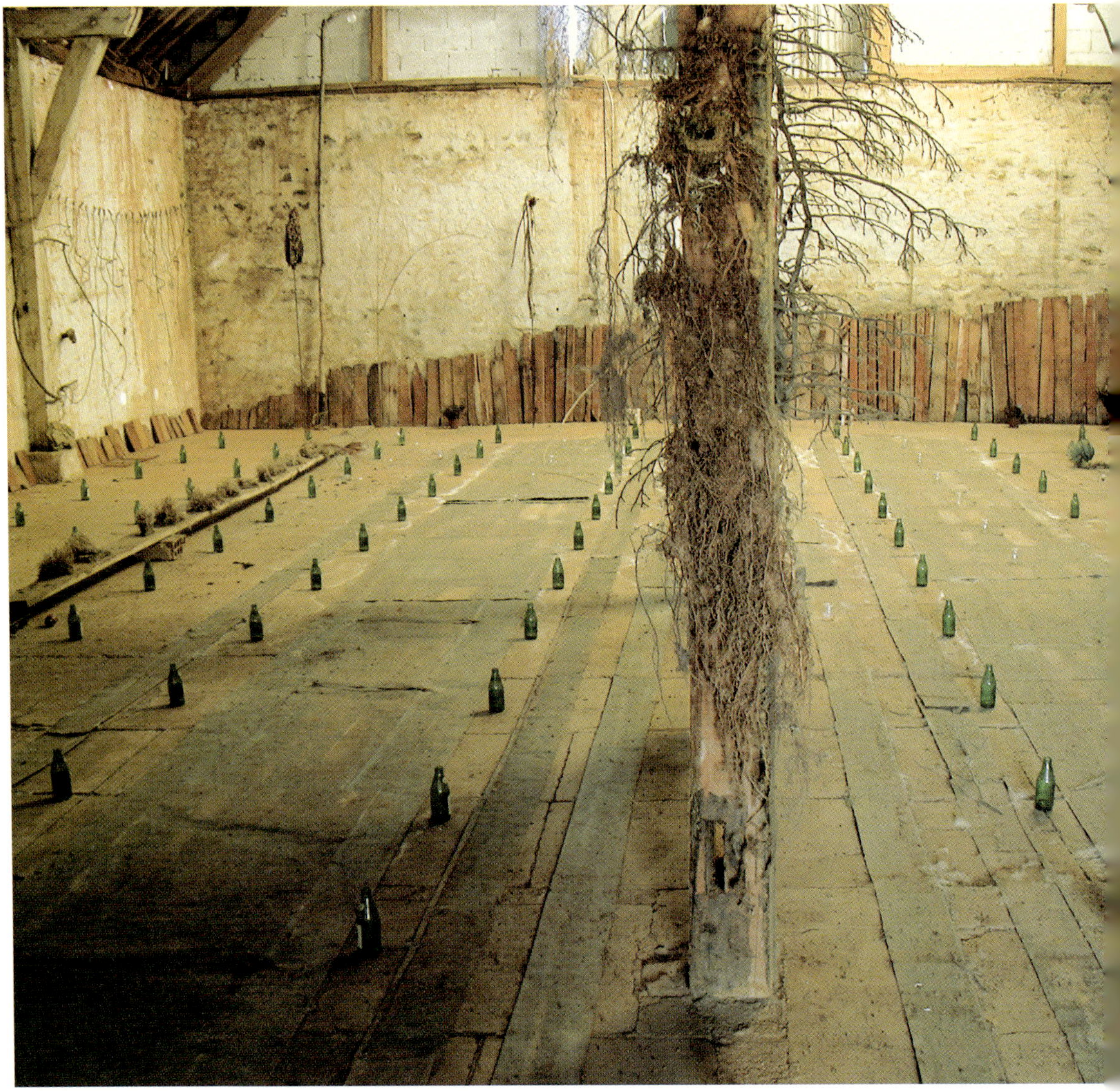

갸를롱 건조한 정원(왼쪽). 왼편에는 식물의 뿌리로 만든 허공의 칼리그라피(서예)가 보인다.
갸를롱 아궁이에 거꾸로 자라나는 나무(오른쪽).

파고 풀을 뽑고 돌덩이를 날랐을 뿐인데, 모든 일들은 저절로 굴러갔다. "그냥 내버려 두면 갸를롱 스스로 무언가 될 거야." 칼리의 고모 클로딘의 말이다. 데카르트의 후예답지 않게 그녀는 곧잘 범신론적 논리를 폈는데 그게 정답임을 수긍할 수밖에 없었다.

무엇이 되겠다고 미리 계획하지 않고 주어지는 대로 즐기며 나름의 재미를 찾아가며 놀이를 하듯 상황에 대응하는 것…. 이것을 두고 희완은 아나키스트적 방식이라고 표현한다.

"아나키스트들은 뭘 할 것인지 결정하지 않은 사람들이야. 미래는 열

갸를롱의 입구. 바닥에 삼각형이 새겨져 있고, 또 저만큼 뒤 지붕 위에 같은 모양의 삼각형이 하늘을 향해 있다. 하늘과 땅을 잇는 삼각형 하나를 그 사이에 만날 수 있다. 보이세요?

려 있는 거야. 뭘 하겠다고 정하고 나서는 사람들은 결단코 아나키스트가 아니야. 일단 각자에게 열린 세상을 맡기고, 그 안에서 무언가를 논의하고 실험하는 거야. 어느 누구도 혼자서 의도한 방향대로 일방적으로 끌고 가지 않아."

유럽 진보 세력의 최후의 진화 단계이자 68세대의 2000년대 버전이라고 할 수 있는 아나키스트적 방식을 게임의 룰로 적용시킨 실험적 놀이터가 바로 갸를롱이었다. 희완은 아나키스트적 방식은 모든 예술의 본질이라고 덧붙였다.

나는 이제까지 눈 밖에 두었던 갸를롱을 찬찬히 받아들이기 시작했다. 나만의 프로젝트도 하나 구상했다. 숲 속

낙엽들과 흙이 만들어낸 방석을 희완이 창고 입구에 걸어두자, 새가 날아와 거기에 둥지를 틀었다. 사실, 갸를롱의 주인은 동물들이다. 희완을 비롯한 사람들은 가끔씩 들르는 손님일 뿐.

에서 명상을 할 수 있는 흙집을 만들겠다고 했다. 대나무 숲도 만들기로 했다. 외부의 어떤 새로운 것도 받아들이지 않고 자연스럽게 놔둔다는 원칙이 있었지만 칼리의 탄생을 기념해 한국에서 가져온 열아홉 개의 은행나무 씨앗을 뿌렸을 때 그중 열세 개가 싹을 틔웠다 이미 원칙은 수정됐다. 희완의 심장 한복판에 자리잡은 이 놀이터가 내게도 가슴 뛰는 프로젝트를 실현할 터전으로 부상하는 중이었다.

한국에 돌아와서도 갸를롱의 체험을 문화정책에 응용했다. 10개 문화예술 단체들이 1년간 공동으로 진행한 지역문화정책과제 워크숍에

희완을 초청해 프랑스의 다원화된 근대문화제 지정의 한 사례로 갸를롱을 소개했고, 대선문화공약에서도 근대문화제 지정 확대와 지정요건 다원화로 문화적 가치를 지키고 난개발을 저지할 수 있다는 대안을 제시했다.

이명박 대통령이 서울시장 시절, 은평구 한양주택이 뉴타운 지구로 선정되자 온 마을 주민들이 격렬하게 반대한 일이 있었다. 뉴타운 지정에 대한 기대로 묻지마 투표가 이뤄지는 요즘, 시사주간지의 표지를 장식하고도 남을 사건이었다. 70년대 초 조성된 주택단지 한양주택 주민들은 이후, 그들만의 각별한 공동체를 조성해 서울 어디서도 볼 수 없는 1970년대 동네분위기를 가꾸며 살아왔다. 주민들은 그들이 구축한 살가운 공동체와 마을의 아름다움이 뉴타운이란 이름으로 조성될 아파트 단지에서는 유지될 수 없음을 알았다. 마을을 불도저로부터 구해내기 위해 주민들은 '근대문화재 지정' 신청을 냈으나 문화재청은 불가판정을 냈다. 대도시에 국한되던 부동산 투기를 전국 산간벽지로 확대시켰던 노무현 정권 하에서, 문화재청은 개발주의와 문화적 가치가 충돌할 때 언제나 전자의 편에 서 있었다. 문화계 사람들의 유홍준 문화재청장에 대한 분노는 전소된 숭례문 하나로 폭발한 것이 아니었다.

한 외국친구는 이렇게 말했다. "서울에서 너무 아름답다고 느낀 것들은 고개만 돌리면 다 사라져. 이러다가 한국에는 조선시대 궁궐이랑 아파트만 남겠구나." 전쟁도 지진도 없었지만, 이미 사라져버린 그 시대의 건축양식. 60~70년대를 우린 무엇으로 증언할 것인가?

"도대체 두 분이 무슨 연대를 하셨다구요?"

> 한국식 표현대로라면 그는 분명 나의 시아버지다. 그러나 희완을 남편이라 불러본 적이 없듯이, 돌아가신 그분 또한 시아버지라는 관계 속에서 바라본 적은 없었다. 나의 엄마가 "시아버지가 돌아가셨는데 너도 가야지" 하고 말할 때 비로소…

칼리가 알려준 할아버지의 죽음

2007년 3월 13일 새벽, 칼리 할아버지 앙리가 돌아가셨다.

  94세의 나이로 기력이 쇠하셔서 수면 중에 세상을 놓으셨다. 순식간에 허물어지며 눈물을 쏟아내던 희완은 급히 프랑스로 떠났다. 한국식으로 말하자면 호상이라고 할 만한 죽음이었다. 하지만 세상의 모든 죽음은 남아 있는 이들에게 격한 감정의 파도를 불러일으킨다.

  그의 죽음을 전해 듣기 전 새벽녘, 칼리는 갑자기 이유를 알 수 없는 울음을 토해냈다. 아이답지 않은 깊은 울음소리였다. 목이 쉬도록 "안돼, 싫어."라고 외치다가 가느다란 한숨을 내쉬며 파르르 몸을 떨더니 이내

칼리 할아버지의
정원에서.
93세의 나이에도
운전을 하시고,
정원을 매일 돌보셨다.

내 품안에서 잠들었다. 처음 보는 칼리의 발작적인 울음에 우리는 아이가
악몽에 시달렸나보다 생각했다. 몇 시간 뒤 전화로 비보를 접하고 나서는
할아버지가 칼리 꿈에 들르셨던 게 아닐까 생각하지 않을 수 없었다.

한국식 표현대로라면 그는 분명 나의 시아버지다. 그러나 희완을 남편이라 불러본 적이 없듯이 돌아가신 그분 또한 시아버지라는 관계로 바라본 적이 없었다. "시아버지가 돌아가셨는데 너도 가야지."라는 엄마의 말을 듣고 비로소 그 사실을 자각했다.

도리어 희완이나 그의 여동생은 며칠간 희완이 프랑스에 머물러야 한다는 사실을 나와 칼리가 잘 받아들이길 바라는 마음뿐이었다. 내가 아이를 데리고 그곳에 가겠다는 것은 그들이 상상하지 못한 일이었다.

처음에는 펄쩍 뛰며 꼭 가야 한다고 주장하던 나의 엄마도 칼리 고모와 칼리 아빠의 생각을 전해 듣고는 금방 입장을 바꾸어 "그럼 다행이네."라고 했다. 엄마는 이른바 시댁식구들의 눈에 딸자식이 어떻게 보일지 염려했던 것이다.

나는 앙리를 처음부터 할아버지라고 불렀다. 잘 알지는 못했지만 푸근하고 다정한 마음을 갖고 있었다. 그분 또한 나에 대해 비슷한 감정을 유지했을 것으로 짐작한다.

그를 처음 만난 것은 4년 전 부르고뉴에 있는 희완의 작업장에서였다. 그는 나이 90에 아들을 보기 위해 멀리 서해안 브르타뉴 지방에서 10시간이나 차를 몰고 왔다. 그는 아들의 여자친구에게 보일 수 있는 의례적인 호기심도, 먼 나라에서 온 이방인에 대한 생경함도 비추지 않았다. 인간에 대한 보편적인 선의를 가지고 나를 대했다.

늦은 나이에 아내도 자식도 없는 아들의 처음 보는 여자친구를 지극히 심플한 태도로 대하는 앙리의 모습은 그 자체로 강한 인상을 남겼다. 내가 자란 사회에서 익숙하게 보아온 일반적인 아버지들의 태도와 너무도 판이했다.

2차대전이 발발하자마자 곧 징병된 그는 오랫동안 독일 포로수용소에

갇혀 지냈다. 그 몇 년의 기억이 그의 남은 인생을 지배했다. 누구든 말상대만 있으면 그때 겪은 당신의 경험을 들려주려 했다.

  내게도 마찬가지였다. 하지만 그가 전쟁 얘기를 꺼내려고 하는 순간마다 희완이 개입하여 막았다. "내가 이렇게 하지 않으면 전쟁 얘기로 '고문'을 당할 거야." 거의 반사적이고 다소 폭력적으로까지 보이는 희완의 태도는 몹시 당황스러웠다. 앙리는 아들이 무례하게 말을 끊어놓아도 전혀 동요하지 않고 자신의 질서 속으로 천천히 회귀했다.

본인이 가꾸시던 정원의 사과나무 아래서 나와 칼리 할아버지.

나중에 들은 얘기로는 아버지의 반복적인 전쟁 이야기 때문에 희완의 여동생이 심각한 신체적 부작용을 일으켰다고 했다. 그 때문에 심리치료도 받았다는 것이다. 앙리는 자신을 치유하기 위해 사람들을 만날 때마다 전쟁 이야기를 들려주었지만 그러는 사이에 주변인들도 그가 겪은 고통을 조금씩 나눠가져야 했다. 전쟁은 끝났지만 상상하기 힘든 방식으로 꾸준하게 그 독을 퍼뜨리고 있었다.

1년 전 앙리는 딸의 집으로 거처를 옮겼다. 하지만 더 이상 주변을 괴롭히지 않으려 점점 더 깊은 침묵으로 빠져들었다. 대신 그는 전쟁의 기억을 글로 적어갔다. 그의 글은 교묘하게도 포로생활을 하던 전쟁 후반부의 이야기부터 시작해서 전쟁 초기로 이어진다. 그리고 마지막에 가서야 생전에 아무에게도 말하지 못하고 가슴 속에 묻어두었던 사람을 죽인 이야기를 털어놓았다. 그 얘기를 글로 적고 난 직후 그는 세상을 떠났다.

결혼, '체제 순응적'이라는 혐의

희완의 아버지가 나를 그토록 쿨하게 대한 것은 일차적으로는 이 사회가 가진 결혼에 대한 판이한 가치관 때문이었다. 인생의 한 시절을 함께 한 여자친구들이 있긴 했지만 희완은 줄곧 자발적 독신을 유지해왔다. 그러나 가족 중 누구도 결혼과 관련해 의문을 제기하지 않았다. 오히려 최근 희완의 조카 가엘이 올 여름에 결혼한다는 소식을 전해 왔을 때 우리는 매우 낯설어 했다. 가엘이 결혼을? 희완은 "참 이상한 생각이네." 하면서 웃었다. 가엘은 자의식이 강하며 비타협적인 정치적 태도를 가진 여성이다. 우리로서는 누군가 결혼을 하라고 그녀에게 강요라도 할라치면 그것에 열렬히 저항하는 가엘을 떠올리는 편이 더 쉬웠다. 그러고 보면 오히려 프랑스 사회에는 결혼을 하는 사람에 대한 가벼운 역차별이 존재한다고 할 수 있을 것 같다. 체제순응적이라는 혐의를 갖게 하는.

한국사회에는 결혼이라는 제도를 겹겹이 둘러싼 허물들이 있다. 결혼 전까지는 간신히 모르고 살다가도 결혼을 하고 단 몇 년 만에 완전히 온몸으로 체득하고 뼈저리게 부딪히며, 저항할 수 없이 미끄러져 들어가 투항하게 되는 가부장적 이데올로기의 다양한 기제들. 그 몇 가지 단면을 설명해주면 희완은 1940~1950년대까지만 해도 프랑스도 비슷했다고 대답한다. 그럼, 그 모든 것이 완전히 절연된 시기는? 1968년이다.

오늘의 프랑스 사회에 남아있는 멋진 구석의 대부분의 시발점이 '68'이다. 드골주의로 대표되는 엄격하고 보수적인 사회분위기를 전복하고, 페미니즘, 성소수자운동, 환경운동 등과 같은 다원적 정치의제들, 그리고 건강한 개인주의가 68이후 10년간에 걸쳐 사회 전체에 뿌리내리게 됐다. 그중에서도 남의 일에 간섭하지 않고, 각자 자신의 기준과 가치로 살아가는 것을 서로 인정하는 개인주의는 68의 가장 큰 사회적 유산이다.

때로는 개인주의의 도가 지나쳐서 인간이 기본적으로 가진 '이심전심'의 코드가 퇴화한 듯 보이기도 한다. 명확하게 설명하고 요구하지 않으면 자신의 의도를 상식적 차원에서 알아서 파악해주길 기대할 수 없는 답답한 구석이 있다.

긍정적이든 부정적이든 이 사회가 철저히 체화하고 있는 개인주의는 단기간에 학습된 것이라고 믿기 어려울 만큼, 완벽하게 전 세대에 뿌리내려 있다. 개인주의가 가진 미덕은 기본적으로 프랑스 사회를 세련된 시민사회로 성숙시켰다. 또 그것을 적극적으로 제도화하여 사람들을 획일화된 틀에 가두지 않고, 각자 선택한 방식 속에서 인권과 사회보장의 혜택을 평등하게 누리게 한 정치제도의 역할도 눈부셨다. 최근 들어 이 개인주의가 신자유주의와 만나 요상한 방향으로 그 형질이 전이되면서, 프랑스를 점점 참기 힘든 사회로 변모시키는 것은 아주 슬픈 현실이다.

시민연대계약^{PACS}

프랑스가 유럽의 저출산 경향을 홀로 탈출해 출산대국으로 부상한 주요 배경에는 출산과 육아를 사회적 과업으로 완벽하게 받아들인 태도가 있다. 하지만 그 이전에 다원적인 가족의 형태를 제도 안으로 포섭하려한 노력 또한 핵심적인 요인이라 할 수 있다. 통계적으로 프랑스에서 결혼제도 밖과 안에서 태어난 아이의 비율은 50:50이며, 이들에 대한 제도적, 인습적 차별은 '0'이다.

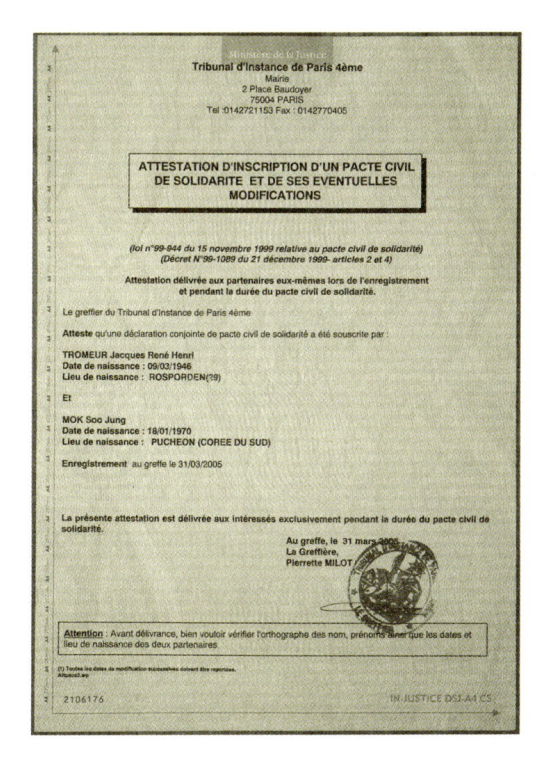

시민연대계약 PACS 서류.

늘어나는 동성커플의 관계를 사회적으로 인정하고 보호하기 위해 1999년에 만들어진 시민연대계약^{PACS} 또한 변해가는 삶의 패턴에 법이 유연하게 따라간 대표적 사례다. 그러나 이 제도가 국회를 통과하기까지는 10년이라는 긴 세월이 걸렸다. 수많은 사람들이 그들의 평등하게 존재할 권리와 한 뼘 더 큰 자유를 위해 그 긴 세월을 싸웠다. 시민연대계약

법에 대한 논란이 막바지에 이른 1998년, 당시 사회당 국회의원이었고 2008년 3월에 파리시장으로 재선된 베르트랑 들라노에는 자신이 동성애자라는 사실을 방송에서 커밍아웃한 바 있다. 그는 이렇게 말했다.

"나는 동성애자의 권리를 위해서 뿐 아니라, 인종차별과 유태인차별에 저항하는 모든 종류의 인권운동에도 참여해왔다. 개인의 자유와 평등을 위한 투쟁은 모든 인류를 위한 투쟁과 같다. 그들이 다수든 소수든 일군의 사람들이 한 사회에서 또 하나의 자유를 쟁취할 때마다 사회는 조금 더 확장된 자유를 얻게 된다."

베르트랑 들라노에는 시민연대계약법에 대한 사회적 동의를 확대하기 위해 커밍아웃을 감행한 것이다. 일 년 뒤 법안은 의회를 통과했고, 그도 파리시장으로 당선됐다.

시민연대계약은 동성커플만을 위한 것은 아니며 모든 사람들에게 열려있는 제3의 선택이 되었고, 실제로 동성커플보다 더 많은 이성커플이 시민연대계약을 한다. 나와 희완도 그 가운데 하나다. 사실 굳이 시민연대계약을 했던 것은 출산을 위해 파리에 온 내가 체류증을 얻는데 좀 더 유리하지 않을까 싶어서였다. 태어날 아이를 위해서라도 체류증을 받지 못하는 상황은 피해야 했다. 굳이 사회연대계약을 하지 않았어도 프랑스 국적을 가진 아이^{한국국적도 물론 갖고 있다}의 엄마라는 사실만으로도 체류증은 쉽게 발급된다는 걸 나중에 알았다. 체류증을 받고 1년이 지나면 영주권으로 전환된다.

시민연대계약은 결혼과 달리 구청장의 주례도 증인도 필요 없이 단 두 사람만의 합의에 기초하는 계약이다. 파기할 때도 굳이 합의해야 할 필요가 없고, 합의가 안 됐을 때도 재판절차를 거치지 않고 일방적인 통보만으로도 가능하다. 결합할 때는 두 마음이 합쳐져야 하지만, 헤어지는 건

부르고뉴의 집
나무 아래서,
5개월을 기념하여
예쁜 원피스를
차려입은 칼리.

실제로 한 마음만 떠나도 성립한다는 현실을 잘 반영하는 제도다.

시민연대계약을 맺으면 결혼한 사람들처럼 세금 감면이나 국적 취득을 비롯해서 여러 가지 제도적 혜택을 동등하게 누릴 수 있다. 계약내용도 완전히 열려 있다. 각자 정하기 나름이다. 시민연대계약 증서를 받으러 가던 날 혹시나 하는 마음으로 정장을 차려입고 나섰지만 담당자가 내미는 서류를 달랑 받아오기만 하는 싱거운 세리모니에 피식 웃고 말았다.

구청에서 돌아오는 길에, 까페 테라스에 앉아 샴페인 잔을 부딪치며 연대로 묶인 시민이 된 것을 자축했다. 태어난 지 3주 쯤 된 칼리는 아빠 품에 안긴 채 쌔근쌔근 잠들어 있었다.

"도대체 두 분이 무슨 연대를 하셨다구요?"

'혼인'이란 두 글자

나와는 반대로 희완은 결혼을 하지 않은 죄로 한국에서 관광비자 밖에 얻지 못했다. 그 때문에 3개월에 한 번씩 해외여행을 하는 호사를 누려야 했다. 이를 중단하려고 한국 쪽 제도를 알아보았지만 아이가 한국 국적을 가졌다고 해서 아빠의 체류기간을 연장해주는 사례는 없었다. 희완과 나는 혹시나 하는 마음으로 시민연대계약서를 내밀었지만 한참 동안 서류를 살피던 구청직원은 말했다. "도대체 두 분이 무슨 연대를 하셨다는 건지 모르겠네요. '혼인'이라는 두 글자가 없으면 안 됩니다."

구청직원은 매우 친절했으나, 우리를 좌절시켰다.

혹 우리가 혼인신고를 하고자 했더라도 과정이 복잡하기는 마찬가지였다. 1년짜리 체류 비자를 받으려면, 먼저 프랑스에서 혼인신고가 되어 있어야 하고, 그 다음에 재산증명과 재직증명서, 일정한 액수 이상의 연봉을 받는 사람의 신원보증서를 출입국관리소에 내야 한다. 여기서 끝이 아니다. 실제로 어디에 살림을 차려 살고 있는지 실사를 하기 때문에, 지금 절차를 밟기 시작하면 앞으로 6개월 정도 걸린다고 했다. 가난한 사람은 국제결혼도 맘대로 못한다? 이 따위 반인권적 제도에 굴복하느니 차라리 없는 돈을 3개월마다 항공회사에 갖다 바치는 편이 속편하다는 데 둘은 동의했다. 이리하여 우린 아직까지 비혼상태를 성공적으로 유지하는 중이다.

본의 아니게 세 번이나 중국여행을 하고 돌아온 희완은 중국에서 가장 자주 보는 영어단어는 Gold, 한국에서는 Happy라고 했다.

행복은 마음에만 있는 게 아니라 사회 속에서 쟁취하고 학습하는 것이며 또 전이되는 것이다. 우리는 어린아이 속옷에, 팬시용품에 값싸게

수놓아진 장식으로서 Happy가 지천인 사회에 산다. 하지만 불합리한 문제들이 있을 때마다 "원래 그렇다."는 말 밖에 들려주지 않는 이 사회는 얼마나 행복할까. 결코 납득할 수 없는 편협한 정상이 활개를 치는 한, 이 사회의 행복은 버석거리는 포장지로만 존재하는 공허한 사기일 뿐이다.

프랑스 남자의
팍팍한 서울살이

> 아이 아빠가 나보다 훨씬 나이가 많은 외국인이라는 사실 때문에 어떤 이들은 용감무쌍하게 이렇게 질문한다. "사랑해서 결혼한 건가?" 혹은 "행복한가?"

엄마의 한계 : 나와 칼리는 되고 희완은 안됨

2005년 11월, 1년간의 육아휴직을 마치고 칼리와 함께 한국에 돌아왔다. 희완은 나보다 한 달 더 파리에 머물렀다. 마무리해야 할 일이 남아 있기도 했지만 결정적으로 엄마 때문이었다. 떠날 때와는 달리 엄마는 크게 양보한 조건을 내걸었다. 나와 칼리는 집에서 함께 지내도 되지만 희완은 안 된다는 것이다. 세 사람이 함께 살 집을 마련하고 살림살이를 대충 갖출 때까지 희완은 들어올 수 없었다.

엄마로서는 놀라울 정도로 양보했지만 희완을 집에 들일 수 없다는 완강한 태도는 여전히 폭력적이었다. 하지만 더 이상 문제제기는 하지 않기로 했다. 엄마의 완고한 성격과 한국 사람들이 외국인에게 갖는 배타성을 숱하게 들어온 탓에 희완 쪽에서 먼저 '문화적 차이'로 가볍게 인정하고 넘어갔다.

만약 내가 희완의 식구들에게서 같은 대접을 받았다면 엄마는 과연 어떤 반응을 보이셨을까? 당장 인종차별로 받아들였을 것이 분명하고, 이로 인해 마음 상한 우리 두 사람의 관계는 심한 갈등을 겪으며 끝이 났을 지도 모른다.

그렇다고 엄마가 희완 얼굴을 안 본 것은 아니다. 집에서 지낸 아이 돌잔치 때 엄마와 희완은 처음으로 얼굴을 마주했다. 희완이 한국에 온지 3개월 만이었다. 희완은 잔치 중에 휑하니 나갔다가 엄마, 이모, 언니, 나 그리고 칼리로 이어지는 집안의 모든 여자들에게 난蘭을 선물로 사들고 들어왔다. 그 바람에 점수를 왕창 땄다.

오래된 이웃이라는 적

희완이 가는 건 안 되고, 엄마가 오시는 건 괜찮고? 이상한 논리인 듯했지만, 생각해 보면 엄마가 두려워하는 건 수십 년 동안 살아온 동네 이웃의 수군거림임을 어렵지 않게 알 수 있었다. 시내 식당에서 치른 엄마 칠순에 친척들이 모인 자리에 희완과 칼리와 내가 자연스럽게 초대받았고, 모든 친척들 사이에서 희완의 존재를 편하게 대했던 것을 보면 이 점은 더욱 분명해 진다.

엄마의 정치의식은 급속도로 확장된 바 있어서 내가 당에서 일하게 되었을 때는 "너를 알아본 곳이라면 거긴 분명 똑똑한 집단일 거다."라는

집에서 조촐히 치른 칼리의 첫돌.

말로 전폭적인 지지를 보낼 정도였다. 그 뒤로 모녀의 정치토론은 거의 매일 밤 이어졌다. 그리고 프랑스인과 함께 아이를 낳은 딸을 통해 엄마와 우리 가족, 심지어는 친척들의 인식 세계까지도 순식간에 터부의 벽을 가뿐히 뛰어넘는 확장을 경험하게 되었다. 하지만 엄마는 '이웃 아줌마들'이라는 가장 무서운 벽을 아직 못 넘고 계셨던 것이다.

친척들 앞에 소문으로만 듣던 매우 이질적인 나의 가족이 등장하였을 때, 우리는 놀라우리만치 자연스러웠고 금방 친해졌다. 결정적인 요인은 두말할 것도 없이 칼리였다. 아이라는 존재들이 보편적으로 지니는 경이로운 능력이 발휘되기도 했고, 칼리가 타고난 사교성으로 남다른 친화력을 구사한 덕분이기도 했다. 평소에는 거의 대화를 나누지 않던 외삼촌도 아이를 통해 나에게 반갑게 대화를 건네시고, 점점 멀어지기만 하던 사촌들도 함박웃음을 지으며 아이를 중심으로 모여들었다. 칼리가 파리에 이어서 한국에서도 엄마의 비틀거리던 인간관계 회복에 한몫을 해준 것이다. 최근 설날에는 엄마도 못 이기는 척 희완의 방문을 허락했다. 얼결에 세배까지 받으셨다. 역시, 시간은 모든 걸 치유한다.

듬성듬성 건너뛰는 그 난해한 애정표현

한편 엄마는 그간의 공식적인 박대가 미안해서인지 희완이 좋아한다고 말한 음식은 꼭 만들어주었다. 겨울용 내복도 선물하셨다.

이 이상하고 뜨뜻미지근한 애정 표현에 희완은 더디고 굼뜨게 적응하고 있었다. 압축성장한 한국 사회의 사람들이 재깍재깍 새로운 환경에 적응하고, 후딱후딱 불필요한 과정을 제거하는데 능한 반면, 오랫동안 지구가 자기중심으로 돌아간다고 믿어왔던 제국주의 국가의 후예들은 성급히 스스로를 새로운 환경에 적응시키기보다 불편하더라도 자신의 스타일을 고수하려는 습관이 있다.

'생콩'이라는 별명의 엄마는 한 박자 늦게 표현하고 가급적이면 직접적 표현을 피하는 무뚝뚝한 사람이다. 파리에 있을 적에는 조금 더 다감하고 표현도 잘하는 편이었는데, 엄마의 이런 스타일이 바로 옛 기억을 불러일으켰는지 한국에 돌아오자, 나 역시 툭툭 던지는 터프한 방식을 더 선호하게 되었다.

선문답은 불가능하고, 한마디 하면 척하고 새겨듣는 능력이 바닥이며, 답답할 정도로 논리적 언어로만 일거수일투족을 표현해야 하는 입 아픈 표현 방식에 익숙한 프랑스 남자에게 한참 에둘러 가는 한국식 표현은 대부분 난해한 농담이었다.

당연히 애정 표현이 배달사고를 일으키는 일들이 벌어졌지만, 한국이라는 사회적 조건과 지척에 있는 엄마라는 환경이 내게 미치는 영향은 지대했다. 나의 모드는 좀처럼 예전과 같이 전환되지 않았다.

세 사람의 한국살이를 바라보는 시선들

칼리는 '어린이집'이라는 생애 첫 사회생활을 평생 해왔던 일인 양, 첫날부터 아무렇지도 않게 잘 적응했다.

희완은 가사와 예술작업을 병행하는 새로운 삶의 패턴에 적응하느라 분주했고, 나 역시 한동안 꺼두었던 엔진에 시동을 걸어 문화정책 연구원 자리로 되돌아갔다.

가끔 세 사람이 외출을 하게 되면, 지하철에서 반드시 마주치게 되는 동포들의 거북한 반응은 순혈주의의 강박이 깨지고 있는 한국사회가 겪고 있는 성장통을 그대로 투영한다.

대부분의 사람들은 어딘지 다르게 생긴 칼리한테 먼저 시선을 빼앗긴다. 그러다가 나와 아이 아빠를 차례로 보면서 이내 알겠다는 표정을 짓는다. 여자들과 젊은 남자들은 대체로 다시 칼리와 시선을 맞추려 한다. 아이가 몇 마디 한국말이라도 하게 되면 거기서 완전 상황 제압이다. 나이든 남자들은 그게 잘 안 되는 부류다. 우리의 존재가 그들의 심정을 불편하게 만드는 모양이다. 그들은 표정으로 '저런 발칙한…!' 이라고 말하며 견제의 시선을 보낸다. 아이 아빠가 나보다 훨씬 나이가 많은 외국인이라는 사실 때문에 어떤 이들은 용감무쌍하게 이렇게 질문한다. "사랑해서 결혼한 건가?" 혹은 "행복한가?"

이런 일도 있었다. 초등학생 소년이 우리 셋을 번갈아 바라보다가 매우 불만스런 얼굴로 물었다. "아줌마는 누구랑 결혼했어요?" 그 아이를 바라보며 내가 답했다. "아무하고도 안 했어." 아이의 얼굴은 똥 씹은 표정으로 일그러졌다.

간혹 대낮부터 취기가 오른 아저씨들은 거침없는 발언을 내뱉으며 화냥년으로 취급한다. 하지만 그야말로 대낮부터 술을 마셔야 하는 예외적인 상황일 뿐이다. 뭐 이쯤이야!

생각보다 파란만장하지 않아서 실망스럽기도 한 동포들의 시선이다.

애정결핍으로 쓰러진 희완

사고뭉치 희완에게 문제가 생겼다. 이 남자가 어느 날 갑자기 숟가락 하나 들 수 없을 만큼 에너지 제로의 상태가 돼버렸다. 한국 체류 6개월만의 일이었다. 지하철역에서 7분이면 족한 언덕길을 30분이 넘게 기다시피 걸어 올라왔다고 했다.

희완은 며칠 동안 내리 잠만 잤다. 병원에도 가봤지만 뚜렷한 이상이 없다고 했다. 그러니 처방받을 약도 치료방법도 얻지 못했다. 고민 끝에 용하다는 한의원에도 찾아갔지만 기력이 소진돼서 그렇다고만 했다. 그건 우리도 이미 아는 거였다. 침을 맞아 일시적으로 기운을 자극하고 한의원을 나섰다.

희완은 아주 천천히 원기를 회복하는 듯했지만 정상일 때에 비하면 여전히 절망적인 상태였다. 그렇게 속절없이 2~3주가 흘렀다. 파리에 살 때부터 잘 알고 지내던 친구와 전화통화를 하다가 희완 얘기를 했더니 "희완, 애정결핍 아니야?"라고 했다. 그 말을 듣는 순간 정확한 진단이라는 생각이 들었다.

희완도 그 말에 동의했다. 원인을 알았으니 이제 거의 다 나은 거나 진배없다. 우리는 그 사실만으로도 기뻐 얼싸안고 눈물을 흘렸다. 내 편에서는 미안함의 눈물이었다.

아이와 일. 나의 관심은 이 두 가지에 온통 집중돼 있어서 희완을 바라볼 겨를이 없었다. 마치 직장 다니는 남편이 집에서 살림하는 아내를 늘 같은 자리에 서 있는 가구 대하듯 하는 현상이 내가 사는 집에서도 벌어진 것이다. 배달사고를 일으키는 줄 뻔히 알면서도 터프 일변도의 표현방식을 고수해온 것도 희완을 쇠하게 했을 것이다.

물론 그 동안에도 토론하기 좋아하는 희완의 요구에 응해 내가 하루 종일 어떤 일을 했는지, 한국사회의 정치이슈는 무엇인지 대화를 주고받긴 했다. 하지만 내가 먼저 희완이 하루 종일 집에서 무엇을 했는지, 새로운 작업은 어떻게 진행하고 있는지, 그 작업에 대한 내 생각은 어떤지 얘기해본 적은 거의 없었다. 나는 평소 아내를 무급 가정부 취급하는 남편들을 혐오했다. 그런데 내가 그런 남편들의 모습을 딱 닮아가고 있었다.

희완은 웃을 때 100%로 웃는 것처럼 사랑을 할 때도 마음 밑바닥까지

쏟아지는 칼리의 뽀뽀에 꽃처럼 활짝 피어나는 희완의 얼굴이 사랑스럽다.

프랑스 남자의 꽉꽉한 서울살이

다 바쳐 사랑한다. 그는 아침에 헤어질 때면 늘 다시 못 볼 사람처럼, 저녁에 만날 때면 10년 만에 재회한 것처럼 뜨겁게 포옹하는 남자다. 그런 그가 달라진 환경에 적응하길 거부하고 나의 무관심에 시들어가다가 마침내 몸져누워버린 것이다.

우리는 자축하기 위해 외식을 하러 나갔다. 우리 관계에서 무엇이 문제인지 알아낸 것을 축하하고, 내 잘못을 자각한 것을 축하하고, 우리가 다시 예전처럼 풋풋한 연인으로 돌아갈 계기를 만난 것을 축하했다. 그것만으로도 희완은 다 나은 것 같았다.

나는 매일 밤 한 시간 정도 그의 작업을 보고 내 느낌을 이야기하는 시간을 갖기로 했다. 그는 작품을 할 때마다 내가 어떤 생각을 할까, 내가 뭐라고 말할까를 상상한다고 했다. 희완은 다시 아름답고 건강한 남자가 되었다.

아, 그러나 철썩 같은 내 약속은 한 달밖에 유효하지 않았다. 내 유일한 노력은 한 달에 두 번쯤 문화적인 외출을 하는 것으로 그쳤다.

희완은 그 사이에 맷집을 좀 키운 것 같았다. 그게 아니면 애정의 촛불을 꺼트리지 않고 유지해가는 일 따위는 사치로 취급하는 이 사회에 조금 더 적응한 것일까. 그의 작업에 관심이 뜸해진 지 여러 날이 지났지만 희완은 아직 멀쩡하다.

하지만 이대로 그냥 두면 희완은 언제고 다시 쓰러질 것이다. 혹은 그의 야들야들한 감성이 딱딱한 악어가죽처럼 두꺼워지는 불상사가 발생할지도 모른다. 역시 실천이란 어렵다.

목수정은 각성하라! 각성하라!

당신의 취향은
정말 당신 것인가

> 내가 가졌던 한 가지 원칙을 공개하자면 '넥타이 속의 남자는 제외'였다. 20년을 헤아리는 나의 연애사에 단 한 번 예외가 있었지만, 솔직히 가장 지루한 연애였다.

취향은 계급을 배반하지 않는다?

일찍이 부르디외가 명쾌하게 일갈한 바 있듯이, 자본주의 사회에서 취향이란 많은 사람들이 흔히 착각하는 것처럼 스스로의 선택이 아니다. 그것은 일차적으로 출신계급과 교육수준, 집안 환경 등이 촘촘히 얽혀서 구조적으로 생산되고 또 확산된다. 개인의 의지로 쉽게 떨쳐낼 수 없는 유기적 습성이다. 1979년 부르디외의 탁월한 성찰이 저술로 발표된 이래 강산이 세 번쯤 바뀐 지금, 여전히 그 성찰의 뼈대는 유효하지만 21세기 한국사회를 설명하기 위해선 새로운 버전의 취향 연구를 추가해야 할 것 같다.

어느 추운 겨울날, 강남에 있는 박물관에 가기 위해 압구정동 현대백화점 앞에서 기다리던 희완은 날 보자마자 질문을 퍼부었다.

"아주 이상한 걸 봤어. 이 동네 여자들이 모두 비슷한 가방을 들고 다니고, 하나같이 어딘가 불편해 보이는 표정이야."

백화점 문을 들고나는 여자들은 특유의 그 뭔가 마뜩지 않아 하는 표정에 루이뷔통이나 구찌 혹은 프라다 백을 어깨에 둘러메고 있었다. 압구정동의 저 우중충한 아파트단지가 이 나라에서 가장 돈 많은 인간들이 사는 동네라고는 전혀 상상하지도 못했으며, 명품의 개념은 물론이고 그런 걸 유니폼처럼 걸치려 안달이 난 한국 부르주아들의 취미도 금시초문인 희완에게는 그 모든 것이 마치 연출된 것처럼 기이해 보였던 것이다.

한국에 처음 도착한 날 그의 입에서는 '포스트모던'이라는 단어가 튀어나왔다. 여러 가지 면에서 한국은 예술가에게 소름 돋는 자극을 제공하는 포스트모던한 사회였다. 희완은 압구정동의 저 아파트단지를 처음 보았을 때 파리 빈민지역인 방리유쯤 되는 동네려니 생각했다. 그는 부자들, 즉 선택할 수 있는 자유를 가진 사람들이 저 칙칙한 아파트 단지에 산다는 사실을 납득할 수 없었다. 물론 압구정 현대는 그저 하나의 상표일 뿐이다. 프라다, 구찌같은.

가장 비싼 핸드백을 일률적으로 들고 다닌다는 것은, 달리 말하면 자신들이 누릴 수 있는 다양한 선택의 자유를 저버린다는 의미다. 경제적 풍요가 도리어 최고급 메이커 제품에만 한정된 선택을 하도록 하는 족쇄가 되는 셈이다. 요동하는 시대를 거치면서 부자들은 모두 신흥부자들일 수밖에 없게 된, 이 사회에서 독자적인 미감과 취향을 연마한 세대적 연륜을 발견하기란 쉽지 않다. 이들에게는 이른바 명품 취향이 다른 계층과 서둘러 경계를 긋고자 할 때 가장 안전한 선택이 된다.

공부를 잘하면 선택할 수 있는 학과와 대학의 선택의 폭이 넓어져야 하지만 이 부분에서도 한국사회는 예외의 답을 제공한다. 한국 사회에서 공부를 잘 한다는 의미는 조변석개하는 입시제도에 발 빠르게 대응할 만큼 기동력을 갖춘 학원 강사들에게서 정답 고르는 요령을 잘 배웠다는 것과 크게 다르지 않다. 그러니 진정한 지성과 명민함이나 세상을 통찰하는 독자적 시각을 갖추는 것과는 별개의 문제다.

중학교에서부터 공부 좀 한다 싶으면 과학고나 외고를 가기 위해 줄 서는 게 일반적이고, 미국 유학을 가서도 아이의 성적이 좋으면 무조건 하버드에 갈 것을 원해 미국 고교 교사들이 따로 모여 이 문제로 회의를 한다고 한다. 영국언론은 한국이 겪는 이 병리현상을 두고 특집기사를 싣기도 했다. 세상 사람들 모두 쟤네 어디 아픈 것 같다고 수근대는 한국 사회를 우리만 여전히 '뭐, 이까짓 것쯤이야!' 하며 대수롭지 않게 여기고 있는 것은 아닐까.

영국황실의 명품 유모차 맥클라렌 한국 동호회

얼마 전 한 친구에게서 영국제 맥클라렌 유모차를 소유한 부모들의 동호회가 있다는 얘기를 우연히 듣게 되었다. 주말이면 공원에 맥클라렌 유모차를 끌고 함께 모이기도 한다고 했다. 영국 본사에서는 한국의 맥클라렌 동호회 부모들의 '인상적인 활동'에 자극받아 새 모델을 출시했다는 후문까지 접하게 됐다. 헉! 파리에서 2년간 베이비시터를 할 때 내가 끌던 그 꼬질꼬질한 티보의 유모차가 한국 중산층들의 정체성을 확인하게 하는 또 하나의 도구였다니! 대체 무엇이 그 유모차를 '명품' 대열에 올려 놓았을까.

　인터넷을 검색해 보았다. "베컴, 영국 황실을 비롯해, 줄리아 로버츠, 기네스 펠트로 등의 스타들이 애용하는 명품 유모차로 2003년 3백만 원대의 유모차가 첫 수입되어 선풍적인 인기를 끌었다."는 상세한 설명들이 쏟아져 나왔다. 그중 압권은 지식검색에 등장한 "심은하씨도 맥클라렌 유모차 쓰시나요?"라는 질문이었다. 답은 예스. 사진 몇 장과 함께 그녀가 어떤 모델을 쓰는지도 누군가 친절히 답해 놓았다. 돌풍의 실체를 감 잡았다.

　선택의 자유를 얼마든지 누릴 수 있는 부자들이 이처럼 상표 앞에 줄을 서서 자신의 취향을 자발적으로 포기하는 또 하나의 사례였다. 이들을 포함한 이 사회 전체가 외환위기 이후 일거에 취향의 구조조정을 당한 경험은 참혹하지만 저항할 수 없는 일이었다. 그러나 자신들의 취향이 거세된 것을 인지하는 사람들이 드물다는 사실이 저항 자체를 무력하게 만든다.

당신의 취향은 구조조정 당했다

지난해 용산 지역 민주노동당 당원들의 연구모임에서 그 달의 주제를 영화로 정하고, 내게 강의를 요청해 왔다. 1부에서는 그들이 미리 선정한 영화 관련 서적을 가지고 내부 논의를 나누었고, 2부 순서에서 나는 '한국영화의 현황과 민주노동당의 대안'에 대해 이야기했다.

　당원들의 모임에 가면 언제나 느끼는 거지만, 대체 대한민국 어디에 이런 사람들이 숨어 있었나 싶다. 닳고 닳은 시대를 희한하게 비껴 살아온 선하고 무던한 인상의 사람들이 하나 둘씩 모여들었다. 언제나 그렇듯 그들 중 나를 자극하는 매력적인 인물들이 있는지 재빠르게 훑어보았다. 그런 인물이 많을수록 당의 미래가 밝다고 느끼기 때문이다.

민주노동당 당원들이 지니는 평균적 색채는 '무던함과 진솔함' 이다. '도드라지게 자신만의 매력을 갖춘' 경우는 많지 않다. 우파 정당의 지지율이 하는 일없이 과반을 훌쩍 넘는 이 시대에 좌파로 살아가는 것 자체가 이미 도발적 선택이다. 그런 이들에게서 자신만의 강렬한 색채가 묻어나지 않는다는 사실이 썩 자연스럽지는 않다.

대의를 위해 자아를 희생하거나 미래를 위해 현재를 희생하는 것이 아니라, 자신의 본질적인 지향과 욕망에 충실한 선택으로서의 좌파, 자유롭고 당당한 생활좌파가 많을수록 미래가 밝다는 게 내 생각이다. 두 주먹을 불끈 쥐고 투쟁의 깃발을 높이 올리는 모습만이 좌파의 전부는 아니며, 그런 자세가 좌파의 승리를 앞당긴다고 생각하지도 않는다.

1부에서 당원들이 영화에 대해 얘기를 주고받는 것을 듣자니 "결국 흥행성적이 모든 것을 말해준다.", "그건 각자 취향의 문제지." 등의 말들이 귓전을 스쳤다. 다른 모든 부문의 사회구조가 조정당하면서 취향의 구조조정도 우리를 휩쓸고 지나갔음을 인지하지 못하는 걸까?

관객의 뺨을 후려치는 폭력

관객의 취향이라는 것이 시장에 민감하게 반영되던 1990년대를 지나 갑자기 그것이 불가능하게 된 2000년대 초반, 관객들이 스스로 나서 영화 구명운동을 벌이는 영화사상 초유의 일이 일어났다. 이른바 '와라나고' 운동. 〈와이키키 브라더스〉, 〈라이방〉, 〈나비〉, 〈고양이를 부탁해〉처럼 번득이는 영화들이 제대로 숨 한번 크게 내쉬지 못하고 극장에서 사라지자 가장 먼저 놀란 것은 관객들이었다. 이들은 자발적으로 나서서 '와라나고' 재상영 운동을 펼쳤다. 그러나 이는 아직 변한 세계를 인지하지 못한 관객들의 상징적인 저항 사건으로 기록될 뿐이었다.

그 뒤에도 태어난 지 하루 이틀 안에 절멸해가는 영화들이 속속 이어졌다. 영화세상은 이제 완전히 마이너리그와 메이저리그로 양분되었다. 음악세계가 일찌감치 인디와 댄스로 양분되었던 것처럼.

2004년 한 멀티플렉스 극장에 들어갔을 때, 8개관 중 5개의 관에서 〈태극기 휘날리며〉를 상영하고 있었다. 관객의 뺨을 휘갈기는 폭력적인 풍경이다. 자본의 우격다짐으로 사람들의 취향을 강제하고 있다는 느낌에 강력한 저항감이 솟구쳤다.

지난 10년간 엄청난 양적 성장을 기록한 한국 영화산업에서 실질적인 수혜자는 멀티플렉스들이었다. 16개의 스크린이 있는 멀티플렉스에서 우리가 고를 수 있는 선택의 폭은 4~5개가 고작이다. 소위 블록버스터 영화가 하나 나오면 50%에 육박하는 스크린을 하나의 영화가 장악하는 일이 비일비재하다. 〈스파이더 맨3〉이 멀티플렉스에 걸렸을 때, 16개관 중 9개관에서 〈스파이더 맨3〉이 상영됐다. 자, 마음껏 고르시라.

2000년 이후, 상영업은 수직 상승을 기록한 반면, 제작업은 마이너스 성장을 기록했고 굴지의 제작사들도 하나 둘씩 대기업 계열사로 편입되었다.

나는 영화독과점 방지법을 대안으로 제안했다. 마침 이 법안에 대한 논의를 국회 내에서 진행할 무렵, 봉준호 감독의 〈괴물〉이 혼자서 600여 개의 스크린을 장악하는 사상 초유의 스크린독과점 현상을 불러일으켰다. TV토론에서 논쟁이 붙기도 했었다. 엉뚱하게도 이 법이 한국영화의

광화문 앞 스크린쿼터 사수 1인 시위에서 엄마와 함께 참여한 칼리가 감시하는 경찰들을 물끄러미 바라보고 있다. "또 다른 세상은 가능합니다."

성장을 저해할 수 있다는 논리가 만들어지기도 했다. 하지만 2007년 흥행 5위를 달성한 영화 5편중 4편이 〈캐리비안 해적 3〉, 〈스파이더맨 3〉, 〈트랜스포머〉, 〈해리포터와 불사조기사단〉 같은 할리우드 영화였다. 이들은 모두 700~900개의 이르는 스크린을 한 입에 털어 넣는 위업을 달성하면서 이런 기우(?)를 불식시켰다. 이 법안과 관련해서 내가 참석한 토론회만 10개에 달한다. 그런데 여전히 독과점은 없다며 문제 자체를 외면하는 영화계 내부의 목소리는 멈추지 않고 있다.

스크린 확보 경쟁이 심화되면서 개봉일 스크린 점유의 양극화도 심화되었다. 지난 4년, 서울시내 극장 수가 1.6배 늘어나는 동안 전체 스크린

수의 20% 이상을 장악하는 영화는 6배, 10개 미만의 극소수 극장에서 상영되는 영화는 3.5배가 늘어난 반면 적정한 규모의 스크린 수를 점유한 영화의 숫자는 오히려 줄었다. 이런 현상은 중소규모의 영화의 설자리를 위협하면서 영화다양성 침해를 가속화하고 있다.

이 법을 제안하면서 한 가지 재미있는 현상을 발견했다. 이 법안의 주요 내용은 한 영화가 멀티플렉스에서 차지하는 스크린 수를 30% 이내로 제한하는 것이었다. 제작자들이 쾌재를 부를 줄 알았지만 의외로 떨떠름해 하거나 은근히 반대하는 쪽으로 기울었다. 알고 보니, 제작자들 개별적으로는 모두들 법안을 환영하지만 절대권력을 휘두르는 멀티플렉스 형님들께 밉보이지 않으려는 제스처였다. 멀티플렉스는 극장이자 배급자이며 동시에 투자자이기도 했다. 수직계열화된 권력의 줄을 타느냐 마느냐는 앞으로 얼마나 수명을 연장하느냐 마느냐를 결정짓는 관건이었다. 법안을 발의한 지도 2년이 되어가지만, 17대 국회는 문광위에만 164개나 되는 계류법안을 무더기로 남겨둔 채 역사 속으로 사라졌다.

2007년 말 영화진흥위원회에서는 그동안의 태도를 다소 수정하여 스크린 독과점 과열 현상이 영화계 공멸을 초래할 수 있다는 보고서를 내놓았다. 2008년 3월에는 독점자본의 눈치를 보지 않는 몇몇 자유롭고 용감한 자들이 뜻을 뭉쳐서 다시 한 번 이 문제를 대대적으로 이슈화하고 있다. 18대 국회에서 다루어지도록 의제화하려는 움직임도 지속되고 있다. 거대독점자본의 이해를 정면으로 거스르는 이 법이 통과되려면 영화인의 95%, 국민들의 70~80%가 동의할 때에나 가능할 것이다.

소모품으로 전락한 음악

돌이켜보면, 1990년대에 20대를 보냈다는 건 꽤나 행운이었다. 그때 내 청춘은 가만히 내게로 다가와 수척해진 영혼을 어루만지던 노래들로 풍요로웠다. 김광석, 김현식, 장필순, 최성원, 동물원, 이문세, 이소라…. 이들은 자신들의 삶과 음악을 대중들과 섬세하게 공유했고, 동시대 사람들의 감수성에 무수한 결을 아로새겼다.

하지만 21세기로 들어서면서 한국의 음반시장은 장르 자체의 모라토리엄을 선언하고 말았다. 그나마 존재하는 노래마저도 기획사에서 만들어낸 엔터테이너들이 부르는 게 전부다. 이런 상황에서 대중음악에 자신의 영혼을 조율할 수 있는 대중들을 얼마나 있을까? 아직도 이 시대와 교감하는 뮤지션들은 존재하지만 대부분 '인디' 라는 부담스러운 타이틀을 걸머진 채 쉽게 찾기 힘든 곳에서 절망과 외로운 사투를 벌이는 중이다.

지난 10년간 한국에서 국내 음반시장은 1/4로 줄었다. 음원시장의 성장은 거대한 불법의 영역을 포함하고 있기 때문에, 음반을 죽이고 성장한 음원시장을 포함한다 해도 음악시장 전체의 규모는 10년 전의 1/2 수준에 불과하다. 음원시장이 성장한 것이 전 세계적인 현상이고 이것이 음반시장의 규모를 축소시킨 것도 공통의 현상이지만, 이 정도로 심하게 음반시장이 파괴된 나라는 한국이 유일하다. 90년대 이후 아이돌 스타 위주의 매니지먼트 시스템 하에서 댄스음악 중심으로만 음악시장이 성장하다보니, 다양성은 그 씨가 말랐다고 해도 과언이 아니다. 더구나 모바일 부가서비스로 전락한 음원시장에서 모바일 벨소리가 차지하는 비율은 90% 수준. 이제 이 나라에서 음악은 감상과 소장의 대상이 아니라 단순한 소모품으로 전락하게 된 것이다.

희완의 눈에
한국은 세계 그 어디보다
미국화된 사회다.
한국의 자발적인 문화적
식민지화에 그는
이곳에 있는 동안 내내
놀라고 힘들어했다.

미국영화는 전 세계 영화시장의 85%를 차지하고 있다. 미국영화가 전 세계인 85%의 취향에 맞는다는 의미가 아니라 선택할 수 있는 영화가 미국영화밖에 없다는 소리다. 한국은 인도와 미국을 제외하고 지난해까지 자국영화 점유율이 50%를 넘는 유일한 나라였다. 하지만 2006년 7월 스크린쿼터가 두 동강 난 이후로 2007년 상반기 한국영화 점유율은 10여 년 만에 처음으로 급락했고 2008월 6월초 현재, 한국영화의 점유율은 이명박의 지지율에 육박하는 한자리 숫자에 머무르고 있다. 우리 정서에 고운 결을 그려주던 음악이 우리 곁을 떠나가고, 이제 힘겹게 버텨주던 영화마저 그 뒤를 따를 태세다.

두세 살짜리 아이들 옷에까지 무심히 써있는 New York. 그런 걸 바

희완은 왜 OREGON, NEW YORK, CHICAGO라고 써 있는 옷을 입고 다니는지, 굳이 도시이름이 적혀있는 옷을 즐겨입는다면, 왜 어디에도 서울, 인천, 대전이라고 적힌 옷은 없는지, 그런게 너희에겐 이상하지 않은지 내게 묻곤 했다.

라보면 막막하다. 뉴욕이라, 두세 살짜리에게 뭘 어쩌라고? 그러나 이런 상품들을 피할 방법이 거의 없다. 기저귀를 떼는 칼리의 팬티를 사기 위해 거의 한 달을 보냈다. 월트디즈니의 캐릭터로 도배되거나 무의미한 알파벳들이 써 있는 팬티를 피하느라 걸린 시간이다. 전 국민의 습관대로 이마트에 가서 눈앞에 있는 평범한 아기의 팬티를 고르는 일은 순순히 월트 디즈니의 마수에 투항하는 일이다. 취향, 그것은 20세기에 존재했던 인류의 노스탤지어 속에 묻어야 할 아름다운 단어가 되어가고 있다.

좌파의 첫 번째 과제 : 표준화에 저항하기

태어날 때부터 무작위적이고 전방위적으로 가해지는 공세에서 살아남아 취향의 거세에 저항하는 방법은 의외로 간단하다. 일단 TV를 멀리 하는 것이다. 영화관에 가듯이 가끔 보고 싶은 프로를 선정해서 보는 정도로 거리를 벌리시라. 일단 아이가 영상을 통해 월트디즈니를 맛보고 나면, 그 아이를 이마트에 데려갔다가 월트디즈니가 아닌 턱받이, 물컵, 장난감을 사지 않을 수 있는 방법은 없다. 할리우드가 30년대부터 전 세계를 길들여온 방식이다.

　TV 드라마를 이렇게 재미있게 만드는 나라에서, 그걸 끊는다는 건 담배 끊기보다 더 힘든 일이다. 그런 만큼 취향 획일화의 선봉에 TV가 있는 것은 분명하다. 대부분의 사람들이 주말의 스케줄을 TV에 헌납한다. 문화관광정책연구원이 3년마다 실시하는 통계에 따르면 점점 더 많은 사람들이 자신의 생애를 TV에 바치고 있다. 백지에 그림을 그려 넣는 일, 빈 시간을 스스로 찾아서 재미있게 보내는 일은 이제 그 무엇보다 힘든 일이 되어 가고 있다. 자녀를 창의력 배양을 위한 학원에 보내는 것보다, 그 시간에 혼자 빈둥거리면서 놀 거리를 찾게 하는 것이 창의적인 아이를 만드는 데 훨씬 더 가까운 일이다.

지난 2008년 2월 전라남도 외딴 섬 다랑도에서 40일간 'TV 끄기 실험'을 실시한 EBS TV '리얼 실험 프로젝트'는 섬 사람들이 TV를 끄자 일하는 시간, 신문 읽기, 독서 시간이 늘었고, 가족과의 대화 시간이 늘면서 자연스럽게 가족 관계도 좋아졌다는 실험 결과를 전한 바 있다. 나 역시 파리에 처음 정착할 무렵 5개월 간 TV 없는 생활을 하는 동안, 나 자신과 친해지고 내가 잊고 있던 다양한 능력을 무궁무진하게 발견했던 경험이 있다. 희완의 강력한 의지로 현재 우리 가족은 TV를 전혀 보지 않는다. TV 수상기는 있지만 가끔 비디오를 보기 위해 이용할 뿐이다.

대형마켓은 가급적 이용하지 말고 일단 베스트셀러는 피하고 볼 일이다. 베스트셀러는 자본이 파놓은 함정에 불과할 경우가 대부분이다. 심지어 책의 경우만 해도 마찬가지다. 가장 확실한 홍보가 출판사의 사재기라는 사실, 포털 사이트의 검색어 순위조차 사실은 돈을 받고 판매되는 것에 불과하다는 사실은 자본이 얼마나 간교하게 우리의 의식을 조작하는지 잘 설명해 준다.

그리고 여력이 된다면 예술작품을 접하는 일을 삶 속에 끌어들인다. 예술가들은 그들이 인식하건 하지 않건, 숙명적으로 기존 미학의 경계를 허물고 새로운 미학의 전선을 구축해 가는 일을 하는 사람들이다. 진정한 예술가들이 모두 아방가르드일 수밖에 없고, 그들의 작업 내용이 사회 참여적인지 혹은 정치적인지와 무관하게 정치적인 목적에서 유리될 수 없는 것은 바로 이 같은 맥락에서다. 자신의 손으로 직접 무언가를 창작하는 행위는 최종적으로 자신의 소우주를 건설하기 위해 가장 구체적인 실천이 될 것임은 물론이다.

  선택의 기준이 늘 타인의 시선에 맞추어진 한국사회에서 내가 진정으로 원하는 것이 무엇인지 알아내는 것, 나의 무뎌진 감각과 취향을 숨 쉬게 하는 것은 엄청난 노력과 의지를 동원해야 하는 일이다. 그러나 그것이 좌든 우든 진정한 나의 지향을 발견하기에 앞서 우리가 첫 번째로 해야 할 일이며, 단순히 행복해지기 위해서라도 반드시 지나야할 관문이다.

  일테면 연애상대를 고를 때도 이러한 원칙을 적용할 수 있다. 내가 고수해온 한 가지 원칙을 공개하자면 '넥타이 속의 남자는 제외'였다. 20년을 헤아리는 나의 연애사에 한 번의 예외가 있었지만, 솔직히 가장 지루한 연애였다. 그렇지만 실망하진 마. 당신은 예외의 역사를 남겼잖아.

육아!
황홀한 패자부활전

아이 아빠에게 아이가 한 말의 뜻을 전달하자, 희완은 그야말로 천장에 머리가 닿을 듯 펄쩍 뛰었다. 자신의 육체를 부끄러워하도록 강요하는 세상의 거의 모든 종교와 문명의 고질적 억압이 두 살도 되지 않은 아이의 내면에 침투했다는 사실에 대한 분노였다.

사실 미시적으로 들여다보면 심란하고 우울한 순간들도 많긴 하지만 육아는 여자들이 제도교육 속에서 차례로 잃어버린 직관과 감성, 신화학자 조셉 캠벨 식으로 말하자면 천복^{Bliss}을 회복하는 절호의 기회다.

 남자들은 육아에서 상대적으로 멀리 있기 때문에 그저 덤덤하게 그 시기를 보낼 수도 있지만, 적극적으로 아기의 달콤한 살 냄새를 맡으며 육아에 밀착한 아빠라면 예외가 아니다. 엄마의 자궁이라는 원시림에서 갓 나온 아이와 살을 맞대고 교류함으로써 태어날 때 이미 갖고 있던 천재성과 감수성을 다시 확인하고, 그것을 회복하려는 의지를 북돋을 수 있을 뿐 아니라 아이에게서 지속적으로 영감을 제공받기 때문이다.

칼리와 함께 한 토요일 오후의 삼청동 나들이.

아이 키우기의 두려움과 떨림 : "창피해"

어느 날부터, 목욕을 시키려고 옷을 벗기면 아이는 "창피해…"라고 말하면서 손으로 몸을 가리는 행동을 했다. 그런데 그때 짓는 표정이나 목소리, 동작은 너무도 작위적이었다. 자연스러운 행동이 아니라 학습된 행동을 연기하는 것이 분명했다. 옷을 벗는 것이 창피한 것이 아니라, 이런 상황에서는 이렇게 말하고 행동하도록 배운 것이다.

아이 아빠에게 아이가 한 말의 뜻을 전달하자, 희완은 그야말로 천장에 머리가 닿을 듯 펄쩍 뛰었다. 자신의 육체를 부끄러워하도록 강요하는 세상의 거의 모든 종교와 문명의 고질적 억압이 두 살도 되지 않은 아이의 내면에 침투했다는 사실에 대한 분노였다. 몸과 마음에 달라붙은 이 억압을 떼어내느라 프로이드에서 융까지, 라캉에서 라이히까지 그렇게 긴 여행을 하면서 스스로를 설득시키느라 오랜 세월을 보냈어도 아직도 완전히 벗어나지 못했건만!

희완과 나는 할 수만 있다면 세상의 모든 억압과 모든 인종적·문화적 편견에서 아이가 자유롭게 자라도록 하고 싶었다. 태초의 능력과 욕망, 그 에너지를 그대로 간직할 수 있도록 도와주는 것이 아이에게 할 수 있는 최대의 선물이라고 생각했다.

우리는 "창피해…"라는 말을 가르쳐줄 만한 주변의 모든 사람들을 찾아 그러지 말라고 간곡히 당부했다. 반응은 천차만별이었.

"세상이 하도 흉흉하니까 어린이집에서 조심하라는 뜻에서 그렇게 가르친 거 아닐까?" 아이의 이모가 그렇게 추측했다. 자신은 무심결에라도 그러지 않겠다고 덧붙였다. 아이 외할머니는 별소리를 다 듣겠다는 반응이었다. "그게 그럼 안 창피한 거냐? 당연히 창피한 거지!"라며 꿋꿋하게 우겼다.

가장 두렵고 조심스러웠던 건 어린이집 반응이었다. 예상한 대로였다. "기저귀를 갈거나 씻으려고 옷을 벗었을 때 혹시 감기라도 들까봐 빨리 입으라는 뜻에서…."

단지 빨리 옷을 입게 하려고 전혀 부끄럽지 않은 일을 부끄럽게 여기도록 하는 이 어마어마한 폭력에 공조하고 있다는 사실. 수천 년 동안 인류가 반복해온 폭력의 일부일 뿐이므로 어린이집을 추궁할 생각은 추호도 없다. 하지만 우리는 얼마나 간단하게 본성을 억압하는 일에 공모하고 있는가? 그럼에도 아직 저렇게 춤추는 아이들은 또 얼마나 강인한가!

아이 입에서 다시는 "창피해."라는 말이 나오지 않도록, 우리가 고안한 대응은 아이가 기저귀를 갈거나 목욕을 위해 옷을 벗을 때마다 "아, 예뻐!" 하며 엉덩이에 뽀뽀를 해주는 일이었다.

물론 어려운 실천은 아니었지만, 종종 응가 냄새가 모락모락 풍기는 엉덩이에 쪽 소리가 나게 뽀뽀를 해주는 일은 감히 부모가 아니면 하기 쉽지 않은 일이긴 하다. 그렇게 냄새나는 엉덩이에 뽀뽀해주기가 2개월 쯤 돼서야 아이는 드디어 "창피해."란 표현을 잊게 되었다. 그 대신 엉덩이가 드러나기만 하면, 주변에 있는 모든 사람들에게 엉덩이를 들이대며 뽀뽀를 강요해서, 비위 약한 우리 엄마나 언니가 당황해하는 '사태'가 발생하곤 했다.

거꾸로 교육

현재 초등학교 6학년인 조카 상목이는 반듯반듯한 아이다. 처음 내가 칼리를 데리고 한국에 돌아왔을 때, 공항에서 집으로 가는 택시 안에서 내가 칼리를 대하는 방식을 보고 상목이는 대번에 "거꾸로 교육"이라는 이름을 붙였다. 그리고 자유분방한 칼리의 통제되지 않는 야성을 볼 때마다, "이모, 거꾸로 교육의 결과예요."라고 꼬박꼬박 내게 상기시켜준다.

안 된다고 말하며 아이를 통제해야 하는 상황에서, 나는 그저 아이를 바라보며 잠자코 도와주는 역할을 주로 한다. 육아책에서 그렇게 하라고 해서라기보단 칼리가 하는 행동들을 충분히 이해할 수 있고, 그 다음은 어떻게 하는지 관찰하고 싶은 마음이 상황을 통제하고 싶은 마음을 앞서

아침고요수목원에 가서, 입안에 과자를 물고 있는 칼리.

기 때문이다. 예를 들어 컵에 물이 담겨 있으면, 그 물을 대접에 따르고, 또 다른 컵에 옮겨 담고, 옆에 있는 쥬스와 섞어보고, 그러다 기어이 엎지르는 걸로 끝나는 그런 종류의 일. 식탁에 둘러앉아 어른들끼리 얘기할 때, 자기도 끼어들고 싶어서 큰 소리로 "우리 모두 같이 얘기해요." 하고 말하는 칼리가 충분히 이해된다. 나 역시 어렸을 때, 물을 컵에 따르고 섞다가 위대한 과학적 발견을 하게 될지도 모른다고 생각하며 가슴이 설레었던 기억, 대단치도 않은 얘기들을 자기네들끼리만 하는 어른들이 얄미웠던 기억들이 생생한 탓이다.

    손으로 음식을 먹어도, 길을 가다가 좀 쉬었다 가자며 바닥에 잠시 주저앉아도, 지하철 안에서 갑갑하다며 맨발로 좀 걸어 다녀도, 팬티가 엉덩이 사이에 끼었다며 사람들 보는 앞에서 치마를 들어 올려 팬티를 바로 입는 퍼포먼스를 펼쳐도, 그냥 재미있게 봐준다. 길에서 쉬가 마렵다고 하면, 굳이 건물로 들어가지 않고 화단 같은 데로 데려가서 오줌을 누인다. 그러면 칼리는 어떤 나무에게 물을 줄까 하며 수혜 대상이 될 꽃이나 나무를 골라 오줌을 누면서, "나무야 많이 먹고 무럭무럭 자라라." 덕담을 잊지 않는다.

    얼마 전, 어린이집에서 학부모 상담을 했다. 만 3년 2개월이 된 칼리의 부모로서 선생님과 갖는 첫 상담이었다. 시험대에 올라선 사람처럼 조금 떨리는 마음이었다. 칼리 담임선생님은 내가 자리에 앉자마자, "칼리는 자유로움 그 자체에요."라고 말씀하셨다. 이건 무슨 말인가. 난 물론 아이가 마음 속에 어떤 걸림돌도 없이 자아를 키워가길 한없이 바라지만, 경우에 따라선 걱정스런 상황에 대한 표현일 수도 있다. 다행히 선생님은 칼리의 자유로움을 대체로 긍정적으로 보는 듯했다. "표현력도 풍부하고, 상상력이 놀라울 정도고…. 책을 많이 읽어주시죠?" 하고 물었다. 사실 열 권씩 읽어주는 날이 있는가 하면 한 권도 안 읽어주는 날도 많다. 평균적으론 하루 두 권 정도 읽어주는 정도일 뿐. 아이가 다른 아이들과 다른 면이 있다면, 책을 많이 읽어주기보단 텔레비전을 안 봐서 그런 게 아닐까 생각한다.

그리고 밤마다 잠자리에서 들려주는 두세 편의 옛날 이야기. 칼리가 주인공을 정한다. 여우와 토끼, 혹은 포도와 당근 이야기 이렇게. 그럼 난 어디로 흘러가는지 모르는 이야기를 즉석에서 전개한다. 간혹 이쯤에서 끝내야겠다 싶으면, 칼리가 끼어들어 "그런데 그때 갑자기 뒤에서 공룡이 나타났어요." 하고 이야기를 이어 놓는다. 이야기가 두 번째 라운드로 접어드는 순간이다. 아빠가 이야기해 줄 때는 이런 끼어들기가 잘 안된다. 아직 불어가 한국어 만큼 능숙하지 않은 탓이다. 그러나 알아듣는 데는 문제가 없고, 아빠의 얘기는 전혀 다른 문화적 코드로 구성된다. 내가 들어도 흥미진진하다.

"내가 애벌레였을 때는 땅 속에서 코 잤어요."라는 칼리는 여전히 커서는 햇님이 될 거라고 말한다. 칼리의 전방위적인 과거와 미래는 그렇게 동물계와 식물계가 뒤섞이고 현실과 상상이 교차되며 동양과 서양이 들쑥날쑥하는 일과에서 태어났을 거라 추측한다.

칭찬의 말에 이어서 칼리의 부족한 점도 지적했다. 음식을 친구들과 나눠먹을 줄 모른다는 점, 어른들에게도 반말을 한다는 점, 이렇게 두 가지였다. 명백하게 엄마의 교육이 빚은 부작용이었다. 가능한 한 유기농식품만 먹는 우리는 아이가 어린이집에서 급식을 하게 되면서 자기만 다른 걸 먹는 것에 대한 스트레스가 두드러지자 이 부분을 포기하고 간식만 유기농식품으로 보내게 되었다. 주로 아이가 먹을 분량만을 싸서 간식을 보내니 다른 아이들과 나눠먹을 줄 몰랐던 것이다. 자주 아이들이 같이 먹을 수 있게 넉넉한 양을 싸서 보내고, 꼭 친구들과 나눠먹으라고 가르치는 수밖에 없었다.

　평등하지 못한 세상에 한 맺혔던 나는 자유 못지않게 '평등' 또한 중요한 덕목으로 여기며 아이를 키웠다. 아이에게 존대말을 하기도 하고 반말을 하기도 하는데, 당연히 내가 존대말을 하면 아이도 내게 존대말을, 반말을 하면 아이도 반말을 했다. 그것을 자연스럽게 여기고 지냈는데, 그러다 보니 어른은 반말을 해도, 아이는 어른에게 존대말을 해야 하는 것이 한국어법임을 간과하고 있었던 것이다. 어법에서뿐 아니라, 아이도 인격체로서 자기 권리, 자기 생각, 표현의 욕구가 있음을 인정하고, 대등하게 대해 온 탓에 칼리도 자연스럽게 자신을 어른들과 대등하게 인식하는 듯했다. 그러나 이 평등교육의 부작용은 칼리에게 "버릇없고 예의를 모르는" 아이라는 낙인을 남기고 있는 중이었다.

　이는 프랑스에서의 생활이 남긴 하나의 흔적이기도 했다. 프랑스어에도 존대말과 반말이 있지만, 그것은 오히려 대화 나누는 사람들 간의 거리감의 표현이지 존중의 표시는 아니다. 한쪽이 존대말을 할 때, 다른 한쪽이 반말을 쓰지는 않는다. 완전히 모르는 사이거나 공식적이고 형식적 관계인 경우에 존대말을 사용한다.

　그게 한국어법이니 가르칠 수밖에 없다. 어른들에겐 존대말을 써야 한다는 것을. 그러나 내 마음이 어쩐지 100% 동의해 주지 않는다. 엄마가 남겨둔 단 몇 퍼센트의 불확신을 비집고 칼리는 기어이 이 부분에서도 똑바른 길을 가줄 것 같지 않은 불길한 예감이 든다.

거꾸로 교육의 시련

물론 거꾸로 교육에는 많은 어려움이 있다. 나의 어린 조카뿐 아니라 세상 거의 모든 사람들이 거기에 반대하기 때문이다. 그러나 난 워낙 거꾸로 길을 가는 일에 익숙한 터라 어지간한 비판은 꾹 참고 지나갔다. 물론 한 편으론 늘 불안이 있긴 하지만 말이다.

지난 대선 때에 있었던 일이다. BBK사건과 관련한 이명박 특검법이 논란 중이던 어느 날, 국회에서는 특검법에 반대하는 한나라당 의원들이 국회본회의장을 쇠사슬로 잠궈놔서 국회 사무처 직원들이 전기톱으로 쇠사슬을 끊어야 했던 사태가 벌어졌다. 마침 그날, 칼리와 함께 전철역 앞을 지나는데, 이명박 후보의 지원유세를 하고 있던 우리 지역의 한나라당 국회의원이 마이크를 들고 한다는 말이 "우리는 티끌 한 점도 부끄러울 것이 없습니다. 특검법이 통과되고 이명박의 무죄가 밝혀지면, 이 법을 통과시켰던 의원들 모두는 지구를 당장 떠나야 합니다." 아무리 자기가 국회의원이고 마이크를 저 혼자 들고 있기로서니, 입만 벌리면 다 말인가. 난 칼리가 옆에 있는 상황에도 불구하고 그 자리에서 소리쳤다. "시끄럽다. 부끄럽지 않다면 왜 쇠사슬로 국회를 가로 막았냐, 사기꾼 이명박은 입닥쳐라." 갑자기 어깨들이 내 앞으로 몰려오더니, 나를 툭툭 치면서 "아줌마, 뭐야? 가서 애나 봐." 하며, 슬슬 위협을 했다. 칼리는 엄마가 겪는 수난을 지켜보며 내 손을 꽉 움켜쥤다. 난 순식간에 대여섯명의 한나라당 사람들에 떠밀릴 수 밖에 없었다. 애나 보라는 소리에 기가 찼던 나는 바락바락 소리 지르며 그 곳을 떠났다.

버스 정류장에 이르렀을 때, 칼리는 "엄마, 이 아저씨 나쁘지?" 하며 거기 붙어있던 포스터에서 이명박의 얼굴을 가리켰다. 그날 이후, 얼마나 자주 언론과 방송에서 우리는 그의 이름과 얼굴을 접하게 되었는가. 칼리는 단 한 번도 빼놓지 않고, 그의 이름이 들리거나 얼굴이 보이는 순간마다 그 아저씨가 나쁜 사람임을 확신에 차서 말했다. 그가 대통령에 당선된 뒤, 집에서 신문을 보고 있는데, 재래시장을 방문한 당시 이명박 당선자가 장사가 안 된다며 울먹이는 한 할머니 앞에서 난감한 표정을 짓는 사진이 실려 있었다. 그 사진을 본 칼리가 말했다.

"엄마, 이명박 아저씨가 나빠서, 할머니가 울고 있어."

이런 칼리 모습을 본 칼리 외할머니는 질겁을 해서는 아이가 저런 말 못하게 하라고 하셨다. 본인도 지지하지 않는 정치인이지만, 아이가 저런 말을 하는 것은 버릇없어 보일 뿐 아니라, 엄마가 저렇게 시켜서 하는 거라고 생각할 수밖에 없다는 것이다. 난 칼리가 물었을 때, 그대로 내 생각을 말해 주었을 뿐이다. 세상 모든 어른들이 옳은 것은 아니며 아이가 알아야 할 것이 있고 몰라야 할 것이 따로 있지 않다고 생각한다. 표현 방식을 달리 할 수는 있겠지만, 아이가 묻는다면 그리고 이미 보았다면, 알아들을 수 있는 말로 이유를 설명해 주어야 한다는 것이 내 생각이다. 어차피 이 모순 가득한 세상이 이 아이가 발 딛고 살아가야 할 땅이다. 이렇게 참 겁도 없는 거꾸로 교육은 거침없이 이어져 갔다.

그러던 어느 날 거꾸로 교육은 큰 시련을 겪게 되었다.

한 달간 우리 집에서 지내며 한국과 중국을 여행했던 칼리의 고모 클로딘이 그 시련의 진원이었다. 그녀는 7년 전 교사생활을 그만두고, 지금은 자유롭게 취미를 즐기며 남편과 제2의 신혼을 맞고 있는 행복한 50대 여인이다. 나와는 나이 차이가 많긴 하지만 언니 동생처럼 거침없이 많은 이야기를 나누고, 서로 자주 메일도 주고받는 허물없는 사이였다. 패치

고모 클로딘이
한국에 왔을 때,
칼리와 함께.

워크를 취미로 하는 클로딘을 한국의 천연염색 전문가, 보자기 전문가에게 소개해 주기도 하고, 날마다 새로운 한국음식들을 집에서 맛보게 하면서, 그녀의 여행이 보람있는 것이 되도록 마음을 다했다. 그런데 그녀가 프랑스로 돌아가기 이틀 전 사건이 터졌다.

아침에 힘들게 눈을 뜬 칼리가 식탁 위에서 짜증을 부렸다. 아빠가 아침을 먹도록 빵에 과일잼을 발라주었으나 칼리는 "엄마가 줘." 하며 거부했던 것이다. 아침 잠이 덜 깼고, 아이들은 평소 습관을 바꾸는 걸 좋아하지 않으니, 난 대수롭지 않게 새롭게 빵에 잼을 발라주었다. 클로딘은 순간 "난 더 이상 이 광경을 볼 수가 없다. 내가 마지막 날에 말하려 했으나, 오늘 말하겠다." 며 긴 연설을 하기 시작했다.

"첫 번째, 이 집에 들어오면 처음으로 눈에 들어오는 것이 아이의 변기다. 이건 너무 충격적이다. 대소변은 혼자서 은밀히 보는 것이다. 엄마 아빠는 화장실에 들어가는데 아이는 혼자서 거실에 앉아 대소변을 보며 이 집을 지배하고 있다. 아이의 변기는 화장실에 두어야 한다. 두 번째, 아이가 잠을 잘 때 아이 옆에 수정이 누워서 잠을 재우는데 이것은 아이의 독립심을 키우는 데 매우 해롭다. 더구나 아이는 침대 위에 있고 엄마가 바닥에 있다는 것은 다시 한 번 아이가 이 집에 군림하고 있다는 인상을 강하게 심어준다. 아이에게는 명확하게 한계가 어디까지인지를 심어주어야 한다. 이 아이에게는 어떤 한계도 없는 것 같다. 모든 것이 가능하다. 저런 아이가 그대로 자신을 축조해야 할 틀을 제시 받지 못하고 자라난다면, 어떤 무서운 사람이 될지 모른다. 아이가 자신을 제지시켜야 할 순간이 언제인지 명확히 알아야 부모도 아이도 편해진다. 지금의 칼리의 상황은 재앙에 가깝다. 세 번째, 아빠의 말은 가장 위엄있고 존중되어야 할 발언이다. 그런데 조금 전 일언지하에 아빠의 발언을 무시했고, 수정은 아이가 원하는 대로 행동했다. 아이가 이 집에서의 모든 권력을 장악하고 그것을 아이 엄마가 부추기며, 이 집에서 아빠의 권위는 땅에 떨어져 있다. 엄마 아빠가 의견이 설혹 다르더라도 아이 앞에서는 일치된 모습을 보여야 하며, 엄마 아빠가 가정의 중심이 되어야지 아이가 가정의 중심이 되어서는 안된다!"

평소 온화하고 부드럽던 클로딘은 그 순간 만큼은 얼굴이 붉어지도록 격앙되어 있었다.

프랑스에서 아이들에 대한 가정교육이 예외없이 엄격하고 절도있게 이루어짐을 잘 알고 있는 나는 클로딘의 문제제기를 70% 정도는 이해할 수 있었다. 세 아이를 키운 엄마이고, 칼리를 끔찍이 생각하는 고모의 애정어린 조언임도 인정할 수 있었다. 그렇다고 동의하는 것은 아니었다.

클로딘의 딸
가엘의 결혼식날.
고모네 정원에서
열린 피로연에서.

그런 문제제기가 있을 수 있지만, 난 그럼에도 불구하고 이런 선택을 하였음을 조목조목 반박했다.

"첫 번째, 아기 변기의 위치가 화장실 내부가 아니라, 화장실 바로 옆에 있는 거실이 된 것은 한국의 화장실 구조 때문이다. 프랑스에는 화장실 바닥에 하수구가 없지만, 당신도 보다시피 한국 화장실 바닥에는 하수구가 있고, 바닥에서 걸레도 빨고 하기 때문에 바닥에 물기가 어려있다. 그래서 늘 슬리퍼를 신어야 한다. 아이가 소변이나 대변이 급한데 물기어린 화장실에 들어가야 한다면, 불편하기도 하고 위험하기도 하다. 우리 집뿐 아니라 아이가 있는 한국의 집에서는 대체로 같은 이유로 화장실 안에 아이 변기를 두지 않는다. 두 번째, 한국에서는 프랑스에서와 달리 바닥과 침대에 대한 상하개념이 희박하다. 칼리가 밤에 금방 잠들지 않기 때문에 오래도록 옆에서 이야기를 해주는데, 그러다 보면 나도 피곤해져서 옆에 눕곤 하는 것이다. 아이를 방에 넣어 놓고 혼자 잠이 들도록 하는 프랑스 방식을 보아왔지만, 난 그 방식이 그다지 현명하다고 생각하지 않는다. 난 아이가 잠이 들 때까지 옆에 있고자 한다. 그것은 내 선택이며 희생이 아니다. 세 번째, 아빠의 말은 집에서 가장 그 권위를 인정받아야 하는 말이라는 데 동의할 수 없다. 집안 일에 있어서 엄마와 아빠의 의견은 같은 비중을 갖고, 육아는 엄마가 주체가 되는 일이므로 엄마의 의견이 오히려 더 중심이 되어야 한다고 본다. 아빠를 엄마와 같은 정도로 아이가 받아들이기를 원한다면, 엄마와 동등한 시간과 정성을 아이에게 쏟아야 할 것이다!"

　클로딘의 지적은 대체로 문화적 차이에서 온 것이었다. 그것이 다름과 차이로 보이지 않고, 옳고 그름으로 보였던 것은 오랜 제국주의 국가의 후예로서 그녀가 뛰어넘을 수 없는 관성 때문이라고 난 판단했다. 세계사와 프랑스사를 따로 배우지 않고, 프랑스사 하나만 배우면서 역사과목을 끝내 버리는 나라에서 어떻게 프랑스가 180여개의 국가 중 하나일 뿐이라고 생각할 수 있겠는가. 클로딘은 일단 나의 모든 반박이 일리가 있다며 수긍했다. 나 또한 화가 나기보다는 좀 더 그녀가 시간을 갖고 지켜보면 될 일이라고 생각했다. 문제는 희완이었다. 어쩔 수 없이 프랑스에서 태어나 프랑스식으로 자라난 희완도 처음엔 클로딘과 같은 문제의식을 갖고 있었다. 그러나 나의 논리에 수긍하고 타협한 결과 지금의 질서로 아이를 함께 기르고 있던 것이다. 그러던 차에 원군이 생겨나자 갑자기 프랑스식 양육방식이 지고의 진리인 것처럼 주장하며, 클로딘의 지적이 마치 지구상에 존재하는 가장 기초적인 육아의 상식인 것처럼 말하는 것이었다.

나의 방식은 그저 목수정의 방식일 뿐이고, 클로딘이 말한 것은 전 세계적인 과학적 합의라는 그의 주장에 "나의 방식은 한국식이고 너의 방식은 프랑스식일 뿐!"이라고 응수했다. "그리고 너도 어쩔 수 없는 프랑스인에다가, 서양사람일 뿐이구나."를 덧붙였다.

그 말은 희완에게 최악의 모욕이었다. 어떤 악의적 형용사를 붙인 것도 아니고 프랑스인에게 프랑스인이라고 말했을 뿐인데, 희완은 이 말에 자신의 존재 전체가 짓밟혔다고 항의했다. 그렇게 하여 나의 거꾸로 교육에 대한 심각한 문제제기와 희완과의 살벌한 불화는 클로딘이 떠난 후에도 거의 보름간이나 타올랐다.

클로딘의 말에 일단 반박을 하긴 했지만, 그녀의 확신에 찬 무시무시한 어휘들은 나를 적잖이 뒤흔들어 놓았다. 그녀의 말대로 엄청나게 지금 잘못되어가고 있는지도 모른다는 불안이 엄습해왔다. 결국 칼리의 모습이 조화롭게 보였다면 이런 지적을 받을 이유도 없었다는 자책도 있었다. 한동안 잊고 있던 육아서적들을 다시 보고, 자녀교육에 관한 책들을 여러 권 주문해 순식간에 탐독했다. 그 결과, 아이교육에 대한 내 생각이 오히려 이러한 외부의 지적에 간혹 흔들려왔고, 그래서 균열이 생기곤 했다는 점이 더 큰 문제라는 사실을 깨닫게 되었다. 엄마와 아빠가 일치되지 않을 뿐 아니라, 엄마마저도 이때와 저때가 달랐다면, 아이의 정서는 더 심각하게 흔들렸을 것이다. 나는 마냥 자유롭게가 아니라 확고하게 아이의 마음을 가장 먼저 배려하고 헤아려 주고, 대화 나누며 서로의 합의에 도달하는 방식을, 믿음을 갖고 강화하겠다는 결론을 내렸다.

결국 독서란 새로운 지식을 습득하기 위해서이기도 하지만, 많은 경우는 이미 알고 있는 진리들을 여러 가지 방향으로 다시 환기하고 내 삶에 끌어들이게 하기 위한 것이기도 함을 새삼 느꼈다. 그리고 희완이 내가 독서를 통해 얻은 깨달음을 공유하기를 바랐다. 너는 도대체 좋은 아빠가 되기 위해서 육아교육 책을 얼마나 읽었냐 타박하며. 그러나 그럴수록 희완은 더욱 더 멀리 달아났다.

미움과 원망이 점점 더 큰 벽을 쌓을 무렵, 전쟁으로 잠정 중단해 왔던, 침대로 모닝 커피 갖다주는 일을 슬쩍 다시 시작했다. 내가 먼저 아이를 배려하는 마음으로 대하고, 그것이 최선의 방법이라고 믿는다면, 희완에 대해서도 똑같이 하자고 마음먹었던 것이다. 그 하나의 작은 행동으로 마음의 벽이 15% 정도 녹아내렸다. 그리곤 사나흘 사이에 순식간에 전처럼 해맑게 재잘거리는 사이로 돌아왔다. 새삼 문제를 다시 꺼내 결론을 내리기도 무색할 지경으로. 그 보름 동안 우리의 마음은 지옥과 천국을 오갔고, 나의 미래도 한국과 프랑스를 어지럽게 오고갔다. 희완이 나를 여신이라고 부른 것처럼 나도 한편으로 그를 신처럼 거대한 존재로 여겨왔다. 함께 살면서 그는 점점 평범하고 나약하며 한없는 너그러움과 다정함을 필요로 하는 작고 어여쁜 한 인간으로 보인다. 내가 한 점 사랑을 건네면 장미꽃처럼 활짝 향기롭게 피어나는 어여쁜 인간.

사랑을
의제화하라

'한 여성이 글을 읽을 수 있게 된 순간 여성문제가 등장' 한 것처럼, 사랑의 영역이 사회과학 속에 당당히 한자리를 획득하는 순간, 이는 우리의 삶을 가장 민감하게 건드리는 정치·사회적 의제로 떠오를 것이다.

사랑학 강좌

'과학상점'이라는 것이 있다. 세계 여러나라에서, 심지어는 한국에서도. 대부분의 과학자들은 국가나 기업의 이익을 위해 그들이 요구하는 연구를 한다. 과학상점은 일반적으로 지역에 있는 대학 부설 연구소에 있으며, 지역주민들의 요구에 따라 그들이 일상에서 필요로 하는 연구를 수행한다. 생활 밀착형 공공서비스인 셈인데, 과학 분야에서 '작은 도서관' 같은 역할을 하는 곳이다. '과학 권력을 시민에게' 넘기기 위한 과학 분야의 진보적 의제로 각광받는 아이템 중 하나이다.

이 과학상점에 대한 이야기를 처음 듣자마자 떠오른 생각은 바로 여기서 '사랑'에 대한 문제를 다루게 하자는 것이었다. 나는 곧장 책상을 마주하고 앉은 민주노동당 과학 담당 정책연구원에게 제안을 했다. 전국에 '과학상점'을 설치하고 여기서 사랑을 과학적으로 연구하도록 하면 어떻겠느냐고 했다. 과학상점을 만드는 것은 "오케이!", 사랑과 과학을 연결시키자는 것은 "글쎄…."라는 대답이 돌아왔다.

나는 20대의 많은 시간을 연애 문제로 고민하며 날밤을 지새웠다. 과연 지금 내가 사랑에 빠져 있는 건지, 단지 연애를 즐기는 건지, 그것도 아니면 사랑의 감정이라는 몰핀으로 괴로운 시기를 잠시 지나가려 스스로를 속이는 건지…. 이런 문제를 풀기 위해 과학기술 도움을 받을 수 있다면 얼마나 많은 사람들이 정신적 고통과 방황의 시간을 줄일 수 있을까 하는 게 내 생각이었다.

부모가 자식에게 주는 사랑도 마찬가지다. 너무나도 본능적이고 당연한 듯 여기지만, 우리 모두는 얼마나 그것에 서투른가. 세상의 모든 사람이 완벽에서 멀다는 걸 인정하면서도 우린 너무 쉽게 세상의 모든 부모 또한 부족한 부모들이라는 것을 잊는다. 재테크에 대해서는 매달 수십 권의 신종 책들이 쏟아져 나오지만, 어떻게 사랑을 나누어야 하는지에 대해서는 아무도 관심을 두지 않는다. 마치 모두들 뱃속에서부터 잘 배워 나오기라도 한 것처럼.

내가 사랑의 가치에 이토록 집착하는 것은 물론 내 자신의 경험 때문이다. 어린시절의 심각한 애정결핍으로 불행중독증에 빠진 한 남자와의 고통스런 연애를 통해 사랑의 부재가 얼마나 여러 사람에게 큰 아픔을 만들어 낼 수 있는지 겪었던 것이 나에게 지울 수 없는 화두를 남겼다. 내가 감당한 슬픔이 너무 컸고, 나 하나의 불행이 온 가족들을 슬프게 했기에 같은 일이 반복되는 것을 막고 싶은 것이 나의 욕심이다.

내친 김에 교육 담당 정책연구원에게는 '사랑학'을 교과과목으로 채택하는 것을 공약으로 내자는 제안을 하기도 했다. 정신적 육체적으로 사랑을 나누고, 그것을 잘 표현하는 방법이나 '사랑'이란 개념의 역사적 진화와 사회적·인류학적 접근법 등을 배워 사랑을 객관적이고 과학적으로 바라보자는 것이다. 사랑학에서는 우리의 육체와 정신이 어떠한 교감을 통해 사랑을 수용하고 전달하며, 유아기에 애정의 고착은 어떻게 이루어지고, 그때 겪은 애정의 상실과 결핍의 외상이 인간의 생애에 어떻게 작용하는지 가르칠 수 있을 것이다. 또 어린이, 청소년, 청년, 장년 등 각각의 인생의 주기에 우리는 사랑에 대한 어떤 경험과 충격을 체험할 수 있으며, 그 신체적 변화와 정신적 불안과 공백을 어떤 방식으로 극복할 수 있는지 미리 학습할 수 있을 것이다.

나의 제안은 또 다시 단숨에 반려되었다. "교과목 신설은 안 된다. 이미 과목이 너무 많다."는 게 이유였다. 우리는 학교에서 아메바의 생식방법을 배우고, 토성의 대기에 대해서 배우며, 수열과 미적분에 대해서 배운다. 정작 인간 행복의 기본적인 전제 조건인 사랑을 어떻게 하고 그것을 어떻게 유지하며 받아들이는지에 대해서는 막연한 본능과 관습적으로 학습한 그 비좁은 경험에 맡겨둔 채.

가장 진보적인 척하는 정치집단에서조차 인간의 삶에 가장 필요한 경험에 대해서 가르치자는 제안을 교육 영역에 할애할 자리가 없다는 이유를 들어 단숨에 물리칠 수 있는 게 우리의 현실이다. 도리어 이것은 '사랑'과 불화하는 황량한 삶을 왜 온전히 개인의 몫으로만 보듬고 살아가는지에 대한 역설적 해답이다.

하긴 사회학과 심리학, 정신분석학, 문화인류학 등 자연계와 인문계를 넘나들 이 광대한 영역을 교과목으로 만드는 일은 보통 까다로운 작업이 아닐 것이다. 내가 담당 연구원이었다고 해도 당장 공약으로 수용하는 데는 한계가 있었을 것임을 고백하지 않을 수 없다.

그동안 살아오면서 많은 사람들에게 나의 이 거대한 상상을 살짝 내보인 바, 대부분은 같은 의견을 내세우며 부정적인 견해를 얘기한다. 사랑의 아픔을 겪으며 그것을 통해 지혜를 터득해 가는 과정이 인생인데 어떻게 이런 걸 학문으로 연구하고 또 교육할 수 있냐는 것이다. 모든 것이 정치이고, 모든 개인의 문제는 사회적 문제인 것을 우리는 지금까지 배워왔으면서도 아직 성역은 이렇게 굳건히 남아있다.

그들의 대답에는 약간의 오류가 있다. 언제가 에리히 프롬의 《사랑의 기술》을 읽던 내게 옛 동료가 "책의 원제가 '테크닉 오브 러브'냐?"냐고 농담반 진담반으로 물었던 일이 있는데, 이 직설화법이 함축하는 오류와 마찬가지다. 이러한 사고에는 학문을 마치 기술적인 해답 찾기를 위한 사회적 장치로 축소 해석하는 과오가 있다.

학문 특히 사회과학의 가장 큰 미덕은 개인에게서 벌어지는 사건들을 사회적 문제로 수용함으로써 횡적인 시야를 확장하고, 역사적인 통찰을 통해서 또 다시 종적인 시야를 넓힘으로써, 개인의 개별적 사건에 대한 통시적, 사회적 분석을 가능케 하는 데 있다. 그것은 해답 자체를 제공하는 것이 아니라, 개인의 문제에 대한 해답을 얻기 위한 하나의 방향을 제시한다. 에리히 프롬은 "사랑처럼 엄청난 희망과 기대 속에서 시작되었다가 반드시 실패로 끝나고 마는 활동이나 사업은 찾아보기 어렵다. […] 만일 이것이 다른 활동의 경우라면 사람들은 열심히 실패의 원인을 가려내려고 하고 개선의 방법을 찾아내려고 할 것"이라고 말한다. 그리고 그는 과감히 "심리학의 궁극적 귀결은 사랑"이라고 결론짓는다. 프롬은 사랑에 대한 학문적 성찰을 시도했던 몇 안되는 학자다. 프로이드나 라캉

같은 학자들이 성애와 욕망에 대해서는 관심을 가졌어도, 사랑이란 주제를 직접적으로 다루지 않았던 것은 그들이 벗어버리지 못한 가부장적 태도 때문이 아닌가 추측해 본다. '사랑'이란 단어가 앞에 걸리는 그 어떤 저작도 진지한 학문의 결과이기보단 얄팍하고 단편적인 여성적 감수성에 호소하는 내용으로 쉽사리 치부되는 경향은 지금도 여전하다. 그러나 "만일 내가 참으로 한 사람을 사랑한다면 나는 모든 사람을 사랑하고 세계를 사랑하고 삶을 사랑하게 된다."는 프롬의 말을 듣는다면, 그것은 심리학의 귀결일 뿐 아니라 모든 진보적 사상의 시작임에 동의하지 않을 수 없다.

프롬 이후, '사랑학'에 공감하는 사람을 만난 적이 단 한 번 있었다. 한국에서 중학교를 자퇴하고 파리로 유학 온 별종이었다. 선생이 아이들의 이름 대신 번호를 부르자 "우리는 돼지새끼가 아니에요!", 가방 속에 있는 만화책을 압수하자 이번에는 "만화도 예술이에요!"라고 항변하고, 교장선생님이 금지하는 일본가요를 학교방송에서 틀어 문제아로 낙인찍힌 과거가 있었다. 이 재미있는 영혼 역시 그 별스런 감수성으로 사랑의 결핍과 소통의 기능 장애를 끌어안고 사느라 무던히 고심해 온 모양이다. "사랑은 학문으로 존재해야 한다. 그것을 연구해서 모든 인류가 더 많이 더 만족스럽게 사랑을 나누며 살아야 한다." 이게 그 친구가 줄곧 해온 생각이었다. 각자 외롭게 품고 있던 이 절박한 희망사항이 공명했을 때 얼마나 놀라고 또 환호했던지!

사랑이 우리네 고달픈 인생의 모든 문제를 한방에 해결해 줄 명약이기 때문에 그것을 쟁취하고 유지하기 위한 기술을 모두가 터득해야 한다는 것이 '사랑의 의제화'라는 주장의 논거는 아니다.

사랑은 단지 개인적인 감정을 소모하는 경험이 아니라 우리 인생을 숨

쉽게 만드는 경험이다. 동시에 사랑에는 치명적인 상처를 줄 위험도 도사리고 있다. 나의 주장은 이러한 것들을 객관화해보자는 것이다. 그래서 그것을 적극적이고 전면적으로 삶 속에 친화시켜 사랑의 결핍이나 과잉을 겪지 않고, 사랑의 배달사고가 일으키는 피해에서 좀 더 자유로워지자는 것이다. 사람들은 소설에서처럼 사랑하지 않는다. 이성과 논리로는 통제 불가능한 영역이어서 언제인지 알 수 없지만 예정된 운명의 길목에서 기적처럼 만나서 꽃피거나 가차 없이 저버리는 게 아니다. 물론 물화된 영역에 있지도 않다. 재력 있는 남자와 미모와 젊음을 가진 여자가 만나 서로의 가치를 기계적으로 교환하는 것도 사랑이 아니다. 그러니 사랑학을 통해 이러한 사실들에 대해 담담하게 통찰하자고 제안하는 것이다.

지금 한국사회에는 가부장적인 가치와 자본주의적 패악이 뒤섞여 지극히 편협한 얼굴을 한 사랑이 떠돌고 있다. 무한하게 많은 사랑의 단면 중 하나다. 내 영혼이 내 의지에 따라 국경과 시간을 초월해 어디에든 머물 수 있다는 사실을 인지하는 것만으로도 우리 인생은 조금쯤 덜 불행할 것이다.

'한 여성이 글을 읽을 수 있게 된 순간 여성문제가 등장'한 것처럼, 사랑의 영역이 사회과학 속에 당당히 한자리를 획득하는 순간, 이는 우리의 삶을 가장 민감하게 건드리는 정치·사회적 의제로 떠오를 것이다.

연애와 사랑의 유효기간

모든 것이 원자화, 물화物化되는 사회에서 사랑에 부여되는 가치는 점점 더 커져만 가는데, 그것에 대한 준비 없이 오로지 환상과 오류가 뒤범벅된 개인의 얄팍한 지식에만 맡겨두는 현재의 상황은 필연적으로 사람들을 더 큰 불행으로 이끈다. 그나마 우리가 숱한 대가를 치르고 사랑에 대한 한두 가지 뼈저린 진리를 건져 올리게 될 무렵이면 이 사회가 허락하는 사랑과 연애 행위에 대한 유통 기간은 이미 지나버리고 마는 경우가 대부분이다.

연애와 사랑이라는 이 본능적인 행위와 감정에 허락된 우리 사회의 유효기간과 대상은 대략 20대에서 30대 중반 무렵까지의 미혼남녀. 거기서 조금씩 벗어나면 탈선, 바람, 외도, 주책 등의 온갖 추접한 수식들이 따라 붙으며 사회적 억압과 때로는 법률적 억압이 가해진다.

자유로운 두 개인이 서로 감정을 구체화하고 교류하면서 연애의 기쁨을 누리고, 영혼의 날개가 천상을 휘젓는 사랑으로 나 있는 통로는 비좁다. 연애는 결혼이라는 요란스런 사회적 통과의례로 가기 위한 청춘남녀의 요식행위가 돼 버렸고, 심지어 너저분한 상행위로 전락하는 경우도 숱하다. 이런 상황에서는 "행복하게 결혼해서 잘 사는" 걸로 끝나지 않는 모든 사랑은 불장난이며 실패로 규정된다.

한국사회에서 가장 슬픈 현상은 사랑에 대한 이중적 가치관에서 비롯된다. 가장 비참한 현상 또한 사랑을 포기하게 하거나 차단해 버리는 사회적 관행으로부터 발생한다. 여전히 한국은 유교적 가치관에서 비롯된 가부장적 사고의 지배 하에 있는 남성 중심의 가치 편향적 사회이다. 놀랍도록 마초적인 사회구조는 여성의 정조가 상당한 상품가치를 인정받도록 만들며, 동시에 여자를 사는 일이 가장 보편화된 사회구조를 가능케 한다. 여성은 남성들의 가장 거대한 소비 대상인 동시에, 그것이 내 가족과 관련된 사안으로 좁혀들어 올 때에는, 여성의 품행을 집안의 체면과 결부 짓는 지극히 봉건적인 관습이 작동한다.

특정 유흥가뿐 아니라 웬만한 동네의 골목골목에는 여자가 접대부로 등장하는 노래방, 다방, 룸살롱, 마사지 클럽 등이 즐비하고, 인터넷 교제 사이트는 모두 잠재적인 매춘중계업소가 되어 버렸다. 일상의 공간에 빼곡하게 비집고 들어서 있는 매춘을 위한 편의시설들은 평범한 직장인들도 마음만 먹으면 손쉽게 여자를 매매하도록 유도한다. 심지어는 누군가의 통제에서 벗어나 드디어 자신의 오랜 인생 경험을 토대로 마음이 통하는 벗을 찾을 수 있을 만한 연륜 있는 노인들조차 손쉽게 즐기는 만 원짜리 유희를 선택한다. 탑골 공원과 주말 등산길에 박카스 아줌마들이 차고 넘치는 이유다.

중년 남성의 가슴 콩닥거리는 연애는 차단되어 있지만, 매춘은 무한히 허락되어 있을 뿐 아니라 끊임없이 부추기는 사회. 인간이 할 수 있는 가장 보편적이고 흥미로운 관계 맺기인 연애를 특정 시기, 특정 연령층의 전유물로 규정하고 비좁은 김밥의 틀 속에 밀어 넣어버린 사회. 어쩔 수 없이 옆구리로 삐져나오는 비명과 분출되는 욕구들은 모두 어두운 음지 속에 처넣어 버리는 사회. 이 숨 막히는 사회적 모순을 비집고 우리가 건강하고 싱그러운 연애를 계속해 나갈 수 있는 가능성은 얼마나 될까.

성적 에너지 자극하는 '유쾌한 희롱'

파리에서 육아휴직으로 보내던 1년 동안 몇몇 민주노동당의 동료들이 다녀갔다. 그 중 평소 허튼 소리는 씨알도 안 먹힐 것 같은 강건한 투사의 이미지를 가진 한 선배는 나를 보자 대뜸 "지하철에서 내 맞은편에 앉아 있던 연인들이 무려 서른여덟 번 키스를 하더라." 며 작은 눈을 동그랗게 뜨고 파리 입성의 생생한 첫 소감을 토해냈다.

나 역시 파리에 다시 갈 때마다 거리에서 목격하는 사랑의 표현에 매번 새삼스럽게 넋이 나간다. 그 같은 장면들은 일순간 내가 껴입고 있던 관습과 도덕이라는 두꺼운 외피를 훌훌 털어내게 한다. 거리에서 거침없이 열정적으로 사랑을 표현하는 사람들이 뿜어내는 에너지는 도시 전체에 파토스를 충천시킨다. 큐피드의 화살이 사방에서 쏟아지는 그곳에서 연애는 모두에게 허락된 축복이다.

일간지 〈리베라시옹Libération〉을 보면 거리에서 우연히 만났지만 그냥 스쳐지나간 안타까운 인연을 찾는 광고들이 있다. 예컨대 이런 식이다. "당신은 빨간색 승용차에서 아이와 함께 내리고 있었어요. 리볼리가 55번지쯤에서 나는 카키색 외투에 청바지를 입고 있었죠. 우린 잠시 눈이 마주쳤지만 그 뿐이었죠. 당신의 눈을 다시 보고 싶어요." 도서관에 가서 공부를 하다가도 잠시 쉬고 싶을 때면 그 공개적인 애달픔에 같이 동요되고 싶어 리베라시옹을 뒤적이곤 했다.

한 프랑스 여성이 "파리가 패션의 중심도시가 되는 것은 파리에선 남자들이 여자들을 열렬히 바라보고, 그들의 감정을 솔직하게 드러내기 때문"이라고 쓴 글을 읽은 적이 있다. 뉴욕에서 몇 개월을 지내는 동안 어떤 남자도 자신에게 눈길을 주지 않았지만, 다시 파리에 돌아오니 남자들이 자신을 쳐다보더라는 게 그녀의 이야기다.

정말로 파리에서는 멋지게 차려 입고 거리에 나서면 과연 그 선택에 기꺼이 동의한다는 듯한 시선을 받는다. 당신의 옷 또는 당신의 모자가 아주 멋지다는 행인의 찬사를 어렵지 않게 받을 수 있다. "당신은 매우 우아해요.", "당신의 미소는 정말 매혹적이네요." 이런 환상적인 인사도 곧

잘 등장한다.

    지나가는 행인 혹은 이웃이 던지는 작은 찬사는 당연히 발걸음을 가볍게 해준다. 서로의 성적인 에너지를 자극하게 하는 '유쾌한 희롱'이 무수히 널려있는 도시다. 귀찮은 치근거림으로 번지지만 않는다면, 이것은 삶을 달콤하게 자극하는 활력소가 된다. 그러니 여자들이, 물론 남자들도 최대한 자신을 멋지게 드러내고자 할 수밖에 없다. 거리를 지나는 무수한 눈들이 화답할 것이고 그로 인해 성 에너지는 항상 팔팔하게 깨어있을 수밖에 없다.

내가 아는 사랑과 연애에 관한 두세 가지 진리

그리 길지 않은 삶에서 내가 건져 올린 사랑에 대한 명백한 진리 두세 가지는 사랑을 주저 없이 삶의 중심적 가치에 올려두게 한다.

    첫째, 사랑은 그것이 우리에게 가져다주는 기쁨과 똑같은 크기의 절망이나 상처를 반드시 내포하고 있다. 사랑이 내게 안겨주는 희열의 능선이 가파르면 가파를수록 그 뒤에 필수적으로 따라다니는 절망의 계곡은 음습하고 깊다. 그리하여 흔히 인생의 가장 아름다운 기억과 가장 고통스런 기억은 한데 뒤엉켜있다. 그 천형으로부터 자유로워지는 방법은 자신의 경험을 인간의 사회적 역학관계에서 오는 갈등구조로 분석하고 해석해내는 것이다.

    가파른 계곡으로 굴러 떨어지는 경험을 결단코 피하고 싶다면, 사랑이란 치명적인 경험에 발을 들여놓지 않는 것이 최선이다. 아이도 낳지 않는 것이 바람직하다. 아이와 엄마와의 사랑은 연인들 간의 그것 못지않게 치명적이다.

사랑이라는 이름의 희열의 정상과 죽음의 계곡을 한번 올라갔다 내려오고 그것을 인생을 위한 약으로 잘 소화시킨 사람은 한 번의 인생을 송두리째 체험하는 것과 같은 폭, 그리고 일본식 정원의 자갈들 위에 새겨진 듯한 가지런한 결을 소유하게 된다.

그것을 위해 치러야 하는 대가는 분명 혹독하다. 대학시절 여학생이 별로 없어 한적하던 정경대 여학생 화장실에는 이런 낙서가 적혀 있었다. "슬픔은 공기 중에 있고, 나는 호흡을 멈출 수 없다." 누구인지 모르지만 사랑의 슬픔, 혹은 실연의 슬픔에 온몸을 떨면서 이 한 줄의 문장을 적었을 것이다. 그 당시 나에게는 그런 경험이 아직 없었지만, 낙서자가 그 깊은 절망의 계곡에서 대기를 가득 메운 농도 깊은 슬픔을 맛보았음을 짐작하게 해주었다.

둘째, 자유와 사랑은 반비례의 관계에 있다.

당신과 당신의 사랑의 파트너가 허락하는 자유의 범위는 당신들이 경험할 사랑의 길이와 폭을 규정한다. 사랑은 때때로 서로에 대한 소유욕과 소유당하고 싶은 욕구를 우리에게 불러일으키며 나의 자유를 그가 송두리째 차압하려는 욕망을 감지하는 것은 피학적 쾌감마저 불러일으킨다. 그러나 그 불건강한 쾌감에 맛을 들이는 순간, 두 연인이 발 딛고 서 있던 얼음조각은 빙산에서 떨어져 나와 망망대해를 헤매다가 두 사람을 심연으로 추락시키고 만다. 처음 사랑이 싹틀 무렵, 우리는 서로에게 무한한 자유를 허락하지만, 시간이 지나면서 점점 대립하는 자아는 서로의 자유를 억압하려는 양상으로 전개된다. 모든 관계는 필연적으로 갈등을 내포한다. 인간관계에서 갈등의 핵심은 각자의 자유를 어떻게 배분하는가에 달려있다. 만일 서로의 자유와 평화롭게 공존해 줄 수 있는 사랑을 할 수 있다면 당신은 하늘의 별을 딴 것이다.

마지막으로, 사랑을 하는 동안 사람은 우주와 가장 완벽한 조화를 이룬다.

인간에게 신성이 내재한다는 사실을 얘기한 여러 가지 사상들이 있다. 이를테면 동학에서 말하는 인내천이 그렇다. 사람이 곧 하늘이라는 말은 조물주와 피조물주가 주체와 객체로 나뉘지 않음을 역설한다. 나는 한국 혹은 지구에 발붙이고 살아가는 존재로 생각하는 것보다 우주 속에 존재하는 하나의 작은 점이라고 느낄 때 무한히 자유로워진다. 사랑의 기쁨에 충만해 있을 때, 나의 모든 영혼과 에너지는 있는 힘을 다하여 우주의 정기를 빨아들이고, 우주는 기꺼이 내게 모든 기를 전해주는 것을 느낀다.

밥을 먹지 않아도 배고프지 않고, 새벽 3시에도 맑은 정신으로 눈이 번쩍 떠지며, 사랑의 신열에 폭발하는 에너지를 전할 길 없어 동터오는 태양을 기다리며 창 밖을 뜨겁게 응시하게 하고, 새벽녘에 세 시간을 걸어 연인의 창가에 편지 한 장을 건네고 오게도 만든다.

물리학에서는 위치에너지와 운동에너지를 이야기하지만, 과학자들이 발견해내지 못한 또 하나의 에너지는 사랑에너지이다. 사랑을 해본 사람들은 모두 그 물리적 실체가 실존함을 증언할 수 있을 것이다.

또한 이때 사람 안에 내재한 신성神性은 자연스럽게 차고 넘친다. 사랑의 행위가 낳은 결과로 새로운 생명이 창조된다는 사실은 신성을 발현시키는 사랑이 지닌 속성의 가장 명백한 증거이다. 사랑하는 연인들이 나누는 육체적인 융합은 일상에서 우리가 행하는 그 어떤 경험과도 닮지 않았고, 아이를 잉태하고 출산해내는 과정은 더더욱 경이로운 새로운 차원의 영역이다.

아직 그 광적인 에너지를 체험하지 못했다면, 당신의 겨드랑이 밑으로 천사의 날개가 돋아나 연인과 함께 천상을 날아다니며 공기 중에 퍼져 있는 행복의 입자를 혀끝으로 맛보지 못했다면, 당신은 사랑을 제대로 체험해보지 않은 것이다.

넥타이 필터 + α

어린 시절의 나는 금욕적이고 청교도적인 집안 분위기 때문에 사랑의 개념을 동화와 소설을 통해서만 접할 수 있었다. 그때부터 단 한 사람의 영원한 연인을 운명적으로 만나 죽을 때까지 그를 사랑하겠다는 고전적인 다짐을 일찌감치 굳혔다.

물론 결과는 전혀 그렇게 전개되지 않았지만, 나름대로 다짐을 지키기 위한 원칙이 있었고 그것을 상당 기간 고수했다. 운명의 한 사람은 결코 평범한 방식으로 나타나지 않을 것이기 때문에 미팅이나 소개팅 같은 것은 절대 하지 않고, 나를 쫓아오는 어떤 남자도 그저 그 성의를 생각해서 한두 번 만나는 일은 하지 않겠다는 참으로 가소로운 원칙이 그것이었다.

가소로운 원칙을 유난스레 고집한 결과 나는 같은 학과의 동기나 선후배들과 사귀게 되었다. 어떤 경계심도 갖지 않고 스스럼없이 친하게 지내다가 연인으로 발전하게 된 것이다. 그 누구와도 사귀지 않겠다고 손사래를 강하게 치면서도 어느덧 같은 학과의 남자친구와 점점 연인관계로 발전하는 일이 대학 4년 동안 세 번이나 있었다. 심지어 대학을 졸업한지 5년이나 지난 뒤 거리에서 다시 만나 연애를 했던 상대도 같은 학과의 남학생이었다. 물론 그들은 하나하나 충분히 멋진 사람들이었고, 결과적으

서대문 교도소 건물 뒤편 연못에 떠 있는 낙엽들이 눈부시다.
그 어떤 시공간에서도, 심지어는 감옥에서도 눈부시게 화려한 순간은 존재한다.
나의 눈과 마음만 열려 있다면.

로 억울할 건 하나도 없긴 했다.

　10대 후반부터 20대 중반까지 무작정 내 뒤를 밟으며, "커피 한 잔"을 요청하는 사람들을 많이 만날 수 있었다. 어쩌면 그들 중에 근사한 사람이 있었을지도 모르지만, 얼굴도 제대로 쳐다보지 않았다. 모두를 평등하게 무시해주기로 한 나의 그 어쭙잖은 원칙 때문이었다. 미팅이나 소개팅을 하지 않은 것도, 힘들게 용기를 내어 내게 말을 건네는 사람들을 다 저버리고 연애시장에 나를 버젓이 내 놓는다는 게 이율배반적으로 느껴졌기 때문이다.

　이 대단한 원칙을 쓰레기통에 깨끗이 처넣어버린 것은 사랑의 고통스런 계곡에서 간신히 지상으로 올라와 파리로 가는 비행기를 타고 난 후였다. 사랑이 줄 수 있는 희열과 절망의 양끝을 모두 밟은 뒤였다. 나는 하나의 인생을 통째로 다 살아버린 듯했다. 그리고 새로운 인생을 살아가기 위해 새로운 삶의 조건과 원칙들을 비로소 30년 만에 재조립했다.

　만일 같은 원칙을 계속 고수했다면, 사진작가라며 내게 다가와 대화를 나누자고 한 희완도 만날 수 없었을 것이다. 더 이상 세상에 아무것도 두려운 것이 없었다. 그동안 고통으로 단단해진 자아는 가장 소중한 자산이 되었다. 나를 100% 열어 놓아도 허물어지지 않을 자신이 있었다. 연애를 그저 순간적 감정과 우연에만 맡기지 않으려는 나름대로의 체계를 구축할 수 있게 된 것이다.

　"넥타이 속의 남자는 절대 사귈 수 없어!" 이게 내가 가지고 있는 연애 불가 상대의 기준이었다. 그 필터에 많은 남자들이 무더기로 걸러졌다. 내가 보기에 이 사회가 남성에게 허락하는 모든 악행들을 거리낌 없이 행하는 사람들, 단지 대세라는 이유만으로 우파정당을 지지하는 사람들 대부분이 넥타이를 죽어라 매고 다녔다. 자신의 자아가 찌그러진 것도 모자라 가부장적인 위세로 세상까지 찌그러지게 만들고 싶어 안달이 난 사람들도 넥타이를 소중하게 목에 걸어 매고 다녔다. 넥타이를 맨 대신 자유를 풀어버린 사람들이었다.

하지만 나중에 '넥타이 필터'만으로는 걸러지지 않은 중요한 면들도 있다는 사실을 제대로 깨닫고 새로운 기준표를 만들었다. 감정적인 자아가 좌충우돌 하는 시간을 줄이기 위해 나만의 주관적인 잣대로 만든 기준표다. 내가 연애상대에게 기대하는 사항들을 적어보았다.

예술적인 감수성은 있는 사람인가? 삶에 대한 열정은 충만한가? 지적인 욕망과 그가 쌓아온 지식의 창고는 어느 정도인가? 어린시절 부모와 충분히 애정을 교감했는가? 정치적 지향은 어떤가? 사고와 행동은 얼마나 일치하는가? 머릿속은 얼마나 자유로운가? 미적 감각이나 옷 입는 취향은 만족스러운가? 볼 때마다 탄성을 자아내는 외모인가? '멋있다'는 형용사에 가까운 사람인가?

이런 것 말고도 나를 만족시키는 특별한 장점이 있다면 당연히 가산점을 주었다.

100점 만점을 기준으로 만든 기준표를 놓고, 누군가를 사귀기 시작하면 그 사람을 대입시켜보고 60점이 채 안될 경우에는 넌지시 이성이 감성에게 말을 건네도록 했다.

'너도 알겠지만, 이제 그만 관계를 정리하는 것이 좋아.'

시시때때로 도표를 수정하는 일도 발생했다. 하지만 결코 나이나 국적, 경제적 능력 따위가 들어간 적은 없었다. 희완은 이 기준표에 의하면 완벽에 가까운 점수를 받은 사람이었다. 그가 가사노동에 얼마나 능한지, 자신의 청결을 위해 얼마나 부지런을 떠는지 등은 처음부터 기준표에 없었던 고로, 그 방면에서는 제로에 가까운 그에 대해 불평할 자격이 없다.

그가 신비롭고 존경스런 친구에서 연인으로 어느 날 내 앞에 섰을 때, 우리는 이틀을 꼬박 침대에서 나오지 않고 사랑을 나누었다. 천 년쯤 시간이 흐른 것 같았다. 실제로 희완은 그렇게 말했다. "이대로 천 년이 흐르면 좋겠다." 그 천 년이 지나 또 다른 천 년이 와도 여신과 사랑을 나누며 보내겠노라고 했다. 이틀을 꼬박 천상을 날아다니는 경험을 하다가 전화벨이 울리는 소리에 허망하게 잠시 땅으로 내려왔다. 낮인지 밤인지 구분도 되지 않는 그때 처음으로 창을 열어보았다. 세상은 고요하게 하얀 눈으로 뒤덮여 있었다. 하얗게 내린 그 눈은 모든 소음과 더러움과 슬픔을 다 덮어버린 뒤에도 조금씩 숨죽여 떨어지고 있었다.

희완은 이 눈이 나를 위해 내리는 게 확실하다고 말했다. "가난한 내가 나타샤를 사랑해서 오늘 밤은 눈이 푹푹 나린다"는 백석의 시처럼. 우리는 하늘이 우리에게 보내준 이 멋진 선물을 만끽하기 위해 거리로 나섰다. 거리에 서 있는 아름다운 나무들 위에 내린 눈은 서리가 내려앉은 순록의 관처럼 빛났다. 우린 자주 가던 식당에 가서 꿀맛 같은 식사를 하고 까페에서 커피를 한 잔 마셨다.

파리의 까페들은 여름이건 겨울이건 길가에 의자와 테이블을 내놓고 테라스에서 손님을 맞는다. 의자들은 늘 거리를 향해 있다. 두 사람이 서로를 바라보기보다는 서로 나란히 앉아 거리를 바라보도록 테이블이 이미 세팅되어 있는 것이다. 그런 좌석 배치는 어떤 메시지를 전하는 것 같았다. "나는 세상을 향해 언제나 열려 있으나, 지금 이 순간은 당신과 어깨를 마주하고 이 거리를 함께 바라고 보고 있다."

숨 막힐 듯한 사랑의 감정에 포획되어 있는 바로 그 순간에도 내게 시선의 자유를 허락하고 더불어 내 머릿속을 더 쿨하게 해주는 이 현명한 삶의 지혜는 의자의 각도를 90° 돌려놓는 것만으로 가능해진다. 그 순간 내 인생이라는 영화에서 롱테이크로 필름이 돌아가야 하는 장면임을 알고 있었다. 그 날의 순간들을 하나도 빼놓지 않고 내 머릿속에 새겨 넣었다.

황홀한 시간 동안 느낀 그 보드라운 감촉을 종종 다시 음미하고 싶어질 테니까.

결혼—사랑을 결박하는 그 모순의 동아줄

"나는 가정이 성소^{聖所}, 즉 재미와 즐거움만이 넘쳐나는 장소라고보지 않는다. 물론 그럴 수도 있다. 하지만 그보다는 가장 야만스러운 피조물인 인간이 다른 사람들과 비폭력적이고 비파괴적인 방식으로 시간과 공간을 공유하는 것을 배우는 곳이다. 함께 사는 사람에게 자신을 완전히 드러내고 동시에 한 사람이 그의 개성, 인간사, 희망과 공포를 알아감으로써 그가 만들어 내었던 이미지를 수천 개의 조각들로 깨버리는 일은 (…) 매우 고통스러운 경험이다. 결혼과 가족생활은 (…) 삶의 오물통과 마주하기에 훌륭한 장소이다."

독일의 사회학자 울리히 벡과 엘리자베트 벡—게른샤임의 공저 《사랑은 지독한 그러나 너무나 정상적인 혼란》의 한 구절이다. 부부인 두 사람은 이 책에서 현대사회의 결혼생활을 규정하는 사회심리학적 원인을 다각도로 분석한다. 그들에 따르면, 현대사회의 많은 사람들은 과거 결혼이 가져다주었던 지복들을 포기하고 새로운 꿈과 맞바꾸고 있다. 그들은 여기서 사람들이 자아를 찾고자 하는 열망이 있다는 것을 해석의 기본 바탕으로 가정하고 있다. 자아를 구축하고 자아에게 더 많은 자유를 허락하는 건강한 개인주의는 결혼을 매개로 형성되는 전통적인 가족에서 사람들이 끊임없이 일탈하도록 조장한다는 것이다.

저주받은 걸작으로 꼽히는 영화 〈가족의 탄생〉은 소름 돋도록 예리하고 영리한 영화다. 이 영화에서 배우들은 일상에서 조심스럽게 번지고 있는 가부장제 전복 기도를 천연덕스럽게 연기한다. 이 영화가 흥행에 참패한 것을 두고 마케팅의 실패를 운운하거나 흥행대작들 사이에 끼인 불운한 대진운 때문이라고 말하는 것은, 순진함을 가장한 의도적 은폐처럼 보일 정도다. 하지만 그동안 우리가 보아온 노골적이고 정치적인 그 어떤 영화보다도 도발적인 상상력을 유포시키는 불온한 영화라는 사실을 끝까지 덮고 넘어갈 수는 없다.

나는 결혼식장에 가는 것을 무척 힘들어 한다. 웬만하면 가려 하지 않는데, 단촐한 인간관계 탓에 다행히 오라는 사람도 별로 없다. 일 년에 한 두 번이라도 가게 되면, 거기서 환멸을 느끼지 않는 적이 드물다. 저게 저 친구가 고른 신부화장인지, 저 부케와 저 헤어스타일, 요란한 드라이아이스와 비누방울도 모두 저기 서 있는 커플의 의도인지 궁금하다. 신부가 평소에 생각한 게 있어도, 요새는 다 이렇게 한다며 한두 가지 선택지 중에서 강요당하는 것이 대부분이다. 자리에 앉지 않고 식장 밖을 서성대거나 일찌감치 식당에 가 있는 하객들이 더 많은 결혼식 풍경이 자아내는 참을 수 없는 인간사의 가벼움에 얼굴이 화끈거리고 우울해진다. 신랑신부와 아무 관계도 없는 정치인이 와서 주례를 할 때면, 이 허위 가득한 행위에 동참하는 자신이 비참하기까지 하다. 차가 막혀서 15분이라도 늦으면 이미 결혼식은 끝나고, 친지들과 사진을 찍고 있는 경우가 대부분. 식당을 물어물어 찾아가면 소매 위에 번호표가 하나 붙여지고 4명씩 짝을 맞춰 자리에 앉아야 한다. 그 때문에 종종 모르는 사람들 틈에 끼어 급하게 날아오는 음식을 투덜거리며 먹게 된다. 이쯤 되면 '쟤네들이 얼마나 살까', 이렇게 산통 깨는 상상을 하면서, 시댁이나 남편 흉을 보러 전화하는 친구 혹은 후배에게 뭐라고 조언할지 먼저 생각하곤 한다.

세상의 모든 동화들이 "그래서 둘은 결혼해서 오래오래 행복하게 잘 살았더래요."라고 끝나는 이유는 세상의 모든 진리가 그러하듯, 현실적으로는 정반대의 진실이 도사리고 있기 때문이다. 결혼까지 가는 동안 겪는 드라마틱하고 로맨틱한 우여곡절은 결혼식의 그 화려한 세리모니가 끝나는 순간, 광폭한 일상의 지루한 반복을 겪으면서 산산이 깨어지고 만다. 그리고 이내 이야기로서 가치를 상실하는 지지부진한 투쟁의 일기가 시작된다. 사실, 결혼을 준비하는 과정에서 벌써부터 그 끔찍함을 조금씩은 경험한다. 자신의 의지와 무관하게 이미 정해져 있는 상견례, 예물, 웨딩촬영, 예단, 혼수, 폐백, 이바지 같은 그 무수한 절차들 속에서 숱한 여타의 사례들과 부지불식간에 경쟁하며, 남들만큼 하기 위해 그때까지 커플을 지탱해주던 감정은 조각조각 절연된다. 결혼은 한국사회가 안고 있는 모든 모순들을 가장 잘 농축한 의식이다.

결혼의 입구에서 닫히고 만 그 무책임한 동화들이 수세기 동안 퍼다 나른 환상을 품고 결혼의 문으로 성큼 들어간 커플들은 그 이후 펼쳐지는 전쟁 같은 일상에 무방비로 노출된다. 그리고 어째서 달콤하고 아름다운 동화로 이어지지 않는지 고민하며 결혼의 환멸을 개인의 몫으로 끌어안기 시작한다. 그 다음 순서는 사랑의 감정을 유지하려는 꿈을 접는 것이다.

이혼여성 차별 82%로 세계 1위. 통계가 입증하듯, 이혼을 치명적인 패배자의 낙인으로 여기는 한국사회에서 낙오자가 되지도 않고 환멸스런 결혼의 속박에 빠지지도 않으려면 어떻게 해야 할까? 얼마 전 비혼페스티발에 초대되어 간 일이 있다. 미전향장기수가 아니라 '비전향장기수'라는 것을 깨닫게 되는데 한 세월이 걸렸던 것처럼, 우리 사회는 이제 미혼이 아니라 '비혼'이 존재한다는 사실을 깨닫고 있는 중이다. 여러가지 형태의 자발적인 비혼주의자들이 모여들었고, 당연히, 그들 대부분은 여성이었다. 나는 결혼이 아닌 시민연대계약^{PACS}을 한, 결혼 아닌 또 하나의 대안을 선택한 사람으로 페스티발에서 상영된 다큐멘터리영화에 소개되었다. 결혼을 선택하듯이 비혼을 선택한 사람들 가운데는 여자친구들끼리 사는 사람, 홀로 사는 사람, 혹은 싱글맘이 되어 남편 없는 아이와의 삶을 선택한 사람 등 다양한 선택이 존재한다.

   한국사회에서 결혼이 여자에게 극단적으로 불리한 선택인 것은 한 남자와의 서약인 동시에, 무한대로 확장될 수 있는 그 남자의 친인척에 대한 일종의 노예서약이기도 하기 때문이다. 대학시절 뭇 남성들의 선망의 대상이었던 한 친구가 있다. 학자 집안에 태어나 공부도 잘했고, 얼굴도 예뻤고, 졸업 즉시 굴지의 대기업에 취직해서 막힘없는 삶을 살던 그녀를 졸업한 지 10년이 지나 또 다른 친구와 함께 만나기로 했다. 그런데 결국 그녀는 나오지 못했다. 외출 직전, 시어머니가 수요일 예배에 가니 시아버지 저녁상을 차려드리라는 호출을 받았던 것이다. 그 소식을 전하는 그녀의 목소리는 고통으로 일그러지지도 않았다. 그 정도의 종속에 이미 익숙해 있는 듯. 어디 하나 빠지는 구석이 없던 그녀는 결혼시장에서 최상의 상품일 뿐이었고, 지금은 쓸 만한 며느리, 그럴듯한 아내일 뿐일까. 1년 전쯤 다시 그녀의 소식을 들었다. 이혼을 했고, 아이 둘과 외국에서 살고 있다는. 어쩐지 내 속이 후련해지는 느낌이었다. 또 하나의 여자가 허울뿐인 '정상'의 족쇄를 과감히 부수고 나왔다.

결혼과 이혼 사이에는 우리가 찾고자만 한다면, 또 다른 대안들이 널려있다. 단지 선택을 하기 전, 관습에 저항한 자에게 끊임없이 날아들 전방위 공격이 내 안으로 침투하지 못하게 할 뻔뻔한 자아를, 완전히 다른 궤도의 삶을 구축했는지 여부가 이 선택의 성공의 관건이 될 것이다.

까페에서 나란히 손을 잡고 앉아 있되, 시선은 밖으로 열어두는 방식에서처럼, 적절한 통풍과 환기를 허락하여 서로의 삶에 독립된 영역과 자유를 적절히 보장하는 방식은 그 관계를 더 건강하게 유지하게 만든다. 사실 사랑만 하고 결혼은 하지 않는 그런 무책임한 방법이야말로 가장 이상적이라는 게 내 생각이다. 유림 할아버지들한테 맞아죽을 이 생각은 세상의 모든 모계사회가 지속해 온 방식이고 인간을 제외한 대부분의 동물들이 생식하고 공존하는 방법이기도 하다.

사랑에 대한 인류학적 고찰 – 모계사회라는 대안

파리 8대학에서 외국학생을 위한 불어강의 중에 샹송으로 불어를 배우는 강의가 있었다. 서로 다른 대륙에서 온 학생 세 명이 하나의 그룹을 이루고 논의를 통해 테마와 그 테마에 맞는 노래들을 선정한다. 각 그룹은 CD를 구해 노래를 틀어준 다음 적어온 가사를 한 장씩 나눠 주면서 왜 이 노래를 선정하게 되었는지 설명하고, 노래를 가르쳐 준다. 수업을 담당한 선생은 학생들에게 각각의 노래에 얽힌 사회적 배경, 가사에 등장한 표현들을 더 풍부하게 익히게 해준다.

재미있게도 7개로 나뉜 그룹들이 정한 주제는 모두 '사랑'이었다. 물론 우연이 아니다. 세상의 거의 모든 노래는 사랑의 기쁨과 슬픔을 노래하고 있지 않은가. 누구도 부인할 수 없는 사실이다. 그런데도 사람들은 사랑이 인생의 아주 짧은 시절만을 장악하는 일시적 열정이라고 생각한다.

우리는 이 수업이 다 끝났을 때 사랑의 자명한 진리를 발견했다. 사람들은 사랑의 슬픔과 기쁨을 이야기함으로써 우리의 영혼을 위로하고 어루만진다. 마지막 수업에서 우리는 이 놀라운 발견에 대한 이야기를 나누었다. 선생님은 각자 돌아가면서 두 단어로 사랑을 정의해 보라고 제안했다.

모로코인과 프랑스인 사이에서 붉은 머리로 태어난 정열적인 여교수는 '생명$^{la\ vie}$', '기쁨$^{la\ joie}$'이라는 두 단어로 사랑을 정의했다. 알제리 출신의 한 남학생은 사랑이 '책임감'과 '신뢰'라고 말했고, 나는 '바람', '불꽃'으로 정의했다. 각자가 속한 사회와 개인의 역사가 어우러져 '사랑'의 인류학적 사전이 그 자리에서 펼쳐졌다. 그 시간은 소박하지만 매우 명징하게 문화의 상대성에 따라 달리 반추되는 사랑의 사회적 지평을 확인할 수 있는 순간이었다.

그 수업에서 만난 학생들이 속한 모든 문화에서 공통적인 한 가지가 있었는데, 그것은 일부일처를 기본으로 하는 남성중심의 사회구조라는 사실이다. 부계사회라는 근본적 한계 속에서 사랑을 변용하는 것은 분명 한계가 있었다.

얼마 전 나는 양 얼처 나무와 크리스틴 매튜의 책 《아버지가 없는 나라》를 통해 현존하는 모계사회인 중국 윈난성의 이야기를 접했다. 사랑과 결혼이 갖는 모순의 관계를 구조적으로 해결하는 사회적 방법의 실마리를 접할 수 있었다.

철저한 모계사회인 중국 윈난성의 남자와 여자들은 결혼을 하지 않는다. "사랑은 계절과 같아서 왔는가 하면 또 가버리는 것"이기 때문이다. 모쒀족 여자들은 13세가 되면 자기만의 공간을 갖는다. 자기를 찾아오는 남자들이 마음에 들면 함께 지내며 사랑을 나눈다. 평생에 걸쳐 여러 애인을 갖고 자녀도 많이 낳는다. 사랑이 식어 함께 지내는 일이 더 이상 화학적 반응을 일으키지 않을 때 여자들은 슬그머니 남자의 가방을 문고리에 걸어둔다.

감정이 소진된 뒤에도 서로가 관성으로 서로에 대한 의무를 강요하지 않기 때문에 이들은 좋은 감정으로 선선히 헤어지고 아이들도 종종 찾아오는 생물학적 아버지를 귀한 손님처럼 반갑게 맞는다. 아이들은 모계의 성을 물려받아 사촌들과 함께 어머니 집에서 자란다. 아이들은 한 명의 아버지 대신 여러 외삼촌의 보살핌을 받게 되는 것이다. 간혹 우리가 아는 많은 소설 속의 사랑처럼 평생 죽을 때까지 사랑해서 남자의 가방을 문 앞에 걸어두지 않는 여자도 있을 수 있으련만, 그런 경우는 없다. 진실로 그것은 인간의 본성에 속하는 일은 아닌 것인지….

그들 사이에서는 성적 수치심으로 명예를 실추하는 일도 없다. 질투에 눈먼 애인처럼 우스꽝스러운 게 없다고 여긴다. 남자들 역시 평생 엄마의 사랑과 보살핌을 받고 살기 때문에 평화롭고 만족스럽게 산다고 한다. 전쟁은 물론이거니와 큰 갈등이 분출하는 일도 없고, 지주와 소작인의 관계도 없으며, 모두들 조금씩 경작할 땅을 갖고 있다.

인간관계를 이토록 현명하고 세련된 것으로 만들고, 이토록 인간의 본성을 충실하게 반영한 사회를 일찍이 본 일이 없다. 모쒀족에게서 가장 부러운 것은 그들이 평생 솔직한 연애감정을, 그 민감한 감정의 촉수를 간직하며 살아간다는 점이다. 결혼과 동시에 우리의 심장을 가장 활발하게 뛰게 하는 새로운 만남을 중단하도록 언도받는 일은, 결혼을 하지 않고 동거만 하면서 사는 사람들이 보수적 사회에서 겪는 손가락질만큼이나 잔혹한 일이다.

모계로 얽힌 가족들이 함께 등을 마주대고 사는 이 사회에서는 많은 한국 여자들의 등골을 뻣뻣하게 만드는 시댁과의 영원한 불화 따위가 성립할 일이 없다.

작가 이경자는 이곳에 직접 제 발로 찾아가 한 달간 머물며 이 낯선 광경을 찬탄으로 지켜보는 시간을 갖기도 했다. 그녀에 따르자면 "가부장적 권위주의의 한국이 '익숙한 지옥'이라면, 그곳은 '낯선 천국'에 다름 아니다". 그녀는 감히 "인류의 삶의 대세는 모계사회로 기울어진 지 오래며, 따라서 탐욕과 자연 파괴의 부계사회는 거의 파장"이라 결론짓는다.

이미 한국사회가 부분적이나마 모계사회의 모습을 닮아가고 있음이 곳곳에서 발견된다. 많은 가정에서 아버지는 밤늦게 들어와 잠만 자고 나가는 서먹한 사람이 돼가고 있는 한편, 아이들은 모계 쪽 친척들과 훨씬 더 가깝게 지낸다. 영국 가디언지는 '사람들이 친밀감을 느끼는 순위'를 연구한 조사에서 1위 이종사촌, 2위 외사촌, 3위 고종사촌, 4위는 친사촌'이라는 연구 결과를 보도하기도 했다.

혁명이나 제도의 개혁을 통해 갑자기 부계사회를 모계사회로 바꿀 수는 없다. 하지만 타인들의 현명한 삶의 방식을 부분적으로나마 자신의 삶에 적용하며 살아갈 수는 있다. 혼인신고를 하지 않음으로써 서로에게 법적인 자유를 허락할 수 있고, 결혼식이라는 피곤한 절차를 다양한 방법으로 간소화해서 관습과 제도의 구속에서 다소나마 놓여날 수도 있다. 아이에게 부모의 성을 나란히 물려주거나 경우에 따라서는 엄마의 성만 물려주는 방법을 택할 수도 있다. 호주제가 폐지됨으로써 우리에게 이는 허황한 얘기가 아니라 선택할 수 있는 실천의 영역이 되었다. 생각해 보면 성

姓이라는 한자에는 아들 자子 대신 계집 여女자가 앞에 들어있다. 어머니가 물려준 삶이 성을 구성하는 두 개의 글자이다. 이건 우리도 의식하지 못하는 동안에도 여전히 남아있던 모계사회의 흔적이 아닐까.

영화 〈안토니아스 라인〉은 남성을 폄하하지도 무시하지도 않는 유쾌한 모계중심적 삶의 가능성을 그려 보인다. 사랑이 관성에 질식당하지 않고 어떻게 지속될 수 있는지, 가부장에 기대지 않는 가족의 재구성이 어떻게 가능한지를 보여주는 흥겨운 만찬 같은 영화다.

3년 전, 나의 엄마와 두 이모는 "나중에" 한집에서 같이 살 것을 결정했다. 이모부들에게는 매우 죄송한 얘기지만, 만나면 웃음이 끊이질 않는 이 세 자매의 꿈이 실현되는 모습을 꼭 지켜보고 싶다.

좌파 정당 잠입기

좌파 정당 잠입기 _ 3

철학을 하는 자세와 예술을 하는 자세는 같다.

우파는 사람들을 얌전히 성냥갑 안에 넣어놓고 통제하려 들며,

좌파는 어떻게 해서든 그 통제의 틀을 뛰쳐나오려 한다.

평등에 초점을 맞추던 좌파의 태생적 관점은

점점 자유쪽으로 그 무게중심을 옮겨왔다.

최근 들어 깨달은 좌와 우에 대한 가장 명확한 정의는

전자는 생명을 지향하고 후자는 죽음을 지향한다는 것이다.

성질 급한 지원자와
독특한 면접

민주노동당은 영화로 말하자면, 지금 당장 대박을 목표로 하지 않으며, 그렇게 포장할 물적 토대도 없고, 오로지 진정성으로 승부하고자 하는 투박한 다큐영화에서 이제 좀 사정이 나아져서 얼굴이 알려진 배우 몇 명이 등장하는 저예산 영화다.

내 영혼이 원하는 곳을 찾아

2008년 2월 말, 나는 출산으로 휴직했던 1년을 포함해 4년 가까이 일해 왔던 민주노동당을 사직했다. 어쩐지 처음 그곳을 첫발을 디딜 때부터, '잠입'이란 단어는 나와 민주노동당 사이에 밀착되어 있던 말이었다. 아무도 사주하지 않았지만, 난 스스로 이 흥미진진한 잠입을 택했고, 진하게 살아냈다.

만만치 않은 야망을 가졌거나 왠지 순수하지 못한 기회주의자일 것 같다는 느낌을 주는 정당인에 대한 일반적 선입견에 '민주노동당'이라는 낯선 이름을 합해 놓은 내 명함은 받는 사람들에게 잠시 표정관리를 놓치게 할 만큼 충분히 자극적이다.

　더구나 당에 들어온 뒤, 특히 희완과 함께 살기 시작한 뒤에는 그의 지지에 힘입어 나풀거리는 스카프며 집시풍의 긴 치마, 베트남에서 사온 알록달록한 옷들을 자유분방하게 걸치고 다녔다. 말기에 들어서서 이런 노력마저도 잊어가곤 했지만…. 이런 겉모습을 하고 사변적인 느낌도 마구 표출하는 사람이 얌전히 있어도 충분히 도발적으로 느끼게 만드는 명함까지 내밀면 황당하거나 정리 안 되거나 둘 중 하나다.

　당에 처음 들어왔을 때, 긴 모색 끝에 나의 지향과 나의 노력이 만나는 지점에 서 있음을 느꼈다. 눈이 땅에 닿자마자 녹아버리던 시절을 지나 이제는 소복이 땅을 덮으며 그 두께를 더하고 있는 시점이었다. 적어도 더 이상은 정체성의 균열이나 혼선 따위로 방황하지 않아도 좋았다. 앞에서 다가오는 거센 역풍을 온몸으로 버티고 서 있을 필요도 없었다. 내가 선 자리에는 늘 눈덩이를 굴리기에 넉넉한 함박눈이 내리고 있었다.

　직장에서 내 눈앞에 꽂혀 있는 모든 자료들은 개인적 관심사와 딱 맞아 떨어졌고, 아무리 재미없는 문체로 써 있어도 밤새 그 자료를 읽는 일이 고통스럽지 않았다. 아침에 출근해 인터넷 서핑을 시작하면 각 연구원들은 간밤에 타전된 여러 가지 뉴스에 대해 한두 마디씩 '멘트'를 던지곤 한다. 내가 미처 알지 못 하는 영역에서도 진보적 판단을 할 수 있게 만드는 키워드들이 톡톡 튀어나온다. 멋진 아침 풍경이다. 한 방 날려주고 싶을 정도로 한심한 생각을 유포하는 인간들이 꼭 끼어있게 마련인 여타의 사회집단과는 사뭇 다른 사무실 공기다. 라이히의 말처럼 나는 "즐거움에 근거한 노동"을 하게 된 것이었다.

　주말 저녁, 아이와 한참 깔깔대며 놀고 있을 때, 이름도 얼굴도 모르는 지방의원이 문화정책에 자문을 구하는 전화를 걸어와도 귀찮기보다 문화에 관심을 기울이는 민주노동당의 동지를 만난 기쁨으로 허둥대며 심장이 뛰곤 했다. 이런 풍경들이 당시 내가 뿌리내린 숲에서 펼쳐졌다.

세상에는 상업영화가 있고 작가주의 영화가 있다.

상업영화는 쉽게 말해서 이거 먹히겠다 싶어서 만드는 영화다. 작가주의 영화는 이 얘기를 세상에 꼭 하고 싶어서 만드는 영화다. 물론 작가주의 영화를 만드는 사람들도 동시에 '먹히기도' 하면 정말 좋겠다는 생각은 한다. 그러나 제작의 동기는 다른 곳에 가 있다.

민주노동당은 흥행을 목적으로 만든 영화가 아니다. '먹히겠다' 싶은 정책이나 공약을 내놓으며 인기몰이를 하지 않는 유일한 정치집단이었다. 지금 당장 사람들이 찬동하지 않더라도, 반드시 이렇게 되어야 한다는 신념을 바탕으로 정책을 설정하고, 할 수 있는 만큼 설득하고 실천하는 사람들이다. 민주노동당은 영화로 말하자면, 지금 당장 대박을 목표로 하지 않으며, 그렇게 포장할 물적 토대도 없고, 오로지 진정성으로 승부하고자 하는 투박한 다큐 영화에서 이제 좀 사정이 나아져서 얼굴이 알려진 배우 몇 명이 등장하는 저예산 영화였다.

여기에 약간의 세련미와 표현의 미학까지 곁들여져 있다면 훨씬 폭넓은 대중의 지지와 사랑을 받을 수 있었을 것이다. 당이 후자의 미덕까지 갖추지 못한 것은 아쉽지만, 정당을 통해 문화정책 대안을 제시하는 일을 해야겠다고 생각했을 때, 민주노동당은 내가 선택할 수 있었던 유일한 당이었다.

당원들뿐 아니라 당직자들도 대부분 모르고 있을 거라고 생각하지만, 민주노동당의 문화강령 첫머리에는 당의 목표 중 하나가 문화사회를 만드는 것이라 적고 있다. 문화산업이라는 이름으로 자본주의 사회의 너저분한 욕망들을 나열해 놓은 다른 당들의 그것과 비교해, 민주노동당의 문화강령은 누군가 내 꿈을 조금 어려운 말로 적어놓은 것 같은 느낌이 들 정도로 내가 꿈꾸는 문화정책의 방향과 일치했다.

조금 특이한 공채입사

문화정책을 공부한 만큼 마침내 정책을 펼칠 수 있는 곳에 들어갈 결심을 하고, 각 정당의 사이트에 들어가 문화에 대한 생각들을 살펴보았다. 민주노동당의 그것은 다른 어떤 당의 것과도 달랐다. 흑과 백, 하늘과 땅이었다. 어려운 이론서적의 한 구절을 통째로 갖다놓은 듯 소화 안 된 공약들도 있었지만, 그렇게 지향을 설정한다는 것 자체가 어딘가. 당명은 편협하게 노동의 가치에만 집중하는 듯한 인상을 풍겼지만, 이 당은 매우 지적이고 미래지향적이며 유럽의 사민주의적 이상을 가진 정치집단이었다. 이 당이 단박에 나의 호감을 산 데에는 말 그대로 '씩씩한 언니들의 정당'이라는 인상을 풍겼던 것도 크게 한몫했다. 10명의 의원 중에 4명이 여성, 비례대표 1번도 여성인 심상정이 차지했다. 과반을 차지하지는 못했지만, 40%가 여성이라는 사실. 어떤 집단이건 여성의 참여가 과반에 가까워질수록 합리적이고 활기차게 굴러가던 것을 보아왔다. 2년 뒤 지방선거에서는 전체 민주노동당이 차지한 81명의 의석 중 41개를 여성이 차지하기도 했다. 이점에 대해서만은 당이 두고두고 자랑스러웠다.

물질적 안위를 위해 내 영혼을 구겨 넣지 말자고 결정하고 나니 판단은 아주 쉬웠다.

민주노동당의 17대 총선 문화공약을 분석해 이에 대한 평가와 대안을 제시한 리포트를 썼다. 그리고 전화를 걸어 물었다. "거기서 일하고 싶

2004년 4월, 민주노동당에 보낸 나의 정책 분석 리포트와 이력서가 담긴 봉투. 당시 정책연구원 인사담당자가, 인상적인 봉투여서 여태 가지고 있었다며, 얼마 전 사진을 찍어 보내주었다.

고, 나의 당의 문화공약에 대한 평가와 대안을 제시한 리포트를 써서 보내고 싶은데 누구한테 보내면 되는가?" 머지않아 공채 계획이 있으니 그 때 함께 심사하겠노라는 대답이 돌아왔다. 정책정당을 표방했던 민주노동당은 당시 보좌관을 비롯한 분야별 정책연구원을 뽑을 계획을 갖고 있었다. 아직 공채계획이 구체적으로 잡히기도 전인데 불쑥 지원을 해버린 이 성질 급한 지원자에 대해서는 약간 독특한 방식으로 면접을 진행했다. 나는 한 면접관과 여의도 공원에 앉아 장장 세 시간 동안 이야기를 나누었다.

한 달쯤 뒤, 희완과 해인사에 들러 팔만대장경을 구경하고 내려오던 길에 합격통보를 알리는 핸드폰이 울렸다. 5대 1의 경쟁률이었다는데, 감사하게도 날 선택해준 것이다. 문이 열리길 기다리지 않고 내가 먼저 길을 만들어서 갔던 그 시도가 멋지게 성공한 것이다.

성질 급한 지원자와 독특한 면접

위대한 두 가지 부재 : 위계와 학벌

나중에 듣자 하니, 공동으로 면접을 치른 사람들에겐 대학교 때 운동을 했느냐는 질문이 던져졌다고 한다. 그 자리에서 내가 그 질문을 받았다면 어땠을까? 조금도 망설이지 않고 "아뇨, 연애만 했는데요."라고 대답했을 것이 분명하다. 족보를 따져 묻는 듯한 엄청난 우문에 심사가 뒤틀려 나머지 질문들에는 제대로 답하지도 못했을 것이다. 딴에는 젊은 날을 어떻게 보냈는지 알아보는 게 중요해서 던진 질문이라는데 학력고사 점수가 몇 점이었냐고 묻는 것만큼이나 어리석은 질문이다.

대학시절 나는 운동을 직업적으로 혹은 포교하듯이 행하던 무리들을 경계했고, 파시스트를 닮은 그들의 태도를 무시했다. 대학 1학년 때, 내가 다니던 대학의 학생회장이자 전대협 의장이었던 사람은 16~17대 여당 국회의원을 지낸 오영식이다. '민족의 태양' 운운하며 사회자가 과장스럽게 그를 소개하면, 그는 신나게 올라와 웅변대회 나온 아이처럼 흥분해 일장 연설을 했다. 운동을 출세 수단 삼아 했는지, 하나같이 수권정당이나 우파정당에 들어가 권력의 노른자를 떠먹고 있는 자들이 우리 세대의 운동권 대표들의 현주소다. 그런데 여기서 또 운동족보를 들먹이다니.

사실은 '운동권'이라는 어휘 자체가 모순이다. 과시적으로 그들의 대열에 서지 않으면 시대에 대한 고민도 실천도 하지 않는 자라는 건가? 운동권과 비운동권. 그런 단순한 이분법으로 사람을 가르는 집단이란 걸 진즉에 알았더라면 민주노동당에 지원하지 않았을지도 모른다. 불행인지 다행인지 내가 개척한 길로 따로 들어온 덕분에 일어났을지도 모를 입문의 갈등을 피할 수 있었다.

처음에는 당연히 모두가 의욕에 차 있었다. 우리들뿐 아니라 기자들도 그랬다. 기자들이 그랬다는 건 일반대중의 시선 또한 그랬단 얘기다. 지지율 13%로 17대 국회에서 10명의 의원을 당선시킨 민주노동당은 국회 입성 직후 25%까지 치솟은 지지율에 현기증을 일으키기도 했다. 당연히 민주노동당 최초의 공채 연구원들과 보좌관들에 대한 취재열기도 대단했다. 나만해도, TV를 비롯해 서너 군데의 신문과 잡지에서 연신 인터뷰를 가졌다. 심지어 MBC는 인물 다큐멘터리를 기획하기도 했었다. 진행하다 엎어지긴 했지만.

MBC 텔레비전 프로그램의 생방송 인터뷰에서 "민주노동당에서 일하게 되었다고 했을 때, 부모님 반응이 어땠느냐?"는 질문이 있었다. "널 알아보는 걸 보니, 똑똑한 집단인가보다." 라고 하셨던 엄마의 답변을 그대로 전했다. 실로 엄마가 내게 던진 생애 최고의 찬사였다. 진즉부터 민주노동당 당원이었던 언니는 물론이고 엄마도 나의 선택을 믿고 전폭적으로 지지해 주셨다.

당에선 서로를 'ㅇㅇㅇ동지'라고 부른다. 처음에는 갑자기 북한 땅에 들어온 듯, 어색하기만 했다. 그러나 아무도 그 호칭을 강요하지는 않았다. 내가 다른 사람들을 평소 습관대로 'ㅇㅇ씨'라고 불러도 누구도 그것을 고치라고 압력을 가하지 않았다.

시간이 좀 지나고 보니, '같은 뜻을 가진 사람'이란 의미의 '동지'는 민주노동당에서 일하는 사람들 사이에서 사용하기에 가장 적합한 단어였다. 그런 의미를 되새기고 난 뒤에는 별다른 어색함이나 거부감 없이 이 단어를 받아들였고 이내 좋아하게 되었다. 누구도 강요하지 않지만 가장 흔하게 쓰이는 이 표현이 우리들 사이에 각별한 동류의식을 불어넣었다. 멀쩡한 공당에 월급 받고 다니지만 마치 비밀요원이라도 된 것 같은 느낌도 없지 않았다. 그게 은근한 재미를 선사한다. 무엇보다 이 명칭은 자연스럽게 연령의 고하나 직위의 상하를 희석시키는 수평적 구조를 만든다. 특이한 성 때문에 어딜 가나 존재하는 "목!"이라는 호칭에서부터 "목수정 동지!", "목수정씨!", "목수정 연구원!"에 이르기까지 여러 가지 표현이 공존하지만 중요한 건 그 모든 표현과 그 표현을 둘러싼 관계들은 수평적이라는 점이다.

대리, 계장, 과장 등의 별로 듣기 좋지도 않은 직함들은 도토리 키재기 하듯 사람을 수직적인 관계에 올려놓는다. 사람들을 피곤하고 재미없게 만드는 관행이 사라진 그 자리엔 생각보다 큰 의미가 자리한다.

또 하나 날 즐겁게 한 '부재'는 출신학교에 대한 질문이다. 정책연구원들은 각각 명확한 자기 분야가 있기 때문에 전직이 뭐였는지, 어떤 분야를 공부했는지는 명확하게 드러난다. 약사, 회계사, 노무사, 사회복지사 등 '사' 자로 끝나는 직업을 전직으로 가진 사람들이 반 정도 되고, 대학원에서 석사학위 정도를 취득하고 각자 전문분야의 연구원 혹은 사회단체에서 일하던 사람들이 나머지를 차지한다. 간혹 박사들도 있었다. 그런데 들어온 지 삼 년이 넘었어도 어떤 학교를 나왔는지 모르는 연구원들이 대부분이다. 아주 최근에서야 옆자리에 앉아있는 연구원이 나와 같은 학교를 나왔다는 걸 알았을 정도다. 그런데 알고도 그냥 "그렇구나." 하고 서로 무덤덤했다. 다른 집단에서였다면 어느 쪽에서든 또 누구누구가 같은 학교며 한번 같이 만나자는 둥 하는 시답잖은 얘기가 오고 갔을 것이다.

출신학교부터 물어보면서 말을 트기 시작하는 우리사회 대부분의 인간관계에는 속이 빤히 보이는 천박함이 그물 치고 있다. 그런데 여기에서는 금기까지는 아니지만 그런 걸 궁금해 하는 태도를 촌스럽게 여기는 분위기가 자연스럽게 퍼져 있다. 이 지긋지긋한 학벌사회에서 은근히 서로를 서열화하려는 의도를 내포한 그런 종류의 질문이 존재하지 않는다는 건 대학서열을 폐지하려는 정당으로서 최소한의 실천이지만, 뿌리 깊은 한국사회의 관행에 비추어 볼 때, 그것은 매우 위대한 실천이었다.

파삭 깨져버린 원칙, 석 달 만에 한산해진 기자실

한 달간의 어수선한 연수가 끝나고 우린 각자의 자리를 찾아 떠났다. 보좌관과 정책연구원 두 갈래 길이 있었다. 보좌관은 정책담당과 정무담당이 따로 있는데, 정무담당은 주로 의원과 호흡을 같이 해 오던 당직자들이 맡았고, 정책보좌관은 공채를 통해 주로 채워졌다.

40여 명의 정책연구원들의 자리는 여의도 당사 5층에 마련됐다. 비좁은 책상, 빽빽한 좌석배치…. 여기 고시원이에요? 우리 텔레마케터에요? 불만이 여기저기서 터져 나왔지만, 그 불만을 듣는 기존 당직자들은 미동도 않는 기색이었다. 우린 기차를 타고 단체로 미지의 세계로 향하는 희망과 꿈에 가득 찬 여행을 떠나는 중이었는데, 그들은 '그래 한번 가 봐.' 하는 표정들이었다. 저건 뭘까 싶었다. 딱히 악의적인 것 같지는 않았지만, 그 심드렁하고 밋밋한 표정이 대체 뭘 의미하는 걸까.

심상찮은 의문이 남았지만 뒤로 하고 일 속으로 한 걸음씩 걸어 들어가기 시작했다. 정책연구원의 일이란 말 그대로 정책을 연구하는 일이다. 그렇다고 일 년에 한두 편 두꺼운 논문을 써내는 것은 아니다. 담당분야에 상임위를 둔 국회의원의 정책담당 보좌관과 해당 영역에서 발생하는 정책적 사안들을 적절히 배분하여 일한다.

보좌관들이 의정활동의 흐름을 타고 의사일정에 맞게 법안심사나 발의, 국정감사, 예결산 등에 주력한다면, 정책연구원들은 조금 더 장기적 호흡으로 당이 제시해야 할 정책의제들을 만들고 길지 않은 논문들을 작성하여 논리를 구축한다. 관련 분야의 시민단체들과 정기적으로 네트워크를 꾸리며 의견을 청취하는 것도 우리의 일이다. 공동으로 토론회나 워크숍을 진행하거나 해당분야에 중요한 사안이 발생했을 때 당을 대변하는 입장을 정리해서 정책논평을 작성하기도 한다. 선거 때 공약을 만들어내는 일 또한 정책연구원의 고유 업무이며, 각 지역에서 활동하는 지방의회 의원들이 필요로 하는 정책자문이나 조례 등의 초안을 작성하는 일, 국회에 제출한 법안을 만드는 일도 정책연구원이 의원실과 함께 진행하는 일이다.

일이 그러하다보니 국회도 자주 드나든다. 처음 타본 국회의원회관 엘리베이터는 기막히게도 의원용과 일반용 엘리베이터를 구분하고 있었다. 야성에 가득찬 민주노동당 사람들이 의원용 푯말을 무시하고, 아무 엘리베이터나 집어탔더니 어느날 슬그머니 푯말이 사라졌다.

건물을 드나들 때도 마찬가지였다. 가운데에 있는 큰 정문으로는 의원만 이용할 수 있고 다른 사람들은 양 옆의 문으로 다녀야 했다. 어느 날인가 불쑥 가운데 큰 문을 지나려 했더니, 바로 옆에 지키고 선 공익근무원들이 "여기는 의원님들만 다니시는 문"이라고 나를 붙잡았다. "어떤 법에 그런 게 써 있나요?"라면서 '어디 한번 붙어볼래?' 하는 식으로 대들었다. 그리고 4년이 지난 뒤 누구든 가운데 문으로도 쓱쓱 지나다니는 풍경이 만들어졌다.

선거 때만 되면, 동네사람들에게 머리가 땅에 닿도록 절하는 인간들, 심부름꾼과 머슴이 되겠다고 손이 닳도록 표를 호소하는 인간들이 당선만 되면, 자기들은 하늘에서 떨어지고 남들은 땅에서 기어 다니는 줄 안다. 이런 국회 주변의 위선을 폭로하고 까부수는 재미가 초기엔 쏠쏠했다.

남들이 보기에 딱딱해 보이기도 하겠지만, 문화정책과 관련된 일이라면, 한순간에 재미와 의욕을 재깍 충전 받을 수 있어서 나로서는 진정으로 재미있게 할 수 있는 일이었다. 민주노동당의 대표적인 정책통이었던 한 사람은 언젠가 정책연구원들 앞에서 이렇게 말한 바 있다. "정책은 상상력의 산물이다." 두고두고, 지친 나를 충전시켜 준 문장이었다.

그러나 민주노동당 입성 첫 해에, 나는 내가 꿈꾸었던 그 어떤 거대한 실천도 하지 못했다.

첫 출발은 제법 순조로운 듯했다. 마음에 쏙 드는 성실하고 실력 있는 정책보좌관과 한 팀이 되어 계류법안들을 차곡차곡 검토하고, 문화영역에서 열리는 토론회에 참석해 문화계 정책 현안을 파악하며 바쁜 날을 보내기 시작했다. 그런데 그 정책보좌관이 뜻하지 않게 사직서를 내고 말았다. 일을 시작한 지 한 달이 채 안 되는 시점이었다.

권위적 성향을 지닌 의원실 수석보좌관이 자기 '권위'에 도전하는 이 똑똑한 정책보좌관을 민주노동당답지 않게 짓누르고 협박성 발언을 한 것이 발단이 되어 결국 정책보좌관의 사임으로 이어진 것이다. 나를 비롯한 몇몇 연구원들은 사태의 부당함에 맞서 싸우는 데 서너 달을 훌쩍 보냈다. 문제제기를 한 우리는 적으로 간주되었고, 그 수석보좌관은 모든 소통의 통로를 차단해버렸다. 정책정당의 대의를 무시하고 가신을 싸고도느라 이 소중한 기회, 소중한 시간을 썩히는 의원과 그의 오른팔에 대항하는 싸움이었다. 그 사이 해당 의원실의 다른 보좌관들도 한 사람을 제외하고 모두 떠나갔다. 다음 해, 문제의 발단이 된 수석보좌관이 스스로 사직서를 내고 물러났을 때에야 싸움은 종료되고, 의원실도 그제야 비로소 정상을 찾았다. 출산 휴가 중이었던 나는 파리에서 그의 사직 소식을 들었다.

당에 발을 딛자마자 내가 알고 있던 정책정당의 찬란한 원칙이 파삭 깨지는 현장을 마주친 셈이었다. 내 뼈를 단단한 쇠사슬로 옥죄고 으깨는 듯 괴롭고 허무한 시간을 보내야 했다. 그즈음 문득 눈을 들어 주변을 살피니, 17대 국회 초기에 빽빽하던 기자실은 점점 사람이 줄어들어 서너 명이 보일까 말까 했다. 떠나간 기자들의 숫자는 민주노동당에서 떠나간 국민들의 기대를 반영하는 것이었다. 불과 서너 달 만에 밀물처럼 밀려왔던 기대와 관심은 썰물처럼 빠져나갔다.

모두가 우리처럼 심각한 갈등을 빚지는 않았지만, 다른 연구원들과 다른 의원실도 크고 작은 갈등을 겪고 있었다. 민주노동당이라는 기차는 예상보다 멀리 나가지 못했다. 예기치 않은 문제들이 발생할 때마다 '정치적 해결'이라는 화딱지 나는 방식에 원칙은 밀려나고 말았다. 민주노동당은 출발부터 여기저기서 삐그덕 소리가 나는 기차였고 다음 역에서 하차하는 성급한 승객들도 있었다. 멀리서 보기에는 아름다운 경치였지만, 가까이서보니 시커멓게 탄 상처와 뻥뻥 뚫린 구멍들이 적나라했고 때로는 돌무더기와 쓰레기더미도 있었던 것이다. 덩치는 갑자기 커졌는데 문제를 거를 자정장치가 없거나 작동하지 않았다. 순식간에 당은 너무 많은 오염물질로 빽빽해지기 시작했다.

처음에 우리가 책상 크기를 가지고 투정을 부릴 때 보았던 그 모호한 심드렁함이 떠올랐다. '뭐 그 정도를 가지고 그러시나. 아직 멀었는데….' 라고 말하는 듯한 그 태도는 산전수전, 공중전까지 다 겪은 기존 당직자들이 보내는 침묵의 답변이었던 모양이다.

내가 믿고 있던 원칙이 작동되지 않는 걸 보면서도 당을 떠날 생각은 금방 들지 않았다. 실망스런 지점에 봉착할 때마다 우리가 비난하는 당에 이미 정해진 주인이 있는 게 아니라 우리 모두가 주인이 되어 함께 만들어가는 유기체라고 생각했기 때문이다. 원칙이 있는데 지키지 않는 사람들이 있다면, 그 원칙을 지켜내기 위해 싸워야 하는 것이지 그 사람들 때문에 내가 떠날 필요는 없었다. 원칙을 위해 싸워야 할 사람들이 모두 떠나면 원칙을 엿가락처럼 주무르는 사람들이 남고, 당은 그들의 것이 될 뿐이다. 영아사망의 전통을 깨고 기적처럼 의회에 발을 디딘 이 진보정당의 실험은 계속되어야 하고, 죽 쒀서 개 주는 일은 웬만하면 하지 말아야 하므로.

원칙 부서져도
남아있던 이유

> 마르크스주의자를 자임하는 이들이 마르크스만큼 문화를 즐길 줄 알았다면, 풍요로우며 매력적이었다면, 마르크스주의가 20세기 말에 와서 이렇게까지 푸대접받지는 않았을 것이다. 마르크스가 이 세상에서 가장 하고 싶었던 일은 셰익스피어를 한없이 읽는 것이었음을 당신들은 아시는지.

1년 만에 다시 돌아온 민주노동당

1년간의 휴직을 끝내고 다시 당에 돌아왔다. 대부분 "어, 다시 돌아왔네?"라는 반응을 보였다. 거기에는 "안 돌아올 줄 알았는데."라는 말이 생략돼 있었다. 다시 돌아 왔다. 8개월 된 아이와 그 아이의 아빠와 함께.

들어온 첫해엔 변변히 일도 못해봤고, 그 다음 해에는 아이를 낳고 키우느라 프랑스에서 지냈다. 삼 년째 되는 해, 이제는 정말 제대로 일하고 싶은 마음이 간절했다. 한편으로는 늦게 엄마가 된 이 흥분을 건강한 에너지로 전환하여 좋은 엄마가 되고 싶은 마음 또한 간절했다. 기꺼이 몸 바쳐 충성하고 싶은 두 가지 사이에서 모든 일하는 엄마들의 딜레마를 겪으며 내 몸은 지옥의 스케줄을 견뎌야 했다.

유아기의 애정결핍이 초래할 수 있는 치명적인 결과를 뼈저리게 목격한 나는 철두철미하게 아이에게 나의 애정을 표현하고 살을 맞대는 일에 최선을 다했다. 태어난 지 3년이 넘은 지금까지 한 번도 아이를 떼어놓고 외박을 한 일은 없었다. 숱하게 워크숍이니 토론회니 하는 일들이 나의 일정에 쳐들어왔지만 피할 수 없는 경우에는 다소 수선스럽더라도 아이와 희완을 동반해 일정을 소화했다. 어린이집에서 돌아오는 아이를 맞이하여 놀아주기 위해 정시에 퇴근했고 못 다한 일은 아이가 자고난 뒤 밤을 새며 해내곤 했다.

파리에서 간간히 들었던 당 소식은 대체로 우울할 뿐이었다. 조승수 의원이 납득하기 힘든 이유로 의원직을 상실했고, 그의 지역구 울산 북구에서 열린 보궐선거에서 승리를 자신하던 당은 패배했다. 이미 두 번이나 구청장을 배출한 가장 만만한 텃밭이었기에 이 패배는 당에 심각한 타격을 안겼다. 사태에 책임을 지고 당 대표를 비롯한 최고위원들이 일괄사퇴하고 2기 지도부가 출범했다. 이때 소위 NL이라 불리는 자주파는 그간 확장된 세력을 당내 선거에 집중시켜, 사무총장과 정책위원장을 포함해 주요 당직을 차지하는 데 성공하였다.

2005년 12월, 다시 당에 돌아왔을 때 의외로 사람들은 아직 떠나지 않고 자리를 지키고 있었지만, 무겁게 가라앉은 패배감과 싸늘한 자조의 분위기를 감지할 수 있었다. 가장 치명적인 점은 근본적인 소통을 차단시키는 불신에 휘감겨 있었다는 사실이다.

일심회 사건

민주노동당에서 일하면서 가장 곤혹스러웠던 시기는 이른바 '일심회 간첩단' 사건이 터졌을 때였다. 처음엔 모두 조작이거나 당에 대한 탄압이라고 의심했다. 적극적으로 북핵 사태를 해결하기 위해 지도부에서 방북을 계획하고 있던 시점이기도 했다. 그러나 결국 이것을 간첩행위로 규정할 수 있건 아니건, 당의 현직 간부가 북한 조선노동당에 일정한 정보를 제공한 것이 검찰 발표로 드러나자 당 내부는 심각하게 이분되기 시작했다.

최기영 전 사무부총장에게 씌워진 혐의는 민주노동당 당직자 350여 명의 신상을 북한에 유출했다는 것이었다. 솔직히 이 정도 사안이 국가기밀누설에 해당하는 것인지 심히 의심스럽지만, 심상정 의원도 지적했듯이는 간첩행위이기 전에 "심각한 인권침해이고, 진보운동의 일탈 혐의"였다. 더욱이 민주노동당으로선 조선노동당이라는 타당에 당직자의 신상을 알린 일종의 프락치 행위를 한 내부자가 있었던 셈이니, 더욱 좌시할 수 없는 부분이다.

그러나 당론은 두 가지로 갈려 팽팽하게 맞섰다. 한쪽은 국가보안법의 존재에 모든 탓을 돌리며 최기영을 영웅이라도 되는 듯 옹호했다. 다른 한쪽에서는, 인간적으로는 안타까운 일이지만 사안에 대해서는 냉정한 비판의 입장을 취했다. 당은 공식적으로 민주노동당에 대한 공안 탄압이니, 국가보안법을 철폐해야 한다느니 하는 원론적인 얘기만을 반복하다가 뒤늦게 대국민 사과를 했다. 당에서는 자체적으로 이 사태에 대한 진상조사를 벌이기로 결의했지만, 끝내 당내 진상조사는 제대로 이뤄지지 않았다. 자주파 중심인 최고위원회에서 진정으로 조사의 진행을 바라는 사람은 적었던 탓이다.

당은 심각하게 들끓었다. 당 홈페이지 당원게시판에 활발하게 분당론이 개진되었다. 새는 좌우의 날개로 날고, 역사는 정반합의 변증법을 통해 진화하지만, 같은 당 내에 병립하는 이 두개의 생각은 진화는 고사하고 당을 갈가리 찢어놓을 기세였다.

당직자들은 난데없이 친구들이나 친척들에게서 잘 있냐는 전화를 받았다. 성질 급한 부모님들은 다짜고짜 그만 다니라고 종용해 오기도 했다. 택시기사들과 도란도란 얘기를 나누다가도 "민주노동당사 앞에서 세워주세요."라는 말이 나오면 싸늘하게 대화가 식어버리곤 했다.

간첩단 사건 직후 민주노동당 지도부는 북한 방문을 감행했지만, 실제로 이들은 조선노동당이 아니라 조선사민당 위원장을 만났을 뿐이고, 이들이 남한의 다른 정당들에 갖추어온 정당한 예우조차 받지 못했다. 당 지도부는 별다른 성과 없이 돌아왔다. 실제로 민주노동당과 조선노동당은 끈끈한 연대를 구성할 아무런 근거도, 실체도 없는 두 개의 상이한 정체성을 지닌 별개의 정당이다.

사건의 최대 피해자는 분명 당이었다. 이후 민주노동당 깃발만 보면 알레르기를 일으키는 사람들은 더 많아졌으며, 그들의 혐오는 더욱 노골적으로 변해갔다. 대선을 앞두고 매우 부담스런 짐을 지게 된 셈이었다.

이번 사건은 안 그래도 민주노동당을 향해 빨갱이라는 비판을 서슴지 않는 수구보수 세력들에게 그 물증을 가져다준 격으로, 그들은 우리를 노골적으로 간첩당이라 부르기 시작했다. 당사 앞에는 연일 뉴라이트 회원들이 장사진을 쳤다. 삭발을 하고, 농성을 하며 북한으로 꺼져버리라고 고함을 쳐댔다. 참으로 유치하게도 그들은 '민주노동당은 악마'라는 사뭇 유아적이고 조금은 종교적인 냄새까지 풍기는 플래카드를 당사 주변에 걸어놓기도 했다. 참으로 희한하기 그지없어 화도 안 나는 그 플래카드는 그들이 물러난 뒤에도 한동안 당사 주변에서 너덜거렸다.

당사 1층 로비에는 전경들이 버티고 서서 우리를 지켜주었다. 출근할 때마다 전경들이 우리를 지켜주는 이 진기한 세상을 만끽했고, 오늘도 뉴라이트는 계속된다는 사실도 확인했다. 사실 뉴라이트 회원들의 항의 시위쯤은 우리를 괴롭히는 일에 속하지 않았다. 조직폭력배 같은 외모의 아저씨들이 내지르는 저 거칠기 이를 데 없는 언사들이 격세지감을 느끼게 할 뿐이었다.

그들이 내지르는 과격한 구호, 삭발, 혈서 등은 그 주체만 달라졌을 뿐, 모두 80년대 학생운동 세력이 해오던 그것이었다. 그 일련의 행위들이 전해주는 그 소름끼치는 폭력성을 보면서 더 이상 우리의 시대정신은 저런 과격함을 필요로 하지 않는다는 사실을 명백히 알 수 있었다. 내가 하면 로맨스, 남이 하면 스캔들이라더니. 우리가 할 때는 사회를 위한 것이고, 그들이 할 때는 추태로 보이는 것은 아마 그들 입장에서도 마찬가지였을 것이다. 아름다운 세상을 향해 가는 길 위에서 벌어지는 이런 과격한 행위와 모순은 더 이상 정당화될 수 없는 일이다.

그 무렵에는 나도 집에 들어올 때마다 누군가 내 뒤를 밟는 건 아닌지, 뒤를 돌아보곤 했다. 실제로 몇몇 당직자들의 집에는 국정원에서 사람들이 다녀가기도 했다. 의혹의 눈초리로 주변 사람들이 우리를 바라볼 때면 이렇게 외치고 싶었다.

"우리야말로 피해자라고요!"

정파의 늪

사실 나는 당에 들어오고 나서 아직도 NL이니 PD니 하는 정파가 버젓이 존재하고 있다는 것을 알았다. 처음엔 대수롭지 않게 여겼다. "어른들이 되게 할일 없네. 대학교 때 하던 그 유치찬란한 싸움을 아직도 하고 있어?" 그러나 한국사회에서 철이 안 들었다는 건 아직 싸울 용기가 남아있다는 뜻이다. 그건 좌파의 피할 수 없는 숙명이었다. 철드는 순간 시퍼런 투쟁의식은 녹슬기 시작한다.

그들은 다행히도 아직 철이 안 들었고, 운동도 놓지 않았다. 그리고 정파도 버리지 못했다. 시간이 흐르면서 서서히 당에서 발생하는 많은 갈등의 근본 원인이 정파갈등에 있다는 명백한 사실을 깨닫게 되었다. 모든 정당에는 정파가 존재한다. 조선시대에도 시기를 불문하고 피 튀기는 당파 싸움은 숙명이었으니, 정치조직에 정파가 있는 것 자체를 문제 삼을 수는 없는 노릇이다. 누군가 말했듯이 정파는 정당의 동생이다. 오히려 정당이 존재하기 위한 필수요소라 부르는 것이 맞다.

각각의 정파가 서로를 견제하고 경쟁하면서 건강한 조직문화를 형성할 수 있을 때, 정파의 존재의미를 얘기할 수 있다. 그러나 마치 종교단체처럼 분석과 비판, 합리적인 토론과 공개적인 논의를 거부하며 금기의 영역을 만드는 것은 상식과 이해를 넘어서는 일이다. 이런 상황에서는 당보다 정파의 이해가 우선하기 마련이다. 그러한 정파는 당의 암적인 존재밖에 될 수 없다.

여의도 시절, 4층에만 내려가면 사람들이 어째서 북한 분위기를 풍길까 하고 의아했는데, 그들의 분위기가 결코 우연이 아니었음을 깨닫게 되었다. 5층에 있는 정책위원들이 뿜어내는 저 오만할 만큼의 자유로운 지성과 탈권위와 비형식, 그리고 약간의 냉소를 간직한 젊고 가난한 엘리트 집단의 분위기가 자주파들에게는 거의 없다는 것을 나중에 알았다.

사실 난 자주파로 불리는 사람들의 사고의 중심에 민족통일이 있다는 것 이외에 자세한 그들의 생리는 알지 못했다. 민주노동당에 들어온 이상, 민주노동당이 주창하는 대원칙에 합의하는 사람들이라고 여겼다. 나 스스로가 정파로부터 자유로운 사람이니, 정파적인 편 가르기를 피하고 함께 정책적인 논의를 해야 한다고 생각했다.

그런데 문화정책과 관련한 논의를 진행할 때, 자주파 쪽 사람들은 두 시간이 지나도록 한 마디도 하지 않고 조용히 듣고만 있는 광경을 거듭 연출했다. 그러다가 '남북' 문화교류 같은 단어가 나오면 그제야 눈을 반짝 뜨고 반가워했다. 논의가 끝날 무렵, 몇 시간 동안 아무 말도 하지 않고 앉아만 있는 사람이 있다는 게 민망스러워 "한 말씀 하시죠." 하면 그들은 예의 그 사람 좋은 얼굴로 언제나 "오늘 많이 배웠습니다."라고 이야기하곤 했다. 3년이 지나도 달라지지 않는 풍경이었다. 이게 개인적인 현상인지 어떤지 알 길이 없어 주변에 물었더니, 이쪽 사람들의 일반적인 태도라는 것이 답이었다.

더 재미있는 건 그들의 사상의 핵심에 해당하는 주체사상이란 단어를 결코 입 밖에 내지 않는다는 사실이다. 자주파는 현재 당내 최대 정파임에도 그들의 존재를 공식적으로 거론하는 것조차 금기사항이다. 그들의 논리를 공개적으로 토론해 공유할 것이 있다면 취하고 버릴 것은 버릴 필요가 있다고 진정으로 순진하게 생각했지만, 불가능한 일이었다. 그들의 세계는 주체사상을 중심으로 돌고 있지만, 정작 사고의 핵인 그 사상은 논쟁과 토론을 거부하는 금기의 벽장에 고이 모셔두고 있었다. 주체사상이라는 또 하나의 가부장적, 군국주의적 체계는 점점 그 사람들을 안으로

만 갇히게 했고, 그들을 점점 어리석고 비타협적인 집단으로 몰고 갔다. 금기와 우상에 사로잡힌 집단이 교조주의에서 자유로울 수 있다는 게 오히려 이상한 일이다.

'다니다'를 다니다

'다니다'는 '민주노동당 당직자들을 위한 문화감성 충전 프로그램'이다. 한 달에 한 번 정도 문화프로그램 하나를 정해, 가이드가 될 만한 한 사람과 함께 문화프로그램을 즐기고 토론하기 위해 만들었다. 대충 보면 밥도 먹고 술도 먹고 그런 느슨한 모임이지만 속내는 야심 찼다.

상상력의 산물인 정책을 생산해 내는 사람들에게는 다각도의 자극이 필요하다. 정책을 팔아 장사를 해야 하는 사람들이지만 당사에 갇혀 해가 지고 달이 뜨는 것을 지켜보는 일상을 벗어나야 한다. 발랄한 감수성의 솜털이 보송보송 돋아나는 경험을 해야 한다.

문화부를 상대하다보면 "예산을 올렸는데 기획예산처에서 다 잘렸다."는 얘기를 종종 듣는다. 그럴 때마다 경제가치가 지배하는 사회전체의 문화적 수준을 끌어올리지 않으면 할 수 있는 일이 별로 없다는 생각이 든다. 민주노동당이 문화에 무심하고 건조하다는 것은 당내 설문조사를 통해 공인된 사실이다.

어느 날 국민들이 갑자기 진보정당에 권력을 쥐어준다고 생각해보자. 그때 기획예산처, 재경부, 산자부, 노동부 등에 가서 국정을 다룰 진보진영 사람들은 그럼 문화적인가? 문화는 문화부만의 영역이 아니다. 삶의 모든 영역에 명사적인 대상으로서 뿐만 아니라 형용사적 가치로서 스며

들어야 한다. 그것이 잘 스며든 사회가 우리가 흔히 일컫는 선진사회다.

문화Culture란 단어의 라틴어 어근을 들여다보면 '경작하다'는 뜻을 갖고 있다. 밭을 경작하고, 나를 경작하는 것이다. 하나의 사회가 문화를 고루 향유하게 된다는 것은 다독다독 잘 다져진 풍요로운 땅을 소유하게 된다는 의미다. 문화는 꽃이 아니라 토양이다. 그 땅에 어떤 나무가 자라고, 어떤 꽃이 피고, 어떤 열매가 맺힐지는 나중의 일이다. 그리고 각자 선택의 몫이다.

스스로 마르크스주의자라고 말하는 이들이 마르크스만큼 문화를 즐길 줄 알았다면, 마르크스주의가 20세기 말에 와서 이렇게까지 푸대접받지는 않았을 것이다. 마르크스가 이 세상에서 가장 하고 싶었던 일은 셰익스피어를 한없이 읽는 것이었음을 그의 딸들은 증언하고 있다.

《공산당 선언》은 "하나의 유령이 유럽을 떠돌고 있다.─공산주의라는 유령이"라고 시작한다. 그 유령이 《햄릿》에 등장하는 그것과 일치한다는 것을 자크 데리다는 《마르크스의 유령들》이라는 책에서 명민하게 간파하고 있다. 보라, 마르크스와 셰익스피어가 주고받은 저 위대한 상상력의 유희를!

민주노동당 사람들이 자신의 문화적 토양을 일구어 그 속에 위대한 상상력의 뿌리를 내리길 기대하며 시작한 조촐한 작업에 붙인 이름이 바로 '다니다'였다. 나와 비슷하게 문화적 열망을 갖고 있는 의원실 보좌관 한 사람이 모임의 초동 주체가 되어 약간의 예산도 마련해 주었다.

의원실의 보좌관들과 중앙당 당직자들을 모아 한 달, 혹은 두 달에 한 번씩 박물관이나 뮤지컬 공연장, 전시장, 극장 등을 함께 다녔다. 기껏해야 열 명 안팎의 작은 인원이었다. 가겠다는 사람은 꽤 있었지만, 결국 '그날이 오면' 언제나 이 일보다 훨씬 더 중요한 무수한 일들이 우리 발

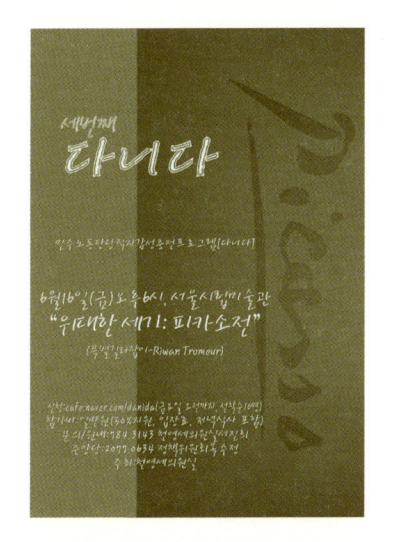

세 번째 다니다, '피카소 전'을 알리는 포스터.(위)
뮤지컬 '지하철 1호선'을 보고나서.(아래)

등 위에 떨어지곤 했다. 그 적은 인원들 중에서 또 반쯤은 자신의 문화적 감성을 포기하는 선택을 하고 만다.

함께 '피카소 전'을 보러갔을 때는, 희완이 우리의 가이드가 되어주었다. 마치 피카소 옆집에 살았던 이웃이기라도 했던 것처럼 피카소의 모든 작업과 고민을 세세하게 설명하고, 각각의 작품들이 맺는 관계를 우리 눈앞에 그리듯 보여주었다. 피카소는 하늘에서 떨어진 천재도, 괴상한 사기꾼도 아니었다. 하루하루 예술작업이라는 실천을 통해 자신의 정치적 신념을 확장해간 공산주의자 예술가 피카소가 '천재'라는 박제된 이미지에서 벗어나 비로소 우리에게 인간의 모습으로 걸어 나왔다.

희완의 설명과 나의 통역으로 진행된 두 시간 남짓한 관람 동안 우리 일행에 일반 관람객들의 긴 행렬까지 더해져서 나중에는 큰 무리를 이루기도 했다. 자신들을 이끌던 집단이 민주노동당이라는 사실을 아는지 모르는지. 희완은 예술이라고 불리는 모든 작업들은 정치적 행위일 수밖에 없다고 말한다. 예술가 자신이 그것을 의도하건 의도하지 않건 간에 말이다.

모든 진정한 예술작품은 시대에서 튕겨져 나간다. 시대를 저항하고 조롱하고 비판하며 앞서 나간다. 우파는 오른쪽으로 가기 보다는 주어진 길을 가는 사람들이며, 좌파는 현상을 까뒤집어보고 다른 각도에서 삐딱하게 바라보는 사람들이다. 철학을 하는 자세와 예술을 하는 자세는 같다. 우파는 사람들을 얌전히 성냥갑 안에 넣어놓고 통제하려 들며, 좌파는 어떻게 해서든 그 통제의 틀을 뛰쳐나오려 한다. 평등에 초점을 맞추던 좌파의 태생적 관점은 점점 자유 쪽으로 그 무게중심을 옮겨왔다. 그러나 자본의 무한한 자유를 허락하는 '신자유주의'의 도래로 말미암아 이는 부언이 필요한 난감한 설명이 되어버렸다.

최근 들어 깨달은 좌와 우에 대한 가장 명확한 정의는 전자는 생명을 지향하고 후자는 죽음을 지향한다는 것이다. 정신의 무한한 자유를 추구하고 모든 살아있는 것들과 조화로운 상생을 꿈꾸며 깨어있는 존재가 좌파라면, 텔레비전 앞에서 일생의 대부분을 보내면서 일찌감치 자신의 영혼을 무덤 속에 파묻고 보수언론의 선동을 묵묵히 받아들이며 개발이라는 미명 하에 생태를 파괴하는 것이 발전이라고 믿는 쪽이 우파다. 우파가 가장 싫어하는 좌파의 부류가 생태주의자라는 사실이 어떻게 우연일까.

우리에게 까페를 달라

2006년 12월, 당은 여의도 당사를 떠나 문래동 당사로 이전하게 되었다. 여의도 당사는 1997년에는 집권 직전의 김대중이, 그리고 2007년에는 결국 대권을 거머쥔 이명박이 캠프를 차린 명당이었다. 효율성으로만 따져도 국회와 원활한 소통을 위해서라도 여의도에 머무는 것이 당연히 유리했다. '당사 이전'에는 구구한 설들이 있었지만, 핵심은 경비절감이었다.

새로 이사 온 문래동 당사 주변에는 수백 개의 철공소가 있었다. 그 밖에는 철공소 사이사이에, 자리에 앉으면 백반을 자동적으로 주는 밥집 몇 개, 배달을 전문으로 하는 다방 몇 개가 있을 뿐이다.

누군가는 민주노동당의 정체성에 맞게 노동자들 옆으로 왔다고 했지만, 우리가 말하는 노동자가 육체노동자만을 의미하는 게 아니라면 노동자는 어디에나 있다. 굳이 철가루 휘날리는 철공소 밀집지역이 최적의 공간이라고 우길 필요는 없다. 당사 이전은 국회 입성 이후 쉼 없이 낙하해 온 당의 지지율만큼이나 기대에 부응하지 못한 민주노동당의 퇴보를 상징적으로 보여주는 일이었다.

숨 막히는 계파 간 갈등과 소통의 부재는 갈수록 당의 활력을 앗아갔다. 처음엔 모두 당을 자랑스러워했지만, 이젠 모두 입만 벌리면 냉소를 뿜어냈다. 나는 질식해 죽기 전에 이사를 계기로 내가 할 수 있는 뭔가를 시도해봐야 하겠다고 생각했다.

나는 새 당사에 까페를 만들자고 제안했다.

까페는 소통과 휴식과 상상력 충전을 위해서 필요한 공간이었다. 이전 당사에는 소위 담배방이라고 할만한 흡연실 하나만 있을 뿐, 휴게실 개념의 공간은 없었다. 부서와 일하는 층에 구애받지 않고 중앙당에서 일하는 사람들이 섞여 대화를 나누거나 잡지나 만화책을 뒤적이거나 음악도 들으면서 잠시나마 히피처럼 자유로울 수 있는 공간이 절실했다. 예산과 함께 계획표를 짜서 당에 제안했고, 당은 제안을 받아들였다. 당사에 카페를 위한 공간은 당연히 없었지만, 평면도를 펼쳐놓고 두 층 사이에 난 내부 계단을 막아 그 자리를 까페로 만들자는 데 합의를 했다.

건축담당 연구원이 내부 인테리어 구상을 맡기로, 화초를 좋아하는 에너지 담당 연구원이 실내 조경을 맡고, 희완에게는 우리의 상상력을 자극할 벽화를 그려달라고 요청했다. 책과 잡지가 그득한 북까페로 꾸며볼 요량이었다. 서가는 당직자들의 기부를 받아 채우면 됐다. 오호, 이렇게 신나는 일이! 잡지와 인터넷을 뒤져 본보기로 삼을 만한 북카페 사진을 수집하면서 이사 갈 날만을 손꼽아 기다렸다. 내부 집기를 마련하는 데 필요한 약간의 예산도 이미 마련해둔 상태였다.

그런데 이사 당일 까페는 사라져버렸다. 막상 이사해 놓고 보니, 도면으로 예상했던 것보다 공간이 좁다는 게 이유였다. 까페가 들어서기로 한 자리가 사무실로 대체됐다. 익히 알고는 있었지만, 이렇게 기도 안 차는 주먹구구, 무책임, 무대책에 나는 뚜껑이 열려버렸다. 집단의 철학은 공간이 그대로 반영한다. 반대로 공간에 담긴 철학은 집단을 변화시킬 수도 있다.

"일할 공간도 없는데 무슨 까페냐."는 논리로 약속했던 까페는 없어졌건만, 대표와 정책위의장 그리고 사무총장은 독방 하나씩을 차지하고 앉았다. 권력구조를 공간 구성에 정확하게 반영한 것이다. 더구나 이들의 방은 햇빛이 잘 드는 남쪽 창가를 차지하고 있었다. 당의 '일하는 사람들'은 그 방과 사무 공간 사이를 완강하게 막고 선 석고보드 때문에 햇빛을 차단당했다. 좁기도 좁았지만 차갑고 암울한 분위기를 나눠가져야만 하는 상황이었다.

이 권위적이고 시대착오적인 독방들을 없애고, 그 자리에 공동의 공간을 만들고 벽면은 투명 혹은 반투명으로 바꾸어 까페로 꾸며달라는 주장을 써서 당내에 돌렸다. 40명에 가까운 사람들이 서명을 했다. 서명을 한 사람과 안 한 사람은 정확하게 정파로 갈렸다.

서명된 문서는 대표와 사무총장과, 정책위의장에게 전달했다. 아무런 답변도 들을 수 없었다. 이 무렵 당 내에 노조가 만들어졌고, 다시 한번 노조의 이름으로 공문을 전달했다. 돌아온 것은 나중을 기약하자는 무성의한 답변뿐이었다. 대신 NL쪽 색깔을 대변하는 것으로 알려진 매체들과 이들을 대변하는 당원게시판의 논객들은 일제히 비아냥조의 이야기를 쏟아냈다. "정책연구원들, 웬 웰빙 타령인가!"

결국 또 까페 논쟁도 정파적인 싸움으로 변질돼 의견은 이분됐고, 아무것도 실현하지 못했다. 삶은 정치이며 당 안에서 모든 사안은 정파적으로 해석되고 결정된다는 진리를 다시 입증한 셈이다.

단언컨대, 당사 안에 내가 구상한 그 북까페가 들어설 때, 당의 지지율은 뛰어오를 것이다. 당직자들이 그 안에서 음악을 듣고 잡지를 뒤적이고 그림을 그리며 업무 영역과 무관하게 사적인 대화를 주고받으며 낄낄거릴 수 있을 때, 그래서 당에서 일하는 사람들의 우울하고 딱딱한 감성이 유연해지고 보편적인 사람들의 욕망에 순순히 화답할 수 있게 될 때, 당은 비로소 더 많은 사람들의 마음을 두드리는 정당으로 비춰질 것이다.

노조
사무국장이
되다

가난하다면 정직하고 평등하기라도 해야 한다. 그래야 우리가 스스로를 위안할 근거가 생기는 법이다. 그런데 당의 태도는 저 먼 나라를 향해 내세운 '대의'를 위해, 지금 이곳에 꼭 필요한 것들을 쓰레기통에 처넣고 있는 것이다. 눈이 뒤집히기 시작했다.

아직도 거기 다녀?

연애와 직장이 닮은 점 중의 하나는, 한 가지에 반해 선택하고 나면 그 나머지를 모두 감수해야 한다는 점이다. 사랑에 눈멀 때, 우리는 그 사람의 한 가지를 사랑하면서 다른 것들을 기꺼이 윤색하고 거기에 도취되는 실수를 범한다. 그리고 서서히 사랑의 환각에서 벗어나 아름답지만은 않은 현실을 직면할 때, 환멸과 상처를 내 손으로 보듬어 새 살로 만드는 것이 그 사랑을 지키는 유일한 방법이며, 내 최초의 선택을 존중하는 것이 스스로 성숙해지는 가장 좋은 길이다.

나는 민주노동당이 내건 저 황홀한 문화강령과 감히 아무도 이야기하지 못했던 그 급진적인 정책의제들의 발칙함만을 보았을 뿐, 다른 그 어떤 잡다한 현실에 눈 돌리지 않고 기꺼이 이 세계에 발을 담갔다. 내가 생각하는 진귀한 가치를 오로지 민주노동당만 갖고 있었기 때문에 다른 어떤 조건에 대해서도 재고하지 않았다.

이 소화시킬 수도, 이해할 수도 없는 정파 갈등의 늪에 빠진 정당. 노조를 슬금슬금 무시하는 태도로 2007년에 들어서는 임금체불도 대수롭지 않게 하면서도 미안함조차 표하지 않는 참으로 기막힌 소위 진보정당. 당직자들로 하여금 심심찮게 '일하는 사람의 희망'이 아니라 '일하는 사람의 절망'이라는 푸념을 듣곤 하는 민주노동당에 대해서도 나는 기본적으로 같은 마음을 품고 있었다. 당이 가진 한 가지가 내가 가장 소중히 여기는 가치였기 때문에, 이젠 내가 그를 살찌우고 나의 새로움으로 당을 신선하게 만드는 데 설탕 한 스푼만큼이라도 기여할 수 있다면, 바로 이곳에서 내 존재의 이유를 찾자고 한 것이다.

당에서 일한 지 3년째 될 무렵, 많은 사람들이 내게 "아직 거기 다녀?"라고 물어왔다. 바깥 사람들이 묻는 건 그렇다 치더라도, 당 내 사람들조차 종종 "왜 계속 다니는데?" 하고 허심탄회하게 물어오는 것이다. "아니, 그럼 당신은?" 하고 되물으면, "넌 좀 자유롭잖아."는 답변이 돌아왔다.

물론 내 머리도 내 몸도 자유롭다. 대학시절부터 운동에 투신해 십여 년을 비슷한 사람들과 저 멀리 나부끼는 희미한 희망의 불빛을 바라보며, 현실의 부대낌을 견디며 살아온 많은 동료들에 비해서는 상대적으로 자유로웠을 테다. 나에게는 긴 역사를 함께 해온 동지도 없고, 따라서 배신할 대상도 없다.

때로는 이런 점들이 당에서 일하는 데 핸디캡이라 생각하기도 했다. 모두가 빤히 들여다보는 정황을 혼자만 못 읽고 신문을 보고 나서야 이해하는 일들이 종종 발생했다. 그러나 이런 난감함을 굳이 극복할 생각을 해본 적은 없었다. 오히려 내 머릿속을 단순하게 만들어주기 때문에 좀 노력하면 알 수 있는 내막들에 대해서도 대충 귀 닫고 지냈다.

비록 운동하며 박힌 군살은 없지만, 뻐딱한 모난 돌로 세상을 관통해 온 세월은 있기에, 또 다른 시선과 접근을 당에게 제공할 수 있다고 믿었다. 동종교배가 열성인자를 낳는 건 불멸의 법칙이라 되뇌며, 완전한 자유의지로 당에 여전히 남아 있어야 할 이유를 찾았다.

내가 당에 남아 있어야 할 지극히 실용적인 첫 번째 이유는 내가 만든 문화 분야의 공약을 받아줄 유일한 정당이었기 때문이었다.

나는 문화가 교육처럼 모든 사람들이 당연히 누려야 할 권리이자 국가가 일정한 수준까지는 제공해야 할 의무가 있는 공공서비스의 영역이라고 믿는다. 인간은 저마다 정신의 양식을 갖고 있으며, 그것을 일궈내는 일은 그만큼 존재를 풍요롭게 하는 일이 된다. 한 사람이 자신의 문화적 정체성을 확립하는 것은 비로소 그가 정신적으로 개별적인 자아를 구축한다는 의미와 같다. 이것은 한 개인에게 뿐만 아니라 사회에도 똑같이 적용된다. 그리고 이것이 민주노동당 문화공약의 근간이다. 이 내용을 그대로 담아낸, 누구와도 상의할 수 없었고, 참견하는 사람도 없었기에 혼자 정해버린 지난 대선의 문화공약 슬로건은 이렇게 정했다. "우리를 자유롭게 하는 것은 문화다."

주장과 일상의 간극에 민주노동당의 허점이 있다

민주노동당이 제시하는 미래사회에 대한 구상은 나무랄 데 없지만, 자기 자신의 현재의 꼬락서니는 한심했다. '민중'의 삶을 불타는 목소리를 이야기하고 때로는 '가열찬' 투쟁을 전개하지만, 눈앞에 있는 자신의 동료와 자기 자신의 삶을 보살필 줄은 몰랐다.

2007년 초 노조가 생기고 처음 그 문제점을 지적하기 전까지 당직자의 임금은 당의 예산집행 순위 맨 마지막에 있었다. 잔치를 벌일 일이 풍성하게 넘쳐나지는 않더라도, 투명하고 평등하고 합리적이기만 해도 모두가 감사히 그것을 누릴 자세가 되어 있는 사람들이 바로 당직자들이거늘…. 대의를 향한 아름다운 원칙들은 당내의 일상으로 돌아오면 산산이 부서진 파편이 되어 흩어지고 말았고 그 파편들은 사람들의 가슴에 가서 꽂혔다.

여자인 내가 1년간 육아휴직을 할 때는 잠잠했던 사람들이 다른 남자 동료의 육아 휴직에 대해서는 끊임없이 간접적인 압력을 행사했다. 결국 그의 육아휴직은 거대한 운동으로 진화했고, 그것은 나중에 한 권의 책으로 엮여져 나오게 됐다.

다른 세상에 대한 실험은 우리 내부에서 시작하는 게 마땅하다. 실험하지 않고 실천하지 않으면서 권력을 잡아 하루아침에 세상을 바꾸겠다는 건 거짓말이다. 나부터도 그 거짓말은 믿을 수 없다. 실천하지 않는 만큼 우리의 미래는 더 멀리로 꽁무니를 뺀다.

거의 날마다 비어있다시피 하는 독방들을 그대로 기어이 유지해야만 자신들의 권위가 선다고 생각하는 지도부가 있고, 지도부들도 각자 다른 역할을 맡은 동지일 뿐임을 망각한 채 다른 당직자들보다 열 배쯤 넓은 공간을 차지하는 현실을 슬쩍 눈감아 버리면, 우리는 무슨 수로 불평등을 바로잡자고 세상을 설득할 수 있을까. 우리가 먼저 어마어마한 관성의 무게와 자본주의의 선동에 사로잡힌 집단적 맹목을 극복하지 못한다면, 우리가 주장하는 대학평준화와 비정규직 철폐에 귀 기울여 줄 사람은 누구일까.

"잘난 놈들은 더 누릴 권리가 있다. 억울하면 일류대학 가고, 정규직이 되라."

이 논리를 극복하기 위해서는 평등한 세상의 탄력을 체험하고 그 자신감이 몸에 배어 있어야만 하는 게 아닐까.

행복을 경험하지 않은 사람이 남에게 행복을 나눠줄 수 없고, 자유를 누려보지 않은 사람이 더 큰 자유를 다른 사람들에게 허락할 수 없다. 하물며 몸과 마음이 건강하지 못한 집단이 더 건강한 세상을 만들겠다는 주장을 세상은 얼마나 진실하게 들어줄 수 있을까.

민주노동당 당직자들은 일 년에 한 번씩 건강검진을 받는다. 의사 당원들의 병원에 가서 소변검사부터 내시경까지 비교적 꼼꼼하게 받는 건강검진이다. 이 검사에는 정신건강에 대한 항목도 있는데, 많은 사람들이 가벼운 우울증 증세에 대한 진단을 받는다. 육체건강에 대해서도 결과는 비슷하다. 종합적인 진단이 붉은색, 노란색, 녹색으로 나타나는데, 아주 건강하다는 뜻인 녹색을 받은 사람은 주변 당직자 중 나 혼자였다.

언제나 지는 싸움을 익숙하게 받아들이는 것은 좌파정당으로서는 피할 수 없는 숙명이다. 세상 모든 사건들을 가장 적나라하고 날카로운 시선으로 꿰뚫고 부패한 주류언론에 대해 격렬한 목소리를 내야하는 고달픔을 면할 방법도 당분간은 없다. 거기에 가장 치명적으로 당 내부의 모순이 가속화하는 모습을 하루가 다르게 지켜보며 쓰린 가슴을 스스로 추슬러야 한다. 이런 상황에서 몸과 마음이 건강하게 지내려면 엄청난 자기관리를 필요로 한다.

민주노동당이 갖는 이 자기모순은 나에게 또 하나의 떠나지 않을 이유를

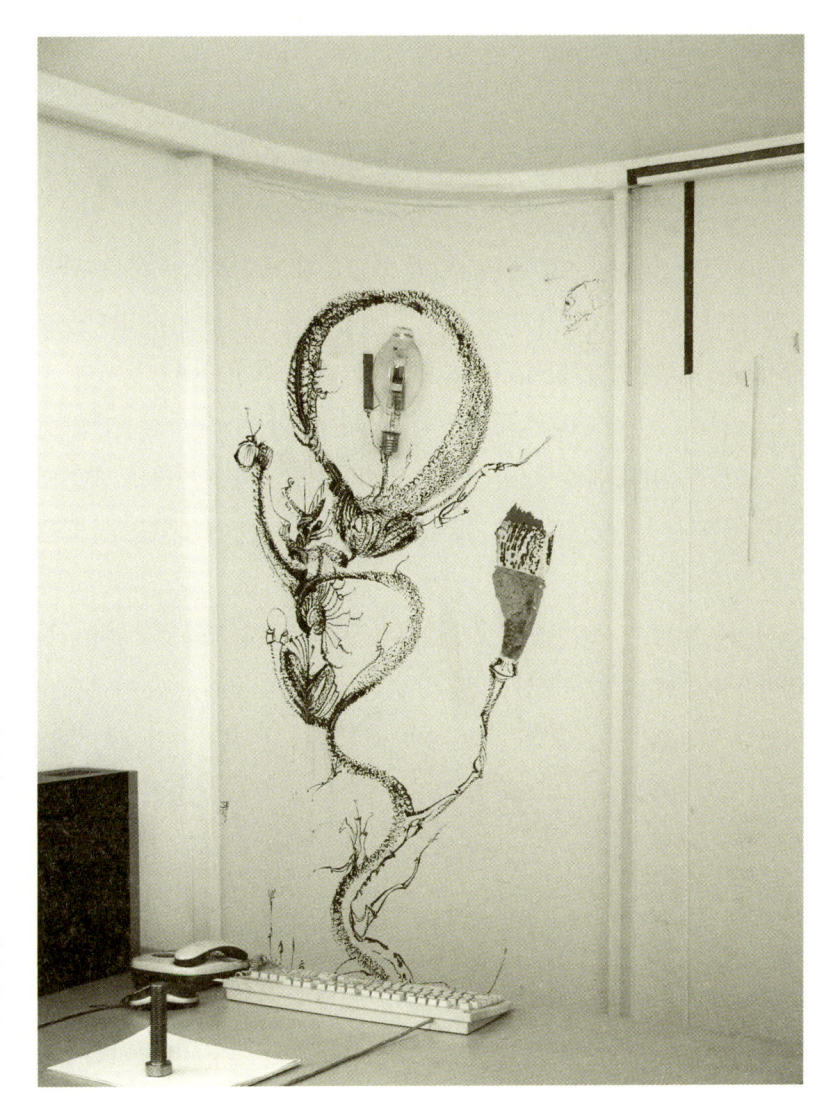

내가 노조 사무국장이 될 무렵, 노조 사무실도 당사 구석에 마련했다. 희완은 이 방에 들어온 사람들이 활기차고, 행복하며 놀이하듯 즐거운 마음이기를 바라며, 방 전체에 벽화를 그려주었다. 모두들 당을 떠나며 이 공간을 제일 아쉬워했다. 벽화의 운명이다.

주었다. "민중을 말하기에 앞서 먼저 우리 꼬라지 좀 살펴보자. 우리 삶과 우리의 주장을 일치시키자." 이렇게 말하며 자기모순을 타파하고 소위 당내 개혁을 모색할 사람이 절실하게 필요한 시점이라고 되뇌었던 것이다.

민주노동당 노조 사무국장

그러다가 2007년 9월 나는 민주노동당 당직자 노조의 사무국장으로 임명됐다. 내가 생각해도 점입가경이고 희대의 아이러니다.

아이를 가졌을 무렵, 한 친구가 내게 이런 문자를 보냈다. "그처럼 판타지를 많이 품고 사는 네가 어떤 엄마가 될 수 있을지 상상할 수 없어." 몽상가에다 이상주의자, 심미주의자, 개인주의자…. 그게 나의 모습이다.

노조 사무국장이 지녀야 할 덕목과는 줄줄이 정반대의 특징들만을 갖고 있는 사람이다. 처음 신임 사무국장이라고 날 누군가에게 소개할 때마다 웃음이 나오려고도 하고, 꼭 남한테 심하게 사기치고 있는 것 같은 기분이 들기도 했다.

사연은 이렇다. 2007년 상반기 들어서 임금은 계속 체불됐고, 이미 집행한 사업들에 대해서마저 사업비 지급이 서너 달씩 늦춰졌고, 이에 대해 마땅한 설명조차 듣지 못하는 상황이 벌어졌다. 그런데 갑자기 부채가 18억 원으로 늘어났다고 너스레를 떨면서도 예정에 없던 엉뚱한 사업들에 목돈을 펑펑 쏟아 붓는 일도 빈번했다. 대선 뒤에는 부채가 50억 원대로 늘어났다. 늘어난 적자에 대해서 누구 하나 명확하게 원인을 분석해주지 않았고, 예산 집행 내역도 투명하게 공개하지 않았다. 당 지도부는 당직자들에게 그저 세액공제 사업만이 대안이라고 윽박지를 뿐이었다. 하도 기가 차서 비웃음만 나오는 상황이었다. 이런 상황 속에서 나는 당이 처한 자기모순에 급격하게 눈을 뜨게 됐다.

가난하다면 정직하고 평등하기라도 해야 한다. 그래야 우리가 스스로를 위안할 근거가 생기는 법이다. 그런데 당의 태도는 저 먼 나라를 향해 내세운 '대의'를 위해, 지금 이곳에 꼭 필요한 것들을 쓰레기통에 처넣고 있는 것이다. 눈이 뒤집히기 시작했다. 원칙 없이 좌충우돌하는 당 지도부들을 신나게 공격하며 실력발휘를 해야 할 적기인데도 노조집행부들의 대응마저 미온적이었다. 나는 어느새 노조집행부를 들들 볶는 가장 극렬한 조합원의 한 사람이 되어갔다. 정보통신과 지적재산권 담당 연구원인 노조위원장의 자리가 하필이면 내 자리에서 두 발자국 앞이라는 것도 한몫했다. 지나다닐 때마다 벌침처럼 아프게 한 마디씩 쏘아주었다.

그러던 어느 날, 노조위원장이 심각한 얼굴로 내게 다가오더니 이렇게 말하는 거다. "진지하게 말하는 건데…, 사무국장 맡아줄래요?"

"진지하게 말하는 건데"까지 말했을 때, 나는 "쫌 그만 해요. 너무 아프거든!" 이렇게 말할 줄 알았다. 어쩌면 실제로 그는 두 가지를 다 원했는지도 모른다. 활활 타오르는 나의 공격의지를 양분 삼아 그의 말대로 강성노조로 전환하는 한편, 집행부에 들어와 함께 고민하고 짐을 나눠지게 해서 나를 좀 잠잠하게 만들려는 기대를 갖고 있었을 것이다.

마침 전임 사무국장이 개인적 사정으로 휴직해야 하는 상황이었다. 그리고 다른 이들도 이 해괴한 제안을 부추겼다. "문제 제기를 한 사람이 총대를 메는 게 당의 철칙이거든." 그렇게 나는 '노조전임자를 뽑기 전까지'라는 단서를 달고 사무국장이 되었다.

가보지 않은 어두컴컴한 길을 마음 속에 있는 불씨 하나에 의지해서 더듬거리는 기분으로 새로운 직함을 달고 당장 내가 해야 할 일은 평생을 해도 결코 적응하지 못할 저주스러운 공문 따위를 만드는 일이었다. 뜻은 보이는 곳에 있지만 거기에 이르기까지 길은 고달프고 또 멀다.

그러나 한편으로 즐겁기도 했다. 세상을 향한 불만을 바로 곁에 있는 사람에게만 토로하고 씩씩대다가 민주노동당에 발을 디뎌 새로운 대안을 만들어낼 기회를 얻은 게 기뻤던 것처럼 말이다. 이제 소위 진보정당이 뛰어넘지 못한 자기모순의 덫에 대해 냉소와 자학을 일삼다가 여기에 정면으로 대응하며 "좀 똑바로 하시지!"라며 잽을 날릴 기회를 갖게 된 것이 아닌가. 그러나 그뿐이다. 역시 멍석을 깔아주니, 나 역시 날카로운 잽을 날리기는커녕, 제 정신을 차릴 수가 없는 형편이었다.

 노조의 상급단체인 공공연맹의 조직실장을 만나러 가는 자리에 오페라에 가는 사람처럼 화사하고 여성스런 옷을 차려입고 나서자 희완이 온건한 어조로 나를 만류했다. "그 사람이 너의 옷차림이 주는 통념을 극복하고 너를 다시 보는 데 1년이 걸릴지, 2년이 걸릴지 모를 일이야. 세상 사람들은 생각보다 명석하지 않거든." 나는 오페라와 민주노동당 노조, 유연함과 강인함, 여성적 화려함과 남성적 공격성을 병렬하는 정반합의 논리로 합을 향하는 주문을 외고 싶었고, 극단의 대비가 주는 상상력을 휘날리고 싶었다. 그러나 희완의 조언을 따랐다. 그의 말대로 우리에게는 생각보다 시간이 많지 않을지도 모른다는 생각 때문이었다.

 모순의 틀을 깨기 위해서 계속해서 또 다른 틀을 만들어 보지만, 새로운 틀을 만드는 순간 조직이라는 것이 갖는 고질적인 병폐는 하나 둘씩 우리의 발목을 잡는다. 그것을 벗어나려면 내부에서 또 다른 싸움이 시작된다. 그러면서 태초의 순결한 의지는 내부 갈등을 극복하기 위한 에너지로 소진되어 버린다. 그 속에서 개인의 번잡한 욕망 따위는 꽃필 틈도 없이 사회적 대의라는 무거운 흙더미 속에 묻히고 만다. 그런데 놀랍게도 그 흙더미를 뚫고 피어나는 꽃도 있고 풀잎도 있다.

 나는 그 꽃들에 물을 주고, 눈을 맞추며, 종종 노닥거릴 뿐이다. 결국 세상은 아름다움이 구원할 것이고, 나의 발길은 오로지 날 자극하는 신선한 향기를 내뿜는 곳을 향해서만 움직일 터이다.

쪼개진 당을
나오며

난 다시 프랑스로 돌아가기로 했다. 진보신당 파리지부의 소박한 당원으로 지내면서 내 마음 속으로 들어온 또 다른 열정을 지피며 낯선 세계에 발을 들여놓을 것이다.

아시다시피 민주노동당은 역사의 수명을 다하고, 결국 분화했다. 여전히 민주노동당이라는 이름의 당이 남아 있지만, 정파연합 정당은 드디어 갈라졌고, 그 당은 이미 예전의 많은 이들의 사랑과 눈물을 한 몸에 받던 그 당이 아니라, 소위 자주파들로 구성된 친북정당으로 홀로 남게 되었다.

그때 눈물을 뿌렸던 많은 사람들에게는 정말 미안한 얘기지만, 당이 쪼개졌을 때 진심으로 후련했다. 심상정 비대위 대표가 마련한 혁신안이 부결되는 순간 자주파는 박수치며 환호했다. 개혁이 필요한 줄 알면서 그것을 온몸으로 거부하는 사람들과는 헤어져야 마땅했다. 자주파가 일심회의 최기영을 사수하느라 결국 당을 깨는 선택을 해주지 못했던들, 10년 전 당을 만들었던 사람들이 수많은 노동자의 피땀이 어린 최초의 진보정당을 친북주의자의 품에 홀랑 남겨주고 나오는 선택을 자발적으로 할 수는 없었을 것이다.

민주노동당이 더 이상 노동자의 정당도 정책정당도 진보정당도 아니라는 사실은 대선을 치르면서 한꺼번에 드러났다.

심상정이라는 걸출한 정치인이 당 안팎의 지지를 폭넓게 확보해 가던 중에, 독자적인 후보를 내지 못한 당내 친북세력 자주파는 상대적으로 중립적 입장에 있던 권영길 후보에게 공식적인 지지를 천명했다. 내부 선거에서 이기는 데에는 수단과 방법을 가리지 않았던 자주파는 예상대로 당내 후보선거에서 또 다시 이겼다. 그리고 어처구니없게도 '코리아연방공화국'이라는 그들 정파만의 성스러운 문구를 민주노동당 대선 대표 슬로건에 등극시키려 했다. 모두들, 심지어는 어느 정도 이성이 있는 자주파 당원들조차 그 슬로건으로는 선거할 수 없다는 데에 동의했다.

그러나 코리아연방공화국은 끝끝내 당의 모든 에너지를 다 소진시키고 말았다. 당은 한 걸음도 더 나아갈 수 없는 지경에 이르렀다. 초기에 작성되었던 코리아연방공화국 분야별 공약에서 문화부분에는 이런 말이 적혀 있었다. "향락, 퇴폐, 외래문화 척결" 어디서 많이 보던 말이었다. 내가 초등학교 5학년 때 대통령에 당선된 전두환 시절, 동네 목욕탕에 그와 비슷한 표어들이 종종 걸려 있었다. 이게 뭘 뜻하는 거냐고 묻자 정책위의장은 자신이 발제하던 내용임에도 불구하고 자기가 쓴 게 아니라 어디서 보고 쓴 거라고 얼버무렸다.

정책연구원들의 절대적인 반대에 부딪혀 결국 자주파가 들이밀었던 코리아연방공화국의 각 분야별 과제는 삭제되고 국가비전이란 형태로 공약집 한 구석에 비집고 들어가는 선에서 끝났다. 그렇게 일단락이 되는가 싶더니, 자주파의 사고뭉치였던 사무총장이라는 작자가 당의 공식 결정을 어기고 또다시 '코리아연방공화국'을 대선슬로건으로 담은 포스터를 찍도록 한 사건이 벌어졌다. 직원들에게는 임금도 체불하고 있던 상황에서 정파의 영웅이 되고픈 한 정치꾼의 만행이었다. 어리바리하고 폐쇄적이어서 문제인줄 알았던 자주파는 아예 작당하고 당을 말아먹으려는 음해 세력이었다.

당시 노조 사무국장이었던 나는 이런 일이 있을 때마다 사건에 대해 노조의 의견을 표하고 당에 시정을 요구하지 않을 수 없었다. 그러자 자주파는 당 게시판에서 나를 버젓이 그들의 5적 명단에 올려놓기도 했다. 이 때는 여러 곳으로부터 출세했다며 축하전화를 받기도 했다. 3개월 만에 정치적 거물로 성장했다는 둥 어떻다는 둥. 희완은 그 때 내게 말했다. "그들이 조금만 더 권력이 있었다면, 넌 벌써 세상 사람이 아니었을 거야. 너는 물론이고 칼리랑 나도." 그랬다. 그렇게 웹사이트 상에서는 나를 여러 번 죽인 사람들이 내 앞에서는 여전히 얌전히 미소 짓고 지나다니는 것도 무서운 일이었다.

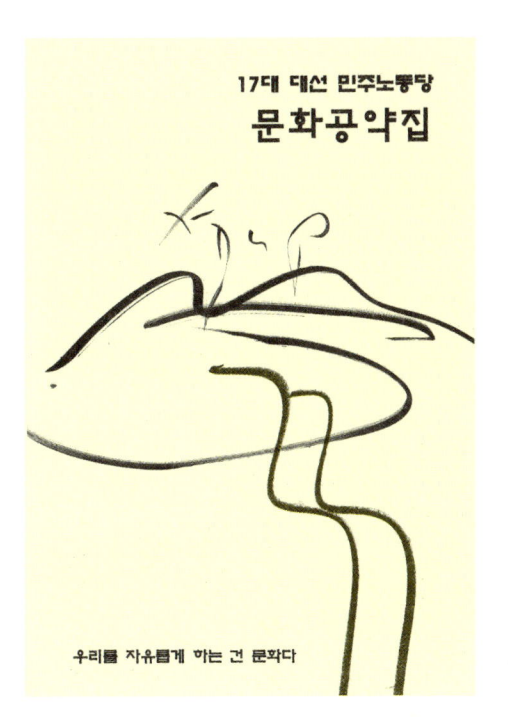

대선은 다가오고 있었고 나는 일 년 동안 애써서 두꺼운 문화공약집을 내놓았다. 하지만 나의 마음은 당에서 점점 멀어지고 있었다. 언론에서는 권영길 후보의 문화공약에

희완이 표지를 만들어준, 대선 문화공약집이다.
자세히 보면, 목수정의 M, 민주노동당의 영문이니셜 KDLP, 공약의 개수인 33이 숨어있다.

별 다섯 개, 이명박 후보의 문화공약에는 별 두 개를 주었을지언정 이 공약을 읽어보아야 할 권영길 후보는 정작 한 번도 거들떠보지 않았다. 나는 단 5분도 그에게 공약을 설명할 시간을 갖지 못했다. 그는 경제, 주택, 교육 등의 몇몇 주요한 항목 말고 다른 분야에 대해서는 제대로 습득하지 않은 채 선거에 나갔다.

자주파가 공연히 권영길을 선택한 게 아니었다. 그는 이미 과거의 권영길이 아니었다. 권영길이 변한 건 대부분 국민들의 시선에도 금방 들켰다. 득표율 3%. 모두가 예상하고 있었건만, 그 혼자만은 진정으로 심한 충격을 받았는지 대선 직후 2주 동안 잠적을 하기도 했다.

12월말, 나는 당을 나오기로 결심했다. 더 이상 증오심이 내 감정의 주된 부분을 차지하는 현상을 멈출 수가 없었다. 이렇게 부정적인 에너지만으로 가득 찬 채로는 살아갈 수가 없었다. 당에 하루라도 더 머물면서 당을 망친 자주파를 증오하지 않을 방법이 없었다. 그렇게 나갈 결심을 하고나자 갑자기 세상이 밝아보였다. 구두가 사고 싶었고, 미장원에서 머리를 예쁘게 만지고 싶었다. 달콤한 케이크도 먹고 싶었다. 곪아가는 죽음의 늪에서 다시 삶을 향하는 길로 나섰다는 신호였다.

당이 깨지는 운명으로 가기까지 세 번의 중앙위원회가 숨 가쁘게 열렸다. 심상정 의원이 당의 비대위 대표로 선출되던 날 아침, 임순례 감독의 세 번째 영화 〈우리 생애 가장 아름다운 순간〉을 보았다. 그 영화를 보면서, 스무 번쯤 눈물을 쏟았다. 진심으로 최선을 다했건만, 비인기종목이라는 이유로 어떤 위로도 어떤 보상도 받지 못하는 그녀들을 보고 울지 않을 수가 없었다. 그렇게 애쓰고도 달리 단 열매가 당장 열리지 않을 것임을 그녀들은 알고 있었다. 그런데도 매 순간 진정으로 자신의 열정에 순수하게 화답했던 그녀들을 보면서, 우리가 그려왔던 진보정당의 꿈과 고달팠던 4년의 생활이 주마등처럼 지나갔다. 당원이던 문소리가 스크린에 어른거려서 더 그랬는지도 모르겠다.

당장 떠나고 싶었지만 노조가 잠깐 발목을 잡았다. 이렇게 하나 둘 떠나고 나면 체불임금과 퇴직금까지 아무도 책임지지 않을 것이 뻔했다. 이를 악물고 노조지부장과 함께 이일을 챙기는 일에 내 마지막 소명을 걸었다. 결국 2월까지 함께 당에 남아 다른 조합원들의 체불임금을 어떻게 할 것인지를 당을 상대로 교섭했다. 3월 말 모든, 체불임금을 청산하겠다는 각서가 확정된 후 당을 나왔다.

총선 한 달 전, 진보신당이 탄생했고 내가 좋아하는 많은 사람들이 이곳에서 또 다른 시작을 다짐하고 있다. "대마초로 소수자 문제에 대해 눈 떴다."는 멋진 여배우 김부선, 자주파들의 진입으로 민주노동당을 일찌감치 떠났던 아트 독설가 진중권이 진보신당의 홍보대사를 맡았다. 두 사람의 개입으로 당 색깔은 더 선명하게 울긋불긋한 생명의 색깔로 피어난 듯하다. 나는 창당발기인의 한 사람으로, 당원으로 이름을 올렸다.

난 다시 프랑스로 돌아가기로 했다. 진보신당 파리지부의 소박한 당원으로 지내면서 내 마음 속으로 들어온 또 다른 열정을 지피며 낯선 세계에 발을 들여놓을 것이다.

이번 주말에 흙집 짓기 첫 워크숍이 있다. 흙 냄새의 유혹으로 이제 과감히 건너가 본다.

에
필
로
그

8월에 짐을 싼다.
또다른 월경越境을 위해

우주에서 바라보면, 지구에는 어떤 국경도 경계도 없다.
　초록별 지구는 땅덩어리뿐 아니라 하늘도 바다에도 보이지 않는 경계가 있어 허락 없이 그 선을 넘으면 범죄자가 되게 한다. 그뿐 아니라 사람 사는 방법에서도, 합리적인 어휘로 도저히 설명할 수 없는 관습의 억압이 우리의 영혼을 죽음 속에 가둔다.

　좁디 좁은 잣대가 가두어 놓은 '정상'과 '합법'의 틀을 표면적으로나마 벗어나지 않으려 애쓰다 거기서 밀려나면 좌절하고 소외되는 어리석음이 이 격렬하게 요동치는 한국사회엔 지천으로 널려 있다.

나는 두려운 것이 없다.

고 말하고 나면 두려운 것이 없어진다.

우리가 갖는 두려움의 실체는 결국은 타인의 판단과 평가에 대한 두려움이다.

모든 판단과 평가가 내 안에만 있다면, 두려움 따윈 정복하고 살 수 있다.

8월에는 짐을 싼다. 책과 옷, 희완의 그림들은 파리로 보내고 웬만한 가구와 가전제품은 진보신당 당사로 보낸다. 안타깝게 원외정당이 되고 말았지만, 예기치 않게 타오른 촛불정국 속에 거리에서 매일 새롭게 생성되는 직접 민주주의를 시민들과 함께 만들어가는 새로운 진보정당의 역할을 실험하고 개척해야 할 계기를 맞이했다.

삶을 즐길 줄 모르면 좌파가 아니고, 하면서 신나지 않으면 운동이 아니다. 모든 엄숙주의와 모든 '묻지마 일벌레'들은 결국 위선으로 그 세월을 보답한다. 휴일도 반납하고, 밤잠도 안 자는 파란지붕집의 사람들이 엄청 사고를 치고 있는 중이다. 당연하다. 사람은 일하는 기계로 태어나지 않았다. 학생들이 공부하는 기계가 될 수 없듯이.

난 오늘을 희생하며 내일을 기약하자는 그 어떤 설교도 믿지 않는다.

천국을 팔고 예수를 팔아 배타적인 좁은 길 속에 사람을 가두는 기독교, 통일을 팔아 인민에게 희생을 헌납받고 배고픈 오늘을 돌려주는 북한 정권, 민중을 팔아 개인적 욕구를 폄하하고 집단주의에 사람들을 복속시키는 자가당착의 낡은 정치집단을 믿지 않는다.

물론 머슴처럼 벌어서 정승같이 쓰겠다는 그 많은 사람들도, 국민소득 3만달러 시대가 되어야 복지를 할 수 있다는 그 속보이는 분들도.

오늘이 행복하면, 내일도 그럴 수 있다는 것을 믿는다. 오늘 나의 삶의 태도가 진실하다면, 내일의 나에 대해서도 신뢰할 수 있다.

밖을 돌아다니다 집에 돌아오면, 내 이마에 태양의 향기가 진동한다며 그 향의 아름다움을 찬미하던 희완은 이제 칼리의 곱슬거리는 머리 위에 내려앉은 태양의 향기를 맡으며 같은 표정을 짓는다. 나도 같이 희완이 말하는 그 태양의 향기를 칼리의 구불거리는 머리 위에서 맡는다. 희완과 내가 열렬히 숭배하는 칼리, 그리고 그 사랑과 숭배로 단단히 연대하고 있는 희완이란 인생의 동지와 함께 그려내는 이등변 삼각형의 균형을 요리조리 맞춰가며, 지구라는 이 넓은 별에서 쉼없이 경계를 지우며 살아갈 터이다.

진보정당의 정책연구원이던 시절 시작한 글이 그 정당이 반토막 나고, 그곳을 나와 어디에도 속하지 않은 자유의 몸이 된 지금에서야 끝났다. 지난해 봄, 〈레디앙〉에서 "프랑스남자와 결혼하지 않고 살아가기"란 제목의 글을 연재해 달라는 제안을 받아 이 글을 쓰기 시작했다. 그리고 겁도 없이 내 사생활을 한꺼풀씩 벗겨 대중 앞에 드러내는 악마와의 거래를 시작했다.

한미FTA와 대선정국을 지나 민주노동당의 분당으로 이어지는 숨 가쁜 시기에 이 사변적인 글들이 〈레디앙〉이라는 붉디붉은 매체에 연재되는 동안 야멸찬 돌멩이들이 무수히 내게 날아들었다. 얼굴도 알 수 없는 나의 수호천사들도 개중엔 있어, 내게 날아드는 돌멩이들을 막아주며 양측 간에 피튀는 논쟁이 벌어지기도 했다. 계속 쓰라고 격려의 술과 밥을 사주던 동료 정책연구원들의 응원은 큰 위로가 되었지만 결국 레프트, 라이트 훅에 휘둘리는 일에 지쳐 연재를 그만두고 홀로 글을 써서 나머지 지면을 채웠다.

주변에선 프랑스에 가면 무엇을 할 거냐고 묻는데, 날 유혹하는 그 무엇이 거기서 기다리고 있는지 알지 못한다. 흙집이라는 유혹에 슬금슬금

파리 근교에 있는 고모 클로딘 집 주변의 공원을 산책중인 나와 희완.

발을 담그고 있고, 당분간 그 흥분과 새로움에 가슴 설레며 내 두 손과 온몸으로 만들어갈 새로운 경험 속에 투신하겠지만 그 다음은 알 수 없다. 흙건축 말고도, 영화배우도 되고 싶고, 의상 디자이너도 되고 싶고, 생태의학을 공부하고도 싶고, 정신분석을 연구해 보고도 싶다. 여전히 10대처럼 내 장래희망의 리스트는 길며 살날도 넉넉히 남아있지 않은가.

한 우물을 파서 그 분야의 전문가가 되고, 그리하여 인류의 발전을 도모하는 동시에 밥벌이를 해야 한다는 전 인류가 주입시켜온 생각에 동의하지 않는다. 살아있는 동안 나의 욕구와 관심은 나와 함께 진화할 것이며, 열심히 그 새로운 호기심과 열정에 화답하며 살고 싶다. 그것이 나의 진실이다. 그래봤자 1세기도 안 되는 짧은 시간이 내게 주어져 있을 뿐이고 나의 관심사는 '문화'라는 거대한 대지 속에서 이리 저리 출렁거릴 뿐이다.

부족한 내게 이렇게 넓은 지면을 할애해주신 〈레디앙〉의 이광호 편집국장에게 감사드린다.